NÓS DO BRASIL

ZEINA LATIF
NÓS DO BRASIL
NOSSA HERANÇA E NOSSAS ESCOLHAS

3ª edição

EDITORA RECORD
RIO DE JANEIRO • SÃO PAULO
2022

EDITOR-EXECUTIVO
Rodrigo Lacerda

GERENTE EDITORIAL
Duda Costa

ASSISTENTES EDITORIAIS
Thaís Lima, Beatriz Ramalho, Caíque Gomes e Nathalia Necchy (estagiária)

PREPARAÇÃO DE ORIGINAL
Jane Pessoa da Silva

REVISÃO
Jorge Luiz Luz e Luiza Miceli

DIAGRAMAÇÃO
Beatriz Carvalho

CIP-BRASIL. CATALOGAÇÃO NA PUBLICAÇÃO
SINDICATO NACIONAL DOS EDITORES DE LIVROS, RJ

L38n
3. ed.

Latif, Zeina
　　Nós do Brasil: nossa herança e nossas escolhas / Zeina Latif. – 3. ed. – Rio de Janeiro: Record, 2022.

　　　Inclui bibliografia e índice
　　　ISBN 978-65-5587-448-8

　　　1. Economia - História - Brasil. 2. Desenvolvimento econômico. I. Título.

21-74893

CDD: 330.0981
CDU: 330(81)

Camila Donis Hartmann – Bibliotecária – CRB-7/6472

Copyright © Zeina Abdel Latif, 2022

Todos os direitos reservados. Proibida a reprodução, armazenamento ou transmissão de partes deste livro, através de quaisquer meios, sem prévia autorização por escrito.

Texto revisado segundo o novo Acordo Ortográfico da Língua Portuguesa.

Direitos exclusivos desta edição reservados pela
EDITORA RECORD LTDA.
Rua Argentina, 171 – Rio de Janeiro, RJ – 20921-380 – Tel.: (21) 2585-2000.

Impresso no Brasil

ISBN 978-65-5587-448-8

Seja um leitor preferencial Record.
Cadastre-se em www.record.com.br
e receba informações sobre nossos lançamentos e nossas promoções.

Atendimento e venda direta ao leitor:
sac@record.com.br

Sou filha de imigrantes. Meus avós não sabiam ler e, pelo menos dois deles, nem mesmo em que ano haviam nascido. Meus pais se desdobraram para que seus filhos frequentassem boas escolas. Minha mãe, Arminda (in memoriam), filha de portugueses, e meu pai, Ibrahim, palestino muçulmano, cuidavam arduamente do trabalho e das pessoas. Eles me transmitiram o amor pelo país que os acolheu. Que eu consiga o mesmo com meu filho, Taric. Este livro é dedicado a Arminda e a Ibrahim, com gratidão.

Sumário

*Introdução: Uma tentativa de montar o quebra-cabeça do
baixo crescimento brasileiro*   9

1. A armadilha é maior aqui   23
2. O pecado original foi negligenciar a educação   35
3. Por que somos assim?   59
4. Marco jurídico e o funcionamento do Judiciário:
   uma combinação perigosa   77
5. A democracia tardia cobra seu preço   97
6. Forças Armadas: de muleta que açoita à crise existencial   115
7. O necessário caminho para a cidadania   135
8. Que falta faz uma classe média   151
9. Como resgatar o compromisso do servidor público
   com o cidadão?   163
10. Imprensa atropelada   181
11. O pensamento (quase) único na academia   195

Reflexões finais: Condenados ao atraso?   213
Agradecimentos   227
Referências bibliográficas   229

Introdução:
Uma tentativa de montar o quebra-cabeça do baixo crescimento brasileiro

Nossa grande luta [...] não é apenas contra a ignorância e a incerteza. É também contra a complexidade [...]. Há mil maneiras pelas quais as coisas podem dar errado.
Atul Gawande
(A frase é de um médico, mas caberia bem a um economista.)

A Independência do Brasil completa duzentos anos. Melancolicamente, um país que não deu muito certo, a julgar pelo modesto ritmo de crescimento.

A taxa média de crescimento da renda per capita desde 1900 até 2019 foi de 2% ao ano, uma cifra muito modesta, insuficiente para tirar o atraso histórico — em 1900, o PIB per capita dos EUA era seis vezes maior do que o do Brasil, e o do Chile, três vezes.[1] O retrato mais recente é ainda pior. Nas últimas décadas, a taxa média é próxima de 1% ao ano, distanciando a performance do Brasil da de outros países parecidos, com o agravante de um ciclo econômico acidentado, com poucos anos seguidos de crescimento.

Há muitos outros elementos, além do crescimento econômico, necessários para o desenvolvimento das nações, o que inclui a qualidade de vida da coletividade, em seus vários aspectos. O crescimento da renda, porém, não pode ser lento a ponto de inviabilizar a prosperidade e a inclusão social, por meio de geração de empregos e arrecadação tributária para financiar políticas sociais, como educação de massa e proteção aos vulneráveis. Im-

---

1. Dados da Madison Database, Universidade de Groningen.

portante ressaltar que a própria desigualdade de oportunidades prejudica o crescimento econômico ao frear a acumulação de capital humano.

Além disso, o baixo crescimento dificulta a construção de consensos sobre os caminhos para promover o desenvolvimento. O espaço para a barganha política — não se confunda com corrupção —, necessária para a aprovação de reformas pró-crescimento, tende a encolher quando um país cresce pouco, pois os diferentes grupos receiam perder benefícios em meio às elevadas incertezas quanto ao efeito das medidas propostas.

Certamente importantes conquistas foram feitas, mas muito aquém do prometido pelo Brasil grandioso, o "País do Futuro", expressão criada por Stefan Zweig, em 1941, que povoou a mente de gerações. Reconhecer as doses de fracasso não é fácil, mas é o primeiro passo para se reduzir o atraso. Precisamos "correr atrás do prejuízo", desatar os vários nós, herdados e criados, que atrapalham o crescimento econômico, porque o desempenho medíocre por décadas compromete cada vez mais o futuro. Usando uma expressão recorrente em muitas áreas do conhecimento, podem-se atingir pontos de não retorno (*tipping points*), ou seja, de difícil reversão.

A juventude precisa de perspectivas, e o Brasil perde talentos e só vê crescer a porcentagem de jovens desalentados — sem contar os problemas da violência e da degradação ambiental. Com o avanço tecnológico, o aumento da produção doméstica e a inserção mais efetiva nas cadeias de valor do comércio global ficam mais difíceis, bem como a empregabilidade de classes populares. Adicionalmente, o país envelhece, pois o crescimento da população com mais de 60 anos já supera o da força de trabalho. Para que o modesto crescimento não encolha ainda mais serão necessários ganhos robustos de produtividade da mão de obra.

Não existe uma fórmula pronta para o desenvolvimento econômico. Há nações com diferentes experiências, começando pelas heranças históricas. Ainda assim, alguns fatores se mostram empiricamente mais importantes para explicar por que alguns deles ficaram ricos. E um dos objetivos deste livro é discutir em que medida o Brasil desapontou ou fracassou exatamente nos fatores mais associados à geração de renda em países desenvolvidos.

INTRODUÇÃO

O desenvolvimento de uma nação é um processo cumulativo, uma construção. Depende do bom funcionamento de muitas engrenagens de uma máquina complexa. O mau funcionamento de uma parte compromete as demais, gerando ineficiências e baixa produtividade. Além disso, reparos e modernização são essenciais para que a máquina se mantenha eficiente ao longo do tempo. Reformas precisam ser frequentes, e não apenas reações pontuais diante de crises.

As teorias iniciais sobre crescimento econômico, que remontam ao período pós-Segunda Guerra Mundial, davam ênfase à necessidade de acumulação de capital — capacidade produtiva instalada e infraestrutura. Do ponto de vista normativo, ou de recomendação de política econômica, muitos defendiam a promoção da industrialização por meio de ativismo do Estado — empresas estatais, infraestrutura, subsídios, proteções contra a concorrência externa.

O Brasil seguiu esse receituário, assim como outros países, mas não soube abandoná-lo quando já estavam claros os sinais de exaustão da estratégia. Essa insistência acabou produzindo inflação elevada e crises frequentes, fazendo o Brasil se distanciar de muitos países parecidos. Procuro no livro analisar as razões para essas escolhas e as consequências para o crescimento de longo prazo, pois esses mesmos fatores que no passado permitiram o crescimento acelerado, há décadas o impedem (capítulo 1).

No final dos anos 1950 e início dos 1960, ganhou impulso na pesquisa acadêmica mundial o debate acerca da importância do capital humano ou da formação e qualidade da mão de obra para o crescimento. Apesar dos alertas de alguns (poucos) sobre o atraso da educação — mesmo antes desse debate —, o Brasil se manteve, por muito tempo, praticamente indiferente à necessidade de aumentar os gastos com educação, e agora peca por não entregar ensino de qualidade. Esse talvez seja o maior erro histórico do país. O livro busca identificar as razões pela tardia, acidentada e insuficiente atenção ao tema, cujas consequências vão além da acumulação de capital humano, impactando também os valores cívicos (capítulo 2).

Os anos 1990 marcaram uma grande mudança no foco da literatura de crescimento, a partir da tese proposta por Douglass North. O autor apontou a

NÓS DO BRASIL

importância das instituições para explicar os diferentes desempenhos econômicos dos países, estas entendidas como as regras do jogo formais (Constituição, leis) e informais (códigos de conduta, crenças)[2] criadas pelas sociedades para delimitar as escolhas de indivíduos e atores políticos. Nesse sentido, o livro discute alguns aspectos das crenças da sociedade brasileira (capítulo 3), ainda marcadas pelo personalismo e pela falta de identidade nacional, fatores que prejudicam a coesão social. Também são abordadas as principais características do marco jurídico e do funcionamento do sistema Judiciário no Brasil (capítulo 4), que acabam por produzir elevada insegurança jurídica.

As regras do jogo precisam ser duradouras para que tenham impacto no crescimento — para o bem e para o mal. Se transitórias, são como leis que não pegam. Nesse aspecto, um exemplo de sucesso no Brasil é o regime de metas de inflação — ainda que nem sempre a meta tenha sido cumprida. Na maior parte do tempo, suas regras foram preservadas e observadas pelo Banco Central, em uma dinâmica que os economistas chamam de jogo repetitivo. Se a cada mandato à frente da instituição os titulares mudassem as regras e descumprissem o determinado, deixando de agir quando a inflação se desviava do objetivo, a eficácia do regime teria sido bastante limitada e a inflação seria mais alta e incerta. Assim, a instabilidade institucional também é uma informação importante para analisar a trajetória dos países — tema que permeia os vários capítulos do livro, uma vez que a história do Brasil é marcada por muitos ciclos políticos que, por vezes, comprometeram a estabilidade das instituições. É o caso de instituições políticas, como o voto, penalizadas nas ditaduras, prejudicando o amadurecimento do país.

O que leva as pessoas a aderirem às regras do jogo é a estrutura de incentivos, com prêmios e punições — formais (multas) ou não (constrangimento moral). Os indivíduos não tomam decisões no vácuo, reagindo, pois, aos incentivos esperados por conta de suas escolhas.[3] Em outras palavras, as insti-

---

2. Marcos Lisboa comenta com a autora que, em North, as crenças não são uma variável exógena, mas sim determinadas endogenamente. Como o equilíbrio é alterado por esse aspecto, trata-se de um problema ainda não solucionado.

3. Easterly (2001).

INTRODUÇÃO

tuições não são apenas limitadoras da ação dos indivíduos, mas estimuladoras, por meio de incentivos. No Brasil, um exemplo é a Lei de Responsabilidade Fiscal (instituição), que estabelece punições aos gestores infratores (incentivo). Exemplos negativos são a complexidade do sistema tributário e o elevado contencioso resultantes, em boa medida, de instituições e incentivos falhos.

Um caso clássico de instituição que contribui para o crescimento é o direito de propriedade bem definido, com respeito a contratos, reduzindo o risco de comportamentos oportunistas na sociedade. Caso contrário, geram-se incertezas e custos de transação elevados — como para proteção de direitos, fiscalização, execução de contratos — que reduzem a eficiência da economia e o crescimento, bem como os ganhos diretos advindos de maior escala de produção. Um exemplo: se os indivíduos não honram as dívidas, os bancos vão emprestar menos, as provisões para empréstimos duvidosos aumentam e, assim, as taxas de juros ao consumidor sobem. É possível que a alta seja mais do que proporcional ao aumento do risco de inadimplência, pois a menor carteira de crédito limita a diluição de custos fixos (como de instalação e operação), perdendo-se ganho de escala. Essa equação fica ainda mais perversa se o Estado proteger em demasia o inadimplente, por exemplo, quando a Justiça não permite que a garantia prevista em contrato (como perder o bem adquirido com o empréstimo) seja executada pelo credor. Nesse caso, estimula-se o oportunismo do devedor e eleva-se ainda mais o risco de inadimplência. No Brasil, as pesquisas do Banco Central mostram que este último é uma das principais razões para os juros elevados ao consumidor.[4]

Um ponto central do argumento de economistas que seguiram o caminho de North é que instituições que prejudicam a inovação na economia produzem menos crescimento. Se a inovação for sistematicamente restringida devido à proteção a atividades ineficientes que dependem da muleta estatal para sobreviver, o crescimento será prejudicado. Protegem-se alguns e, ao final, todos perdem. De forma geral, é difundida a crença no Brasil de que cabe ao Estado apoiar grupos e segmentos da economia, o que muitas vezes resulta em uma dose de paternalismo permeando as políticas

---

4. Banco Central (2018).

públicas. Setores pouco produtivos sobrevivem, reduzindo a produtividade total da economia, além de significar mau uso dos recursos públicos.

Não necessariamente, portanto, o conjunto de instituições e incentivos de um país será o melhor para produzir um ambiente estável e eficiente, que promova o crescimento. As nações com regras do jogo mais voltadas ao bem comum — como acesso igualitário à cidadania e a liberdade de entrada nos mercados — serão mais desenvolvidas do que aquelas que favorecem a apropriação indevida da geração de renda do país por indivíduos ou grupos organizados com maior poder de barganha (*rent-seekers*), que buscam regras especiais em defesa de seus interesses. Daí a distinção entre instituições "inclusivas" e "extrativistas".[5]

Instituições podem sobreviver ao longo do tempo, mesmo sendo ineficientes ou entregando menos do que prometem, por exemplo, regulações estatais que tolhem a liberdade econômica, mas beneficiam setores específicos. Dessa forma, é possível entender o desempenho histórico dos países por meio da evolução de sua matriz institucional — é o que se pretende neste livro. E a resposta para esse entendimento está em boa medida na política.

As instituições políticas são relevantes para o crescimento de longo prazo.[6] É necessário que funcionem de forma a permitir que o desejo da coletividade por vida digna e igualdade de oportunidades se materializem, impedindo a apropriação indevida da riqueza por grupos organizados. A democracia ajuda no crescimento, sendo um dos temas deste livro (capítulo 5). Há também um capítulo dedicado às Forças Armadas (capítulo 6), uma vez que sua interferência na política nacional é frequente, deixando marcas na economia, na sociedade e na política.

Do ponto de vista empírico, não há consenso entre economistas sobre quais são as instituições que levam ao maior crescimento econômico, havendo também uma distância entre o princípio geral e a implementação. Há várias dificuldades enfrentadas na pesquisa empírica. Para começar, a obtenção de dados e a construção de indicadores conceitualmente corretos

---

5. Acemoglu e Robinson (2013).
6. Acemoglu e Robinson (2013).

INTRODUÇÃO

que permitam medir a qualidade de instituições; não são variáveis observadas facilmente, tampouco binárias, havendo gradações. Como medir a qualidade da democracia? Quais itens precisam ser investigados e como atribuir peso a eles? Há ainda limitações das técnicas econométricas diante da complexidade dos assuntos.

Primeiro, como identificar corretamente a correlação entre duas variáveis quando há a possibilidade de uma terceira ter impacto no comportamento de ambas? Por exemplo, algumas crenças da sociedade, como o respeito às leis, e o tamanho da classe média podem apresentar correlação elevada, mas na verdade é o gasto em educação de massas que impacta as duas variáveis. Portanto, a correlação verdadeira entre elas não seria relevante.

Segundo, como identificar quais variáveis são mais importantes para explicar um fenômeno, no caso o crescimento, quando elas são muito correlacionadas entre si? Por exemplo, crenças, marcos jurídicos e a qualidade da democracia são variáveis relevantes para o crescimento, mas em que ordem de importância, posto que as três são correlacionadas entre si?

Terceiro, as correlações podem se alterar ao longo do tempo. Variáveis que foram essenciais na construção das nações, como as crenças da sociedade, tendem a perder importância uma vez que um país se torna uma democracia mais madura. A dimensão temporal, portanto, precisa ser considerada, eventualmente, separando períodos de análise.

Quarto, uma vez calculada a correlação entre as variáveis, como estabelecer relações de causalidade entre elas? O que é mais importante, a educação impactando as crenças ou, ao contrário, crenças estimulando o gasto com educação? Haveria causalidade mútua? Com qual intensidade em cada direção? Qual deveria ser, portanto, o foco da política pública?

Especificamente quanto à correlação entre o PIB per capita e a qualidade das instituições, todas as dificuldades acima são enfrentadas: para calcular de forma adequada as correlações entre as variáveis, afastando aquilo que os economistas chamam de correlação espúria (meras coincidências); para saber quais instituições seriam mais relevantes para o crescimento; e para identificar a direção da causalidade para cada uma delas. Países ricos têm instituições mais sólidas e maduras, mas o que veio primeiro? Sociedades que partiram de instituições mais sólidas são ricas hoje. Por outro lado, quando países enriquecem, aumentam suas oportunidades institucionais. Por exemplo, o espaço para a barganha política aumenta, o que facilita o aprimoramento de regras do jogo. Pode haver, pois, causalidade mútua.

Há instituições que têm efeito direto ou de primeira ordem, e outras têm efeito derivado ou de segunda ordem. Por exemplo, uma sociedade que se organiza para garantir o gasto com educação — como nos Estados Unidos colonial — favorece o crescimento e, assim, o florescimento da democracia. Esta, por sua vez, realimenta uma dinâmica favorável de crescimento ao longo do tempo. O efeito de primeira ordem foi a educação e o de segunda ordem, a democracia. Os países ricos de hoje não nasceram como democracias — foi uma construção — e tampouco tinham renda per capita distante dos demais há duzentos anos.

A qualidade da democracia não depende apenas de instituições políticas eficientes, mas também de uma sociedade com ideais cívicos ou com capital social elevado — um conceito que se refere ao exercício da cidadania. Trata-se de indivíduos que demandam qualidade da ação estatal na oferta de serviços públicos e na promoção do bem-estar, mas ao mesmo tempo cumprem seus deveres. No Brasil, a cidadania ainda é muito frouxa, constituindo umas das peças do quebra-cabeça de baixo crescimento (capítulo 7).

É necessário que parcela relevante da população compartilhe de crenças democráticas e cívicas. Daí a importância de existir uma classe média representativa e coesa, que anseie por participação política e que manifeste suas demandas. Na falta desse ingrediente, as nações correm o risco de ter suas instituições forjadas (capturadas) por elites *rent-seekers*. Quanto menos liberais e democráticas as crenças da elite, maiores os riscos de as instituições serem extrativistas. No Brasil, a classe média participativa não é muito ampla, mas seria injusto não reconhecer os avanços nessa direção (capítulo 8).

A capacidade do Estado de atender aos anseios da sociedade depende de sua eficiência administrativa, do preparo técnico e da cobrança de desempenho dos servidores públicos, do grau de insulamento em relação a pressões de grupos organizados e de governança adequada. Mais um elemento do quebra-cabeça da construção institucional do país (capítulo 9).

INTRODUÇÃO

A mobilização social não acontece no vazio. Os indivíduos necessitam de informações e análises confiáveis para exercerem a cidadania, a começar pelo voto consciente. Da mesma forma, a classe política e a burocracia estatal têm mais condições de propor políticas públicas adequadas para a promoção do crescimento quando há debate público de qualidade. Para tanto, as chamadas instituições democráticas intermediárias, imprensa (capítulo 10) e academia (capítulo 11), ganham relevância. Ambas precisam afastar vícios e ideologias que atrapalham a qualidade do debate público. A imprensa buscando a verdade da informação, e a academia, a "verdade científica", ou a melhor evidência, com pesquisa aplicada que debata cuidadosamente a qualidade dos dados e do método de análise utilizado.

Enfim, há uma longa lista de variáveis que podem ser relevantes para o funcionamento das engrenagens do desenvolvimento, e não há uma receita pronta. O que pesquisadores fazem é buscar padrões e regularidades nas experiências dos países. A boa notícia é que as técnicas econométricas evoluem e aumentam a disponibilidade de dados, permitindo avanço da pesquisa acadêmica. E a conclusão das pesquisas acumuladas tem sido na direção de que as instituições importam, ainda que não se dispense o zelo na interpretação dos resultados.

Para North, as instituições são formadas ao longo do tempo e devem ser compreendidas a partir das especificidades históricas de cada nação. Elementos da história exercem grande influência na persistência e na qualidade das instituições de um país e em sua capacidade de crescimento de longo prazo.[7] Essa dinâmica em que a evolução de um país é (em parte) governada pela sua própria história os economistas denominam de dependência da trajetória (*path dependence*). A ideia é que, uma vez iniciado um caminho, os custos de revertê-lo são elevados. Não se trata de determinismo histórico ou de uma continuidade mecânica, mas sim de persistência ou inércia, que limitam as escolhas e dificultam reversões adiante. Vai além da noção de que "a história importa". Trata-se das condições iniciais e das dinâmicas que se alimentam (como leis de movimento).

---

7. Acemoglu, Johnson e Robinson (2005).

A pesquisa empírica mostra que, de fato, os países carregam o peso do passado, mas não seria correto tomar essa avaliação ao extremo, pois há de fato espaço para o arbítrio. A julgar pela experiência dos países, a decisão de investir ou não em educação é um exemplo, sendo um grande divisor de águas que alarga as opções institucionais de um país para alcançar o desenvolvimento.

No final dos anos 1990, surgiu uma importante linha de pesquisa[8] para investigar as diferentes trajetórias de Estados Unidos e Canadá em relação à da Américas espanhola e portuguesa. Inicialmente todos desfrutavam de nível de renda per capita equivalente, mas foram divergindo, com os primeiros conquistando o crescimento sustentado ao longo do século XVIII e início do XIX. A conclusão é que pesaram os diferentes modelos de colonização. No Norte, foi o povoamento, com famílias em busca de oportunidades no Novo Mundo. As terras foram mais bem distribuídas, e a atividade econômica voltada às necessidades dos grupos demandava maior cooperação interna. No Sul, a exploração fora estimulada pelas dotações de recursos disponíveis decorrentes de condições geográficas e era conduzida por colonos, a quem foram destinadas grandes propriedades.

Na realidade, não há consenso na literatura empírica sobre quão importante é o tipo de colonização para explicar o desempenho dos países. Afinal, além dos modelos econômicos diferentes, os colonizadores trouxeram consigo o capital humano — um fator central —, bem como instituições políticas e crenças, sendo grande a distinção entre a Inglaterra e a península Ibérica.[9] De qualquer forma, são todos eles elementos históricos que moldaram a sociedade e suas escolhas, influenciando resultados econômicos atuais. Veja-se, por exemplo, a complexidade da herança histórica pela análise das diferenças entre o Sul dos Estados Unidos e o Brasil.[10] Duas economias escravagistas e exportadoras (algodão e café, respectivamente), mas com capital humano diferente.

---

8. Engerman e Sokoloff (1997).
9. Glaeser, La Porta, Lopez-de-Sinales e Shleifer (2004).
10. Graham (1981).

INTRODUÇÃO

Os Estados Unidos emergiram de uma sociedade em que a revolução burguesa já havia sido iniciada antes da colonização. Os sulistas investiam proporcionalmente mais no fomento ao crescimento, inclusive com cuidado com saúde e educação. Eram mais empreendedores e possuíam laços com o sistema capitalista mundial, o que explica os níveis mais elevados de tecnologia agrícola e o investimento em transportes e na indústria nascente. Esforços comunitários, frequentemente viabilizados por algum imposto local, permitiram a construção de estradas. A região atraía muito mais capital do que o Brasil.

No Brasil, os fazendeiros eram menos preparados — muitos eram analfabetos. A renda de exportação era gasta mais com consumo do que com investimento, e não havia o mesmo fluxo de financiamento. O ambiente cooperativo na primeira se contrapunha à demanda de ação estatal na segunda. Desse modo, a República do Brasil nasceu carregando atrasos no desenvolvimento. A taxa de crescimento da renda per capita no século XIX foi irrisória, ainda que com algum impulso decorrente da abertura ao comércio exterior, com contribuição da legislação a partir de 1850, que eliminou muitos entraves e reduziu custos de transação. Não havia boa definição de direito de propriedade, e a centralização de poder tolhia a atuação do setor privado, que dependia de aprovação do Conselho Imperial.[11] Em um novo desenho político, o Brasil, ainda pré-capitalista, precisava criar novas instituições em curto período de tempo em direção a formas mais modernas de produção. No entanto, a história pesava, e muitas instituições extrativistas foram preservadas.

Esta é a abordagem utilizada neste livro: a identificação de fatores históricos que moldaram a construção das instituições brasileiras, buscando compreender como as instituições estão interconectadas entre si. Não seria justo, porém, atribuir toda a culpa às raízes históricas. Fizemos também escolhas equivocadas desde a proclamação da República. Como explicar, por exemplo, os erros sucessivos na educação de massa de qualidade? Os golpes de Estado? A Constituição de 1988, que tornou a condução das políticas públicas refém de grupos de interesse, em que pesem os importantes avanços. E os escândalos de corrupção?

---

11. Summerhill (2018).

NÓS DO BRASIL

No entanto, houve acertos também que se mostraram divisores de águas (*game changer*), como a estabilização promovida pelo Plano Real e a progressiva organização das contas públicas que o viabilizou. Além disso, os acidentes da história — na falta de palavra melhor — que deixaram suas marcas não podem ser desconsiderados, como o suicídio de Getúlio, que alimentou o varguismo; o acidente que matou Castelo Branco, reforçando a linha dura militar; a morte de Tancredo Neves, que fragilizou o início da redemocratização; a facada em Bolsonaro, que foi elemento importante na campanha de 2018.[12] Há também os choques econômicos internacionais, que por vezes reforçaram o autoritarismo e o intervencionismo estatal.

O Brasil tem uma história muito peculiar, mesmo comparada à de seus vizinhos latino-americanos. A escravidão foi maior e mais duradoura; teve monarquia; conta com maior heterogeneidade cultural e regional, pela própria manutenção da integridade do território; instaurou a República mais tardiamente; golpes de Estado foram frequentes; investiu historicamente menos em educação do que outros; o voto direto popular para presidente só ocorreu em 1989; a Constituição é mais ampla e complexa; e o patrimonialismo — a materialização de instituições extrativistas —, herdado do modelo português, teve mutações ao longo do tempo e se mantém forte até hoje. Uma parte é herança; outra, fruto de escolhas. Com frequência, o país buscou saídas fáceis ou de curto prazo, sem se preocupar com sua consistência temporal ou com as gerações futuras — é a "tragédia dos comuns" presente em economias não desenvolvidas.

Não há novidade nesse tipo de análise — basta lembrar de intelectuais consagrados, como Sérgio Buarque de Holanda, que desde a primeira metade do século XX buscaram nas raízes do país as explicações para os problemas brasileiros. O que se pretende aqui é contribuir para o debate, integrando aspectos de outras áreas de pesquisa. Vale dizer ainda que este livro não é um trabalho acadêmico, mas agrega um conjunto de pesquisas

---

12. Samuel Pessôa em conversa com a autora incluiu na lista a morte de Eduardo Campos, político promissor de Pernambuco, que era candidato à Presidência em 2014.

INTRODUÇÃO 21

que contribui para tentar entender o complexo quebra-cabeça que explica o baixo crescimento do Brasil.

É um livro com olhar de economista, mas que recorre a conceitos e reflexões da sociologia e da ciência política que enriquecem a análise econômica, ainda que com o risco de pecar por generalizações, simplificações e omissões. Buscam-se conexões da economia com essas disciplinas, para assim tentar compreender a complexidade do país, consciente, porém, de não estar capturando debates profundos nas respectivas áreas. Reflete o reconhecimento — na linha da contribuição de Douglass North — da necessidade de maior conexão entre as disciplinas.

A divisão em capítulos de temas interligados e com grandes interseções é uma tentativa de apresentar, de forma didática, a complexidade do Brasil, mesmo que com o risco de se compartimentalizar em demasia. Os temas foram segmentados para depois, na conclusão, serem reconectados, como que montando um quebra-cabeça, para melhor compreender o país e lançar reflexões sobre o caminho futuro.

Outra ponderação é que a comparação frequente com a experiência internacional não invoca análises do ponto de vista normativo. Não se trata de sugerir a reprodução do modelo adotado por outro país. "O passado importa" e, por isso, temos que considerar a nossa história para poder enfrentar os problemas que nos são peculiares. Além disso, em muitos países, inclusive os Estados Unidos, os modelos estão sendo contestados, em meio a inquietação e polarização da sociedade, principalmente desde a crise global de 2008-9 e seus desdobramentos e na pós-pandemia. A intenção não é estabelecer referências de um modelo ideal de funcionamento da sociedade e da economia.

O objetivo deste livro é sistematizar análises sobre as razões do nosso atraso para, assim, auxiliar na identificação dos nós ou pontos nevrálgicos que prejudicam o desenvolvimento. O Brasil está condenado ao baixo crescimento e ao desenvolvimento medíocre ou há amadurecimento institucional em curso? Deixo essa reflexão para o último capítulo.

1. A armadilha é maior aqui

Quem trama desventuras para os outros estende armadilhas a si mesmo.

Esopo

O Brasil é considerado um país de renda média: nem rico, nem pobre. Em 2019, o PIB ou renda per capita anual, pelo conceito de paridade do poder de compra, que leva em consideração as diferenças de custo de vida dos países, estava em US$ 15,4 mil ante US$ 16,4 mil na América Latina e Caribe (excluindo o Brasil) — US$ 25 mil no Chile, país referência na região — e US$ 54,2 mil nas economias avançadas.[1]

Além de o país ter uma cifra modesta, seu ritmo de crescimento é muito lento, o que o coloca na lanterna entre seus pares. A renda per capita, pelo conceito mencionado anteriormente, avançou a uma taxa média de apenas 0,68% ao ano nas últimas décadas (1980-2019), em termos reais ou descontada a inflação. Essa cifra nem sequer atinge o 1,34% da América Latina (excluindo o Brasil), que está longe de ser um caso de sucesso, e está significativamente distante dos 2,70% do Chile. As economias avançadas, que naturalmente crescem menos do que as emergentes, tiveram taxa média de 1,74% ante 2,86% de países emergentes e em desenvolvimento.

---

1. FMI (abril de 2021).

As más notícias não param aí. Em função da recessão entre meados de 2014 e meados de 2016, o PIB per capita em 2019[2] equivale ao de 2008 em termos reais. Um grande retrocesso. A trajetória recente do Brasil destoa até da América Latina, que cresce pouco, mas não exibe a mesma estagnação do país há mais de uma década (gráfico 1). Apesar de ser categorizado como país emergente, o Brasil na prática não o é. Ele está no limbo, em uma armadilha de baixo crescimento de difícil escape.

Gráfico 1: PIB per capita (PPP a preços constantes — base 100 = 1980)

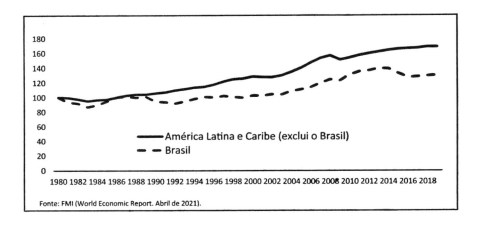

Fonte: FMI (World Economic Report. Abril de 2021).

Cabe uma observação antes de prosseguir. A ênfase na análise do crescimento do PIB não significa que se esteja desprezando a importância dos elementos necessários para o desenvolvimento dos países, ou seja, para que o aumento do PIB se traduza em benefício à coletividade. Trata-se apenas de simplificação necessária para a análise, inclusive pela questão da disponibilidade de dados, e mais importante, pelo reconhecimento

---

2. Não foi incluído o ano de 2020 para não distorcer os dados, pois a pandemia afetou de forma muito diferenciada os países, sendo mais adequado analisar o biênio 2020-21, não havendo, porém, informações suficientes de 2021 no momento da pesquisa para este livro.

A ARMADILHA É MAIOR AQUI

de que a taxa de crescimento da renda não pode ser baixa a ponto de inviabilizar a prosperidade. Com crescimento muito baixo, é mais difícil gerar empregos e promover políticas de inclusão das classes populares e de proteção aos vulneráveis.

Essa situação de período prolongado em que países de renda média não conseguem enriquecer não é peculiar ao Brasil, ainda que o quadro aqui se mostre mais desafiador. Países pouco desenvolvidos contam com vantagem comparativa[3] na manufatura tradicional com uso intensivo de mão de obra barata e de baixa qualificação, como na tecelagem tradicional; e os ricos estão em setores mais modernos e intensivos em capital e tecnologia. Países médios, por sua vez, não dispõem de vantagens comparativas tão marcantes. A mão de obra é mais cara do que a de países pobres, mas não preparada o suficiente para tecnologias mais avançadas como a de países ricos.[4] Uma consequência disso é a maior dificuldade para se inserir no comércio mundial.

Em um relatório do Banco Mundial de 2007, os autores Gill e Kharas, ao observarem que países de renda média vinham crescendo menos do que os ricos, apresentaram o conceito de "armadilha da renda média". A ideia é que é mais fácil um país sair da pobreza do que escapar da renda média para se tornar rico. O ponto central do argumento é que o crescimento econômico não é um processo linear. Nos estágios iniciais de desenvolvimento, quando a capacidade produtiva — instalações, máquinas, infraestrutura — é baixa, novos investimentos geram resposta mais do que

---

3. Esse é um conceito antigo, de David Ricardo. A ideia é de que o comércio mundial se dá a partir da vantagem comparativa, e não absoluta dos setores. O conceito leva em consideração não apenas a produtividade do setor (por exemplo, produção de tecidos) em um país (Indonésia) comparativamente à de outro (Alemanha), mas o diferencial de produtividade com os demais setores (tecido versus máquinas). O país pobre poderá exportar seus produtos, mesmo tendo baixa produtividade, pois ao parceiro comercial não interessa alocar recursos naquele setor, mas sim em outro onde o retorno pode ser maior. Os países tendem a se especializar ou alocar mais recursos na produção de bens com maior vantagem comparativa, não por escolha de governantes, mas pela racionalidade econômica ou por leis de mercado. (A Alemanha prefere produzir mais máquinas e importar tecidos.)
4. Gill e Kharas (2007).

proporcional da produção ou do PIB, que crescem de forma mais acelerada. O mesmo raciocínio vale para a mão de obra. Quando a formação básica é muito baixa ou o analfabetismo é elevado e, consequentemente, poucos indivíduos conseguem oferecer seu trabalho no mercado, o gasto com educação de massas e treinamento aumenta a disponibilidade da mão de obra de forma a impulsionar mais intensamente a produção. O salto de produtividade dos fatores de produção — capital e trabalho — é alto, sobre uma base muito baixa. Um exemplo para o caso brasileiro foi o investimento em ferrovias, entre meados do século XIX e o início do XX, que explicou parcela importante do crescimento do PIB ao reduzir o custo de transporte e facilitar a integração de mercados. Assim, o país pôde colher os frutos do comércio e crescer mais.[5]

Já em estágios mais avançados do desenvolvimento, há uma desaceleração natural no crescimento, porque a produtividade marginal dos fatores é decrescente — cada unidade a mais de fator de produção empregado gera menor adicional de produção. Um exemplo: quando as primeiras estradas são abertas, o salto na produção advindo do escoamento da produção e da circulação de pessoas é enorme. Quando a malha rodoviária ganha densidade, uma via adicional pouco irá contribuir para estimular o crescimento.

Um país pode sair da pobreza por meio de liderança estatal que promova o aumento do estoque de fatores de produção — por meio de ação direta, como nas empresas do governo, ou incentivos e proteções ao setor privado. Não faltam exemplos na experiência mundial, com destaque para o próprio caso brasileiro desde a era Vargas até o final da década de 1970. É claro que isso não significa que seja um caminho fácil, caso contrário não haveria mais países pobres. É necessário haver condições mínimas

---

5. Summerhill (2018). O autor mostra que até 1913 algo entre 20% e até um terço do crescimento do PIB no Brasil decorreu da queda de custos com transporte por conta da instalação de ferrovias, notadamente em São Paulo. O transporte até então era muito dependente de formas ineficientes, como os tropeiros, pois não havia estradas boas o suficiente para veículos com rodas. Aquele quadro prejudicava a produção agrícola — sendo que parte da lavoura era para a subsistência — e a indústria nascente. Foram instalados 24 mil quilômetros de ferrovias a partir de 1850, quando houve mudanças na legislação — hoje são 30 mil apenas.

organizacionais e de planejamento dos governos, bem como capacidade de financiamento dos gastos, por meio de aumento da carga tributária e de endividamento público.

Com frequência, as intervenções estatais fracassam e geram desperdício de recursos públicos — sem contar a corrupção. É necessário garantir sua qualidade por meio de bons projetos, que considerem a relação custo-benefício e a análise de políticas alternativas (custo de oportunidade). Para tanto, é preciso um bom funcionamento da máquina pública — tema do capítulo 9 sobre o funcionalismo. Esse modelo de crescimento também esbarra em limitações fiscais. Na experiência brasileira, a intervenção estatal pesada com frequência acarretou elevados rombos orçamentários e nas contas externas (ou crise do balanço de pagamentos), o que resultou em um longo histórico inflacionário, até o Plano Real (gráfico 2). Evidenciam-se não apenas as limitações dessa política, mas os excessos cometidos que fizeram o Brasil se descolar da experiência de muitos países.

Gráfico 2: Inflação ao consumidor por quinquênio — taxas médias anuais

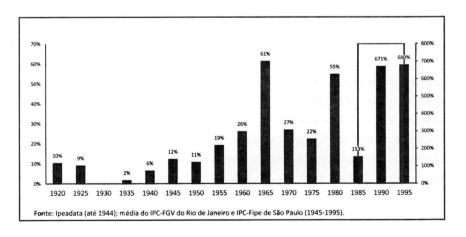

Como efeito colateral, o ciclo econômico é mais acidentado, o que pode comprometer o crescimento de longo prazo, pelo peso das incertezas na economia sobre as decisões de investimento. Outra fragilidade do caso brasileiro é que, ao longo do tempo, o aumento da força de trabalho decorreu menos do avanço na educação, permitindo a incorporação de pessoas ao mercado de trabalho e ganhos de produtividade da mão de obra, e mais do aumento do número de trabalhadores — decorrente do tráfico de escravos, da entrada de imigrantes, da urbanização e do bônus demográfico (quando o crescimento da população em idade ativa supera o da população idosa). Limitou-se, provavelmente, a redução da taxa de desemprego estrutural por conta da baixa empregabilidade de parcela importante da população.

Para um país se tornar rico, não basta a acumulação de fatores de produção. É necessário haver ganhos elevados e sustentados de produtividade, por meio de novas tecnologias, técnicas modernas de gestão e mão de obra altamente qualificada. Esse quadro demanda um arcabouço institucional mais sofisticado, de forma a promover um ambiente propício ao empreendedorismo e à inovação, bem como a uma melhor formação e treinamento da mão de obra, o chamado capital humano. A fraqueza das bases institucionais de muitos países dificulta esses arranjos no desenho e na execução de políticas públicas.

É necessário ir além da expansão da educação básica e oferecer ensino de qualidade que permita aos jovens o avanço para as etapas posteriores, como cursos profissionalizantes ou ensino superior. Arranjos mais complexos de gestão são imprescindíveis. Superada a fase inicial de universalização da educação básica, insistir na receita de simplesmente elevar o direcionamento de recursos não trará muitos resultados em termos de empregabilidade dos indivíduos e elevação da produtividade da mão de obra. É necessário garantir a capacidade técnica de treinadores e professores, métodos modernos e currículos escolares adequados, e isso demanda envolvimento e cooperação de mais atores — professores, diretores de escola e sindicatos. É preciso cobrar por performance dos profissionais envolvidos, com a devida remuneração, o que envolve superar barreiras impostas pelos sindicatos, resistentes à meritocracia. A experiência brasileira ilustra bem esse ponto, pois o aumento de verbas para educação nas últimas décadas permitiu a melhora de indicadores do ensino fundamental, mas não no ensino médio, no qual a exigência é maior — tema do capítulo 2 sobre educação.

A promoção de um ambiente de negócios favorável ao setor privado requer uma ação estatal direcionada a medidas pró-mercado — que favoreça um ambiente competitivo e regras do jogo claras e previsíveis — e com intervenção cuidadosa, quando e se necessária. O esforço político é maior, uma vez que demanda a construção de consensos e capacidade para enfrentar grupos organizados, especialmente considerando que muitas políticas implementadas para o país sair da pobreza precisam ser desmontadas para torná-lo rico. E o Brasil enfrenta muitas dificuldades para desmontar estruturas construídas no passado. Por exemplo, o caminho das privatizações tem sido acidentado, e algumas empresas privatizadas mantêm participação relevante do Estado, como minoritário e com a participação do braço de investimentos do BNDES (BNDESPar) e dos fundos de pensão das estatais.[6] Eliminar benefícios tributários setoriais, que consomem mais de 4% do PIB, e promover maior isonomia tributária é agenda que não só não avança, mas continua a sofrer retrocessos, como nas repetidas renovações de desoneração da folha para alguns setores. Do lado das barreiras ao comércio, o retrato pouco mudou.

A experiência mundial sugere que o avanço da fronteira tecnológica tornou mais difícil aos países saírem da armadilha da renda média comparativamente ao passado. Dos 101 países de renda média em 1960, apenas treze conseguiram atingir a renda alta em 2008, com experiências bastante diversas — como Coreia do Sul, Portugal e Israel —, reforçando a ideia de que não há uma receita única para o desenvolvimento econômico.[7] Além disso, as exigências em relação ao capital humano são hoje maiores. A escolaridade nos países de renda média avançou (estava em 8,8 anos de estudo em 2010) e se compara ao patamar observado nos países que ficaram ricos nos anos 1960-70, como o Japão, ou mesmo nos 1980-90,

---

6. Lazzarini e Musacchio (2018).

7. Doner e Schneider (2016). Os autores identificam diferentes grupos de países que escaparam da armadilha entre as décadas de 1980 e 1990: Ásia oriental com capitalismo de Estado ou Estado desenvolvimentista (Coreia, Taiwan); países entrantes tardios na União Europeia (Grécia, Irlanda, Portugal e Espanha); países muito pequenos e com coesão social (Hong Kong, Israel e Singapura).

como a Coreia do Sul. No entanto, o progresso da escolaridade dos países ricos desde então (11 anos em 2010) deixou os países médios para trás. Não se trata apenas de anos de escolaridade, mas de conteúdo, de qualidade da formação. Análise equivalente vale para investimento em pesquisa e desenvolvimento (P&D), cujos patamares atuais nos países médios não acompanham os dos países ricos.

Muitos países de renda média sofrem as consequências dos fatores que os tiraram da pobreza — além do desequilíbrio macroeconômico citado —, que passam com o tempo a limitar seu crescimento. É o caso daqueles com foco excessivo no crescimento de curto prazo, sem o necessário zelo de suspender políticas que se mostram ineficientes ao longo do tempo, não avançando no aprofundamento institucional na direção de um melhor ambiente de negócios e na formação de capital humano. As políticas de estímulo de curto prazo se perpetuam, pois os governantes cedem às pressões de grupos contemplados que ficam dependentes da ajuda estatal, em detrimento dos demais. Ao final, acabam produzindo efeitos secundários que realimentam as fragilidades do país. É o caso da concentração no setor produtivo, da elevada informalidade no mercado de trabalho e da desigualdade social.

Os estímulos ao setor privado costumam provocar concentração produtiva ao beneficiar as grandes corporações nacionais e as multinacionais. O foco principal dos gestores é, naturalmente, assegurar regras do jogo favoráveis ao seu negócio, e a gestão se molda para isso, com a busca por proteções e defesa de interesses junto aos governos. Pautas nacionais ganham espaço quando se tornam um obstáculo de curto e médio prazos — é o caso da questão ambiental atualmente. Grosso modo, as empresas apoiam reformas desde que sejam do seu interesse e buscam bloqueá-las em situação contrária.

Concentradas em atividades menos intensivas em tecnologia — como manufatura tradicional, commodities e alguns serviços de utilidade pública —, essas corporações dependem de mão de obra treinada, mas não muito sofisticada. No caso das multinacionais, é comum oferecerem treinamento nas próprias fábricas, inclusive nas matrizes. Além disso, recorrem

A ARMADILHA É MAIOR AQUI 31

a insumos importados, e a inovação vem de fora. O resultado é que não há pressão sobre governantes para melhorar a qualidade da mão de obra.

O elevado custo-Brasil — sistema tributário disfuncional, infraestrutura deficitária, reduzido capital humano, insegurança jurídica —, em alguma medida, origina-se das próprias políticas voltadas para favorecer setores e segmentos da sociedade. É o caso da elevada carga tributária e também de sua complexidade, que refletem a necessidade de financiar a intervenção estatal e criar regras diferenciadas para os setores selecionados. Ao final, o custo-Brasil agrava a concentração da estrutura produtiva ao onerar a produção e elevar o risco de se operar no país. Os executivos das empresas gastam recursos e energia para lidar com os entraves à operação no dia a dia, como as mudanças de legislação tributária, reduzindo o foco em gestão e inovação. Para se manterem competitivas, as empresas buscam aumentar sua fatia no mercado (*market share*), pois é necessário ter escala de produção para diluir custos. Não se trata apenas de maximização de lucros, mas de viabilização de negócios ou autopreservação. Além disso, o custo-Brasil acaba sendo também um impeditivo à entrada de novos *players*. Os investimentos estrangeiros diretos — ou feitos diretamente em empresas — são em sua grande maioria para aquisição de negócios já instalados, e não para novos projetos visando a aumentar a capacidade produtiva (*greenfields*). Há ainda aquelas empresas que desistem do Brasil; um exemplo bastante claro é o setor bancário, em que muitos bancos estrangeiros fecharam suas operações no país.

Outro aspecto central da ação do Estado é o protecionismo comercial, por meio de barreiras tarifárias e não tarifárias. No passado, o Brasil construiu uma rede de regras para conter as importações e assim estimular a indústria. Foi o modelo de "substituição das importações", que marcou a política econômica desde Vargas até a crise do início dos anos 1980. A política de liberalização comercial iniciada no fim da década de 1980 e concluída em 1993-94 refletiu importante pressão de parceiros comerciais — notadamente dos Estados Unidos —, em meio à onda liberalizante no mundo. Um amplo conjunto de barreiras não tarifárias foi eliminado, e a tarifa média nominal caiu de 57,5%, em 1987, para 11,2%, em 1994. O

32 NÓS DO BRASIL

processo, no entanto, foi precocemente interrompido. Pior, houve uma inflexão a partir de 2010, e a tarifa média subiu 1 ponto percentual.[8]

Em uma pesquisa com 75 países, o Brasil ocupa a 69ª posição no ranking do grau de abertura da economia ao comércio e ao investimento produtivo. Quando se considera apenas a política comercial, ou uso de barreiras ao comércio, o Brasil é o segundo pior, junto com Bangladesh e Nigéria, e atrás do Sudão. O país é pouco conectado às cadeias globais do comércio, e uma maior inserção atualmente será mais desafiadora do que foi para aqueles países com maior abertura comercial nos anos 1980-90. Esse é um fator crítico que prejudica o crescimento — a contribuição do comércio exterior ao crescimento dos países é tema consolidado na pesquisa acadêmica.[9] Os benefícios podem ser, por exemplo, pelo acesso a novas tecnologias e a insumos de melhor qualidade, pelos ganhos de especialização e pelo estímulo ao investimento por conta da concorrência.

Conforme um país sai da pobreza e avança no seu desenvolvimento, os custos da mão de obra tendem a crescer, e a intensidade dependerá do investimento em educação para aumentar a oferta de trabalho qualificado. Se os ganhos de produtividade não avançarem na mesma velocidade do aumento de salários, poderá haver uma desindustrialização precoce. É o caso brasileiro. Como a indústria tende a operar com maior grau de formalização da mão de obra em relação a outros setores da economia, o resultado é a informalidade elevada. A informalidade está em 40% nos países médios — o Brasil tem cifra equivalente —, 22% em asiáticos e 20% no mundo desenvolvido. Esses elementos alimentam a desigualdade de renda e prejudicam a formação de uma classe média representativa, prejudicando o crescimento — tema tratado no capítulo 8.

Desatar os nós que jogam os países na armadilha da renda média depende da política. Há requisitos políticos mínimos para conduzir reformas.

---

8. Veiga e Rios (2017). Segundo os autores, a tarifa média nominal da lista de cem produtos que tiveram suas tarifas aumentadas subiu para 23,6% ante 13,7%. Na África do Sul, uma cesta equivalente tem tarifa média de 5,0%; na China, de 7,5%; na Coreia, de 5,1%; na Índia, de 8,5%; no México, de 4,5%; e na Turquia, de 3,7%.
9. Frankel e Romer (1999).

A ARMADILHA É MAIOR AQUI

Em maior ou menor grau, é preciso haver governantes capazes, sistema político que possibilite a barganha e qualidade do debate público — temas discutidos ao longo deste livro.

Os países que saíram da armadilha na segunda onda nos anos 1980-90 contaram com circunstâncias especiais que os ajudaram a superar obstáculos políticos. Os arranjos diferiram entre os países, porém facilitaram barganhas intertemporais, ou seja, custos de alguns no curto prazo, mas ganhos coletivos no longo prazo. Nos países que entraram mais tardiamente na União Europeia — Grécia, Portugal e Espanha —, o desejo de adesão ao grupo foi um incentivo para construção de um consenso pró-reformas estruturais. Países pequenos, como Israel e Singapura, contaram com ameaças à segurança interna para aglutinar apoio a reformas. No caso de asiáticos, como a Coreia do Sul, líderes autoritários investiram em educação no caminho para o modelo capitalista.

Sair da armadilha da renda média é possivelmente mais desafiador para o Brasil do que para os pares emergentes. A performance medíocre, descolada da economia mundial, é sinal contundente. Não só a produtividade do trabalho é baixa — em torno de 25% da norte-americana[10] — e está estagnada, como a acumulação de capital se dá em ritmo muito lento. A taxa de investimento está abaixo de 15% do PIB na média dos últimos anos ante 22% na média de Chile, Colômbia, Peru e México. Como resultado, o potencial de crescimento do país é muito baixo.

Na infraestrutura, especialistas apontam que o investimento não compensa a depreciação do capital. As deficiências só não ficam mais evidentes em decorrência das crises recentes, que têm produzido alguma ociosidade de fatores. Assim, diante da ineficiência da ação estatal e das gritantes restrições fiscais, o investimento em infraestrutura requer maior participação do setor privado. No entanto, o difícil ambiente legal e regulatório e a insegurança jurídica dificultam o investimento privado —, tema do capítulo 4, sobre herança jurídica.

---

10. Conference Board.

Eventos recentes ilustram bem o quadro de fragilidade. A crise da pandemia, que acelerou o uso de tecnologias digitais, revelou a grande escassez de profissionais de tecnologia da informação. E a seca em 2020-21 expõe os problemas de gestão do setor de energia. Olhando adiante, o problema é ainda maior pelo fim do bônus demográfico, sendo que o ritmo de envelhecimento da população brasileira é superior ao da média mundial (tabela 1). Esse cenário demanda o aumento da produtividade do trabalho para não encolher ainda mais o já baixo potencial de crescimento do país. Afinal, se a proporção de pessoas em idade ativa em relação à população idosa apresenta tendência de queda, cada uma delas precisará se tornar mais produtiva para que a taxa de crescimento do PIB per capita não caia.

Tabela 1: Participação da população com 65 anos ou mais (%)

Ano	Mundo	Brasil
2000	6,9	5,2
2020	9,3	9,6
2040[p]	14,1	17,7
2060[p]	17,8	27,0

Fonte: United Nations (World Population Prospects, 2019).
p = projeção

O Brasil não ter ficado rico antes do fim do bônus demográfico e de sua efetiva inserção em cadeias produtivas globais aumenta o desafio para sair da armadilha da renda média. Tentativas de aumentar o ativismo estatal estarão fadadas ao fracasso. A missão consiste em pavimentar de forma mais acelerada um caminho, já iniciado, em que as velhas políticas estatais que tiraram o país da pobreza são removidas para se assentar bases mais sólidas de uma economia moderna e inclusiva.

2. O pecado original foi negligenciar a educação

No Brasil, o futuro de uma criança está em grande parte determinado pelas condições socioeconômicas da sua família no momento do nascimento. [...] Como nascer em uma família rica ou pobre não é resultado de mérito, e sim de sorte, a loteria da vida é o principal determinante do sucesso da vida no Brasil.

Naercio Menezes Filho

Há um grande consenso sobre o papel fundamental da educação para o crescimento econômico, baseado em significativo volume de pesquisa empírica.[1] Ela tem efeito de primeira ordem no crescimento, atuando como um pré-requisito para o surgimento ou para o bom funcionamento das demais instituições pró-crescimento. Outras instituições teriam, grosso modo, efeitos de segunda ordem, ou derivados, ainda que importantes por adicionarem força

---

1. Um exemplo é o trabalho de Glaeser, La Porta, Lopez-de-Silanes e Shleifer (2004), cuja principal conclusão é de que o nível inicial de escolaridade em um país é um previsor de crescimento econômico subsequente, sendo que países que em 1960 tinham maior escolaridade cresceram duas vezes mais entre 1960 e 2000 em relação aos menos educados. No Brasil, Barros e Mendonça (1997) estimaram que o acréscimo de um ano à escolaridade média da população aumenta a taxa de crescimento econômico de longo prazo em 0,35 ponto percentual.

a dinâmicas benignas. Por exemplo, a educação contribui para a formação de uma classe média representativa, o que fortalece a dinâmica de crescimento.

Certamente países mais ricos investem mais em educação, até porque esse gasto precisa ser financiado, mas a evidência de causalidade mais robusta é no sentido contrário, de educação gerando crescimento. Países ricos hoje são aqueles que no passado investiram em escola primária gratuita e universal, sendo que a educação permite que as nações disponham de um conjunto mais amplo de instituições que favoreçam seu desenvolvimento. Isso porque seus benefícios vão muito além do aumento do capital humano e da consequente elevação de produtividade do trabalho. A educação é variável-chave para fomentar a democracia, reduzir a desigualdade, aumentar a coesão social e a formação de uma classe média representativa — temas dos capítulos seguintes.

O passado importa, pois o efeito da educação sobre o capital humano é cumulativo: o estoque reduzido hoje reflete mais decisões passadas do que correntes. A acumulação ocorre lentamente e sua depreciação também. Como consequência, o capital humano oscila pouco ao longo do tempo.[2]

Conforme aumenta o tamanho da população e a sociedade fica mais complexa, a ação do Estado torna-se essencial na oferta de educação, pois a organização social é insuficiente para isso. Ao Estado cabe impedir a perpetuação do baixo capital humano entre as gerações e reduzir a desigualdade entre as classes, para permitir a mobilidade social. Este segundo aspecto decorre da herança carregada por indivíduos, tal que uma criança cujos pais têm pouco estudo tem menor probabilidade de atingir nível educacional elevado e, assim, ser bem-sucedida. Por isso a importância do Estado na promoção da igualdade de oportunidades para que os indivíduos dependam menos de sua origem. Esse é um ponto de grande vulnerabilidade do Brasil. O filho de um pai sem estudo tem apenas 3,5% de chance de concluir a faculdade ante 71% daquele cujo pai tem ensino superior completo.[3]

Não há uma relação direta entre gasto em educação e regime político. A Coreia do Sul, quando ainda em regime autoritário, investiu em educação; já

---

2. Glaeser, La Porta, Lopez-de-Silanes e Shleifer (2004).
3. Mahlmeister, Ferreira, Veloso, Menezes Filho e Komatsu (2019).

O PECADO ORIGINAL FOI NEGLIGENCIAR A EDUCAÇÃO   37

a Índia democrática pós-independência falhou. Apesar disso, parece correto afirmar que a participação popular tem importância no investimento público em educação. Na Alemanha autoritária de Bismarck, decorreu de demanda latente da população por educação, bem como da estrutura descentralizada do sistema educacional.[4] No Brasil, o gasto em educação básica distinguiu os governos autoritários de Vargas e dos militares — com maior investimento no segundo, com aumento da taxa de matrícula. No interregno democrático de 1946-63, por sua vez, os ganhos foram modestos.[5]

Como já citado, o passado importa bastante, começando pela herança histórica e cultural das nações que molda as crenças da sociedade. As experiências das colônias nas Américas são boas mostras disso. Estados Unidos (Nova Inglaterra) e Canadá investiram em educação, mesmo não sendo as colônias mais prósperas, distinguindo-se da América Latina. A comunidade se organizava e financiava a educação primária, por meio de doação ou de algum tipo de imposto local. As primeiras escolas nos Estados Unidos remontam à primeira metade do século XVII e, em 1870, 80% dos indivíduos com 10 anos ou mais eram alfabetizados. E fez diferença o tipo de colonização, principalmente pelo capital humano, e menos pelas instituições transplantadas da metrópole.[6] Na colônia de exploração, na América espanhola e portuguesa, tratava-se de um pequeno grupo com muitas terras e mão de obra escrava. Na de povoamento, famílias se assentavam em pequenas propriedades, o que nutria uma maior cooperação.[7]

Um segundo fator seria a religião. As instituições protestantes tiveram papel fundamental na educação, enquanto os católicos a valorizavam menos para segmentos populares, exceto os jesuítas. Muitas vezes a Igreja católica sufocou iniciativas para organizar escolas, enquanto protestantes estimulavam a leitura

---

4. Lindert (2010).
5. Maduro Junior (2007). O gasto com ensino fundamental como proporção do PIB pouco evoluiu entre 1933 e 1964, tendo elevação desde então. O ensino médio teve avanço no governo Dutra e, na ditadura, teve fases diferentes, sofrendo com subfinanciamento dos entes municipais e estaduais a partir de 1971.
6. Glaeser, La Porta, Lopez-de-Silanes e Shleifer (2004).
7. Engerman e Sokoloff (2000).

38 NÓS DO BRASIL

da Bíblia.[8] Um exemplo no Brasil foi o ocorrido entre 1948 e 1961, quando parlamentares apoiados pelo clero defendiam subsídios governamentais a instituições de ensino particular, enquanto, intencionalmente ou não, seguravam a tramitação da medida que aumentava o gasto com educação pública.[9]

Com os movimentos de independência, as novas nações tiveram liberdade para formatar suas instituições sociais e econômicas, surgindo contrastes entre as escolhas feitas nos países da América Latina. Na virada do século XX, a taxa de matrícula em escola primária na Argentina, Peru e Chile era duas ou três vezes superior à taxa no Brasil (tabela 2). A evolução da escolaridade foi também mais lenta no Brasil (tabela 3). Em 1900, Argentina e Chile tinham taxa de alfabetismo de 40%, enquanto o Brasil, 22%.

Tabela 2: Taxa de matrícula no ensino primário (%)

	1820	1895	1930	1960	1985	2000
Brasil	0,9	11,7	29,5	76,6	82,0	100
Chile	2,7	31,1	80,2	94,7	94,1	98,0
Argentina	2,2	24,3	66,9	89,0	97,8	100

Fonte: Lee e Lee (2016).

Tabela 3: Escolaridade média (anos)

	1895	1930	1960	1985	2000
Brasil	0,3	1,4	2,5	3,6	5,6
Chile	0,5	3,9	5,0	7,2	8,8
Argentina	0,7	3,4	5,3	7,5	9,1

Fonte: Lee e Lee (2016).

---

8. Há limitações no alcance dessa explicação, tendo em vista o alto grau de escolaridade no Canadá francês e na Alemanha católica e, por outro lado, a precariedade das colônias britânicas no Caribe (Mariscal e Sokoloff, 2000).

9. Kang (2010). Um dado interessante apresentado é que na Guanabara, então Distrito Federal, em 1947, quase 74% do ensino primário era particular, ante 13% na média do país. Havia provavelmente grande influência de grupos particulares na agenda pública por sua proximidade do poder. Alegavam o receio de que escolas públicas eliminassem o ensino religioso do currículo.

O PECADO ORIGINAL FOI NEGLIGENCIAR A EDUCAÇÃO

A imigração foi uma variável importante nessa equação. Dotados de maior capital social, ou seja, valores cívicos, os imigrantes demandavam melhores serviços públicos. É o caso da Argentina e do Chile, sendo que neste último predominavam as escolas privadas com subsídio à educação.[10] No Brasil, a imigração ajuda a explicar os melhores resultados da educação em alguns estados.[11] Em São Paulo, há evidências de que regiões do estado que receberam mais imigrantes tiveram maior avanço da escolaridade, com benefícios de longo prazo para sua economia.[12]

Na falta de valorização da educação pela coletividade, diferentemente das colônias inglesas, o papel das crenças da elite aumenta. No caso, havia baixo interesse pela educação pública, e os filhos dos mais abastados eram matriculados nas escolas privadas ou enviados para Portugal, enquanto resistia-se à taxação para o financiamento da educação dos mais humildes. O elevado grau de concentração de poder econômico e político era um agravante.

O poder econômico, decorrente da maior concentração agrária, esteve associado ao menor investimento em educação, possivelmente para manter o controle da mão de obra e evitar sua perda para outros setores. Há algumas pesquisas empíricas apontando nessa direção. Nos Estados Unidos, regiões com maior desigualdade na distribuição de terras implantaram mais tardiamente escolas públicas e legislação proibindo o trabalho infantil. O resultado foi uma transição defasada e lenta para a economia industrial.[13] A mesma conclusão é obtida quando se compara as experiências da América Latina e da Ásia.[14] No Brasil, províncias com menor concentração agrária no século XIX gastavam mais com educação e tinham melhores indicadores de escolaridade. Foram o caso de Rio Grande do Sul, Santa Catarina, Espírito Santo e Paraná.[15]

---

10. Mariscal e Sokoloff (2000).
11. Rocha, Ferraz e Soares (2017).
12. Carvalho Filho e Colistete (2010).
13. Galor, Moav e Vollrath (2006).
14. Wegenast (2009a).
15. Wegenast (2009b). Para o caso de São Paulo, Carvalho Filho e Colistete (2010).

O poder político dos grandes proprietários rurais, que controlavam os indivíduos do seu entorno e a política da região, teve importante papel no Brasil. Municípios de São Paulo com maior participação de eleitores da elite agrária em 1905 investiam menos em estrutura educacional e apresentaram menor taxa de alfabetização em 1920. Esses efeitos persistiram até a década de 1970 e impactaram a evolução da renda per capita.[16]

A participação política é importante ingrediente para a educação. Países com maior nível de sufrágio têm melhores indicadores de ensino, enquanto democracias elitistas tendem a ser mais avessas a transferências sociais.[17] Nos Estados Unidos, mudanças institucionais que redistribuíram o poder político por meio da expansão do sufrágio foram seguidas de expansão da educação de massas. No Brasil, os períodos democráticos pré-1964 foram de democracia de elite, com eleitores representando apenas 16% da população adulta em 1947 e 25% em 1962 — patamares muito baixos para impactar o gasto com educação.[18] Já na democracia de massas, a introdução da urna eletrônica na eleição de 1998 permitiu abranger eleitores mais pobres e menos escolarizados, e isso se traduziu em melhores serviços de saúde para os mais pobres.[19]

Na raiz da fragilidade da economia brasileira está certamente o cuidado tardio e insuficiente com a educação de massas. A universalização do ensino primário ocorreu apenas na década de 1990 e muitos jovens ainda estão fora da escola. Além do início tardio, o caminho para a educação foi lento e muito oscilante, prejudicando a construção do capital humano.[20] Como se não bastasse a herança histórica, com frequência reafirmamos o descaso com crenças elitistas e equivocadas.

Na colonização de exploração não havia movimento ou interesse da Coroa em estruturar um sistema de educação pública. Até meados do século XVII, o único ensino formal existente no Brasil era o dos jesuítas,

---

16. Ferreira (2020).
17. Lindert (2004).
18. Kang (2010).
19. Fujiwara (2015).
20. Os aspectos históricos apresentados se baseiam principalmente em Carvalho (2001).

O PECADO ORIGINAL FOI NEGLIGENCIAR A EDUCAÇÃO   41

mas restrito aos filhos dos colonos ou de proprietários rurais. A atenção à educação começou de cima para baixo, sendo que as escolas superiores foram autorizadas apenas com a vinda da família real, em 1808, em Salvador e no Rio de Janeiro. Na América espanhola, a educação era também para a elite, mas surgiu séculos antes, talvez pelo fato de os espanhóis terem encontrado uma população em estágio mais avançado de civilização, o que teria demandado a introdução de uma nova cultura pelos colonizadores. No fim do período colonial, havia ao menos 23 universidades, sendo que as primeiras datam do século XVI, como a Universidade de São Domingos (1538), Lima (1551), Cidade do México (1551), Bogotá (1580) e Quito (1586).

Até a Independência — que proporcionou a abertura de universidades —, os brasileiros que quisessem estudar teriam que ir a Portugal. Vale citar que entre 1772 e 1872 passaram pela Universidade de Coimbra 1.242 estudantes brasileiros — destoando dos 150 mil das colônias espanholas. Uma curiosidade: na reforma do marquês de Pombal, quando os jesuítas foram expulsos, em 1759, a biblioteca dos jesuítas da Bahia foi levada a leilão, mas não houve interessados. Os livros estragaram ou foram usados para embrulhar mercadorias.

No período pombalino, o mesmo decreto real que expulsou os jesuítas introduziu o ensino público — primário e secundário, laico e gratuito. A estrutura, no entanto, manteve-se muito precária e incipiente até a Independência. Em 1800, não mais que 2% da população era alfabetizada; nos Estados Unidos, era 70%. O Brasil era o retrato piorado de Portugal, onde apenas 15% da população era alfabetizada em 1850, ante 70% na Inglaterra e 95% nos países nórdicos. A polícia fiscalizava severamente as livrarias e os livreiros, temendo a influência do espírito de liberdade na França.

O racismo provavelmente reforçou a falta de interesse na educação de massas, sendo que havia a crença na suposta inferioridade dos pretos, inclusive por parte de intelectuais. Por aquela perspectiva, não valeria a pena educá-los. O racismo não seria um fator definitivo, porém, posto que o sul dos Estados Unidos, escravagista, investiu na educação após o fim da escravidão. Somou-se, porém, ao racismo a visão da elite no Brasil de que aos humildes cabia o trabalho braçal e manual, como discutido adiante. De qualquer forma, os anos que se seguiram à Abolição foram de negação da elite sobre os 350 anos de escravidão. Mal comparando, seria algo como o "pacto do silêncio" na Alemanha após a Segunda Guerra Mundial. Assim, o preconceito e a negação do passado escravocrata levaram o país a ignorar os pretos. Não houve preocupação com sua inserção na sociedade. Vale mencionar ainda que o fato de analfabetos não terem tido direito de votar até 1985 prejudicou particularmente os pretos e pardos. Em 1980, apenas metade da população negra com mais de 5 anos estava alfabetizada ante 80% de brancos. O resultado é a baixa representatividade de pretos no Legislativo.[21]

A julgar pela experiência norte-americana, o investimento público em educação teria sido maior caso a participação política dos pretos tivesse sido mais elevada. Nos Estados Unidos, a eliminação de restrições ao voto dos pretos em alguns estados, em 1965, gerou um acréscimo significativo no número desses eleitores e nas transferências de recursos do governo para regiões com maior proporção de população preta, o que resultou em aumento nas matrículas.[22]

A Independência trouxe avanços modestos. A Constituição do Império, de 1824, instituiu (de forma vaga) a instrução primária obrigatória gratuita, sem fixar idade de ingresso, podendo ser entre 5 e 12 anos. Nos anos seguintes, a legislação exigiu a criação de escolas de primeiras letras em todas as cidades e vilas do Império e atribuiu às províncias sua gestão, mas sem a necessária destinação de recursos — os únicos segmentos da instrução pública beneficiados eram as faculdades de Medicina e Direito. Isso gerava não apenas baixo investimento em educação — apenas 12% das crianças estavam na escola em 1827 —, como grande desigualdade entre as regiões.[23]

---

21. Atualmente, pretos e pardos, que são 55% da população brasileira, representam apenas 27% do Congresso.
22. Cascio e Washington (2013).
23. Kang (2010).

O PECADO ORIGINAL FOI NEGLIGENCIAR A EDUCAÇÃO 43

A reforma Couto Ferraz, de 1854, foi a primeira tentativa de organizar o ensino primário (equivale basicamente ao atual fundamental I) e o secundário (fundamental II e ensino médio), mas restringia-se à Corte.[24] O acesso às escolas foi franqueado à população livre e vacinada acima de 7 anos de idade, contanto que as crianças não padecessem "de moléstias contagiosas" — facilmente excluía os pobres. Escravizados foram proibidos de se matricular. O ensino secundário não era obrigatório e, pelas regras, era muito restrito a uma parcela seleta da população. Prevalecia a visão de que o ensino primário seria suficiente para as camadas pobres. Tanto o curso secundário como o superior, que capacitavam as pessoas para os cobiçados cargos públicos, ficavam nas mãos da elite.

Os avanços na educação no Império foram muito limitados (tabelas 2 e 3), não corrigindo o atraso. Quando a República é instaurada, a taxa de analfabetismo era de 82,6% (indivíduos com 5 anos ou mais, em 1890).

Os últimos anos do Império e, principalmente, as primeiras décadas da República foram marcados por muitas mudanças na educação primária, com liderança de São Paulo. O início do processo de industrialização e a urbanização[25] aumentavam a demanda por mão de obra qualificada. Ocorreram reformas abrangentes na organização e nos métodos pedagógicos da instrução pública.[26] Houve a criação dos grupos escolares e ampliação das matrículas do ensino primário. O acesso à educação continuou, porém, altamente restrito e desigual. Mais de 50% das crianças em idade escolar não tinham acesso ao ensino primário ao final da década de 1910, havendo grande distância das taxas de matrículas de São Paulo e do país em relação aos indicadores internacionais (tabela 4).

---

24. Colistete (2019) pondera que, como a educação primária fora atribuída às províncias, estas já vinham estruturando o sistema localmente.
25. Chun, Hasan, Rahman e Ulubaşoğlu (2016) discutem que o crescimento do investimento em educação é um fenômeno urbano, pois as maiores oportunidades de trabalho elevam o retorno da educação.
26. Colistete (2019) para a análise que segue sobre São Paulo.

Tabela 4: Taxa de matrícula da instrução primária estadual e municipal (por mil habitantes)

Anos	São Paulo	Brasil	Argentina	Portugal	Estados Unidos
1870	11 (13)	12 (14)	52	24	183
1890	20 (21)	16 (19)	68	47	224
1910	27 (34)	24 (30)	102	45	197
1920	46 (63)	30 (41)	127	53	190

Fonte: Colistete (2019).
Valores entre parênteses incluem o setor privado.

Além disso, a evasão escolar era elevada. No fim da década de 1910, o número oficial de alunos frequentes nas escolas mantidas pelo estado de São Paulo foi de apenas 60,8% do total das matrículas. A principal causa da descontinuidade era o trabalho na lavoura. Com a diversificação econômica e a expansão das vilas e cidades, os núcleos urbanos passaram também a absorver trabalho infantil em escala crescente. Dirimir essa situação exigiria a obrigatoriedade do ensino e oferta de vagas, para que o estado pudesse responsabilizar os pais que não colocassem os filhos na escola. Isso só veio a ocorrer de forma plena após a Constituição de 1988.

Os recursos para financiar o ensino primário vieram do excepcional crescimento das receitas tributárias — com o boom das vendas de café ao exterior —, que passaram a ter maior transferência para os estados na Primeira República. Ainda assim, o valor direcionado à educação básica situou-se significativamente abaixo da capacidade de investimento público. Havia claramente outras prioridades. As finanças de São Paulo eram pressionadas por demandas crescentes por outros serviços públicos, subsídio à imigração e estocagem de café.

Na Primeira República, algumas estruturas elitistas continuaram basicamente intocadas, chegando ao seu final com a taxa de matrícula em 29,5% da população em idade escolar. A escola secundária e a superior perduravam como privilégios da elite, e a oligarquia agrária freava iniciativas de educação

O PECADO ORIGINAL FOI NEGLIGENCIAR A EDUCAÇÃO   45

de massas.[27] E não era por falta de reconhecimento do problema que a educação não avançava. Documento do governo, de 1916, apresentava indicadores do Brasil muito defasados em relação a outros países, mesmo da América Latina, enquanto apontava a falta de atenção ao ensino primário, que deveria ser prioritário, condenando o dispêndio em obras dispensáveis e no "preparo de doutores, quando a massa geral do povo vegeta na mais completa ignorância".[28]

No governo Vargas, o foco foi a formação da mão de obra, e não o ensino primário de massas. A primeira reforma de caráter nacional, de Francisco Campos,[29] em 1931, visava ao ensino secundário apenas, para indivíduos com 11 anos, submetidos a exame de admissão. Havia duas possibilidades de carreira, fundamental e complementar. Por conta do currículo e da carga horária, apenas estudantes de classes privilegiadas conseguiam seguir a segunda opção, direcionada ao ensino superior.

Ao mesmo tempo, ideais democráticos influenciavam intelectuais. Era o caso da Escola Nova, projeto liderado por Fernando de Azevedo, Anísio Teixeira e Lourenço Filho, que elaboraram o "Manifesto dos Pioneiros da Educação Nova", em 1932, com a participação de mais de uma dezena de intelectuais. O documento foi publicado simultaneamente em vários órgãos da grande imprensa brasileira, sendo Julio de Mesquita Filho, do jornal *O Estado de S. Paulo*, também signatário. Apontava a educação elementar como direito de todos e se propunha unir a formação geral com a prática para o trabalho, ou a educação técnica — revolucionária para um país onde o trabalho manual era bastante desvalorizado. O grupo do manifesto influenciou as reformas do ensino em vários estados.

Na Constituição de 1934, a educação, tardiamente, ganhou status de direito social e dever do Estado — ensino obrigatório e gratuito, com vinculação de recursos tributários —, com subordinação dos estados às diretrizes definidas pela União. Durou pouco, porém. Com o Es-

---

27. Como agravante, boa parte da população era rural. Em 1920, apenas 16,6% da população vivia em cidades de 20 mil habitantes ou mais, e 70% ocupavam atividades agrícolas.
28. Citado em Kang (2010, p. 45).
29. O primeiro ministro da pasta da Educação, na época da Saúde Pública também, criada em 1930.

46 NÓS DO BRASIL

tado Novo, houve retrocesso na Constituição de 1937, pela supressão da organização federativa dos sistemas de ensino e pela revogação da vinculação de receitas tributárias. Vargas concentrou-se no treinamento de mão de obra e de forma terceirizada, diferentemente das experiências de Argentina e Chile. Em 1942, foi criado o Serviço Nacional de Aprendizagem Industrial, subordinado ao governo, mas sob a direção da Confederação Nacional da Indústria (CNI), contando com recursos tributários vinculados. Representou um fracasso do ministro da Educação e Saúde, Gustavo Capanema, que pretendia um amplo sistema de educação profissional, explorando as vocações e não apenas o treinamento da mão de obra da indústria.[30]

No Estado Novo, a Reforma Capanema regulamentou as etapas do ensino, mas mantendo o caráter elitista. O ensino secundário permanecia direcionado para "formar as elites condutoras do país", e o ensino profissional era assumidamente destinado às camadas populares, visando a oferecer "formação adequada aos filhos dos operários, aos desvalidos da sorte e aos menos afortunados, aqueles que necessitam ingressar precocemente na força de trabalho". O acesso ao ensino primário manteve-se muito restrito. Além disso, os gastos com educação praticamente não aumentaram, tendo ocorrido maior alocação de recursos para o ensino superior em detrimento dos demais.[31] O resultado foi o lento avanço dos indicadores no Estado Novo. O analfabetismo para indivíduos de 5 anos ou mais caiu pouco, de 61,2% em 1940 para 57,2% em 1950. Os anos de estudo subiram modestamente, mantendo-se abaixo de dois anos entre 1935 e 1945. O paternalismo de Vargas era excludente.

No retorno da democracia, em meio às demandas sociais por direitos, a Constituição de 1946 adotou medidas para ampliar o acesso ao ensino primário, com a volta de vinculações e da organização federativa dos sistemas de ensino, agora com maior liberdade de organização para os estados. Dutra escolheu como assessores representantes da Escola Nova,

---

30. Schwartzman, Bomeny e Costa (2000).
31. Maduro Junior (2007).

O PECADO ORIGINAL FOI NEGLIGENCIAR A EDUCAÇÃO

como Lourenço Filho e Anísio Teixeira. Houve aumento de gastos e melhora em alguns indicadores educacionais.

O governo JK é um exemplo de falta de prioridade na educação. O país cresceu de forma acelerada, mas isso não se traduziu em aumento mais sensível da taxa de matrícula no ensino primário. O Plano de Metas só incluiu a educação em 1957 e de forma vaga.[32] A prioridade era nitidamente o ensino superior. Falava-se em "esforço de industrialização". O pensamento econômico preponderante na época não dava a devida importância à educação de massas, diferentemente do crescente debate mundial sobre o tema; a prioridade deveria ser o investimento na indústria e na infraestrutura, bem como no ensino superior. Não se via a educação básica como mola propulsora do crescimento, mas sim seu corolário — retomo o assunto no capítulo 11 sobre a academia.

Com João Goulart, vieram novas medidas: o aumento da despesa mínima com educação da União para compensar a incapacidade financeira de regiões mais pobres, e a primeira Lei de Diretrizes e Bases da Educação Nacional (LDB), prevista ainda na Constituição de 1934. Estabeleceu-se o ensino primário obrigatório a partir dos 7 anos, mas sem a obrigação de o Estado prover o serviço. Houve sensível aumento da taxa de matrícula. Um contraponto foram as inúmeras concessões a escolas privadas, dominadas pela Igreja católica.

No período militar, foram dados passos mais largos para ampliar o acesso ao ensino básico. Alguns tecnocratas reconheciam a importância da educação de massas e da formação do capital humano. A Constituição de 1967 assegurou a educação universal, gratuita e compulsória, e a emenda constitucional de 1969 estendeu o ciclo obrigatório de quatro para oito anos (dos 7 aos 14 anos de idade). Para tanto, ampliou o percentual de impostos destinados ao financiamento da educação e instituiu o salário-educação. Não houve a mesma disposição para o ensino médio. Para o

---

32. Renato Colistete comenta com a autora que a meta de educação, na realidade, nunca existiu, baseando-se no livro de memórias de Lucas Lopes — secretário-executivo do Conselho de Desenvolvimento —, *Memórias do desenvolvimento* (Rio de Janeiro: Memória da Eletricidade, 2019. Série Personalidades do Setor Elétrico Brasileiro).

ensino superior, chegou-se a determinar que a gratuidade seria condicionada a desempenho e com posterior reembolso, o que foi eliminado em 1969, beneficiando os mais ricos.

Vale citar a experiência do Movimento Brasileiro de Alfabetização (Mobral). Criado em 1967 e com início em 1970, foi uma importante política de alfabetização de adultos, em um país com mais de 33% de pessoas acima de 15 anos analfabetas. Padronizou-se o material e permitiu-se o ensino pelo rádio e TV. O recurso era federal, e a gestão, local, com foco em obter resultados. A principal prioridade do regime militar, porém, foi o ensino superior. Havia grande demanda da elite, enquanto os militares buscavam frear o descontentamento nas universidades decorrente do cerceamento e do controle das atividades acadêmicas. Foi feita a reforma universitária em 1968, o que resultou em grande expansão de vagas e aumento da participação da iniciativa privada no ensino superior.

O período militar teve duas fases no que se refere à atenção à educação básica.[33] Na primeira, até 1974, houve importante incremento dos gastos por aluno e aumento no número de matrículas, na esteira da obrigatoriedade do ensino de oito anos, que implicava a necessidade de ampliar a rede escolar, ainda que pelas administrações locais. Chegaram a faltar professores, levando a uma redução das exigências nos concursos para o preenchimento das vagas — o que se provou um problema adiante. Na segunda fase, após a crise do petróleo, a arrecadação do ICMS foi penalizada pelos benefícios tributários concedidos no contexto do II Plano Nacional de Desenvolvimento. A consequência foi o achatamento salarial, reduzindo a atratividade da carreira para professores mais qualificados. A elevação da arrecadação da União em 10 pontos percentuais do PIB não se traduziu em mais gastos com o ensino básico, pois as prioridades eram outras — o ensino superior e, certamente, a sustentação artificial da economia. Um duplo erro e oportunidade perdida.

Conforme a crise econômica se agravava, com seu auge em 1982-83, caía o direcionamento de recursos para educação, abruptamente. O arrocho

---

33. Kang (2019).

O PECADO ORIGINAL FOI NEGLIGENCIAR A EDUCAÇÃO

salarial, a mudança de perfil dos professores[34] e o ressentimento por conta de perseguições políticas alimentaram a rápida organização da categoria[35] e até a radicalização, culminando no ciclo de mobilizações em todos os estados, de 1978 até o início dos anos 1980. A Confederação dos Professores do Brasil (CPB) e suas entidades se filiaram à Central Única dos Trabalhadores (CUT), criada em 1983 com participação ativa do sindicalismo docente. Ao longo da década de 1980, o sindicalismo esteve em ebulição, com influência crescente do PCdoB na militância dos trabalhadores da educação. Enquanto isso, desapareciam as cobranças por desempenho e a meritocracia nas promoções e nas indicações de postos mais elevados na hierarquia.[36]

A sindicalização na educação pode ser um dos fatores a prejudicar a qualidade do ensino. Nos Estados Unidos, há evidências de que ela reduz a performance de alunos em relação à de estudantes de outras nações, principalmente nos estágios mais avançados do ensino básico, em que a qualidade da educação ganha maior importância. Isso porque os sindicatos estão associados à queda de produtividade dos professores e a estruturas que protegem profissionais menos dedicados. No final, ironicamente, por serem pouco produtivos, seus salários caem.[37]

Na Constituição de 1988,[38] o avanço mais importante foi a progressiva universalização do ensino médio, tornando-o obrigatório até os 17 anos. Posterior-

---

34. A pequena elite de docentes públicos estaduais com formação universitária que cresceu e constituiu no início dos anos 1970 a base do magistério público estadual de primeiro e segundo graus foi sendo substituída por professores formados nos cursos de licenciaturas curtas das faculdades privadas noturnas, no âmbito da reforma universitária. Alguns analistas falam em proletarização da categoria.

35. Um exemplo significativo é a organização dos professores do estado de São Paulo. Fundado em 1945, o Sindicato dos Professores do Ensino Oficial do Estado de São Paulo (Apeoesp) sofreu intervenção em 1964, a exemplo de outros sindicatos combativos. Em 1977, o comando já estava suficientemente enraizado em todo o estado.

36. Gindin (2013).

37. Lindert (2010) citando Caroline Hoxby. Há ainda estudo relacionando à sindicalização à escolha de currículos.

38. Souza e Zylberstajn (2019), para análise da Constituição e demais legislações no período democrático.

50

NÓS DO BRASIL

mente, uma emenda à Constituição em 2009 estabeleceu o ensino obrigatório a partir de 4 anos idade, e não mais aos 7. Até então, o Brasil figurava entre os países da América Latina e Caribe com menor duração e ingresso mais tardio no ensino obrigatório.[39] Adicionalmente, foi elevada a vinculação constitucional de recursos para a educação — criada em 1983 pela Emenda João Calmon. Porém, a Carta peca pela extensão e detalhamento das políticas públicas, sendo que a educação foi o tema que obteve o maior número de dispositivos, incluindo uma miríade de assuntos, da educação especializada a portadores de deficiência, alimentação e assistência à saúde. A gratuidade se estende de forma plena a todas as fases do ensino — uma oportunidade perdida de se discutir essa injusta medida quando se trata da universidade pública, bastante frequentada pelos mais ricos. Além disso, a Carta não introduziu mudanças significativas na gestão educacional e incluiu a aposentadoria de professores cinco anos antes das demais, sem justificativa convincente para isso.

A gestão FHC trouxe importantes avanços institucionais. Foi aprovada, em 1996, a Lei de Diretrizes e Bases da Educação Nacional com atuação decisiva do MEC, depois de oito anos de discussão no Congresso. A legislação fortaleceu a descentralização do ensino, aumentou a exigência na formação de professores e incluiu a obrigatoriedade de avaliações periódicas em todos os níveis de ensino. Boa parte das políticas do governo FHC foi orientada para a implantação das reformas estabelecidas pela LDB.[40]

O governo Lula deu relativamente mais foco ao ensino superior[41] — não é tema deste livro. Em alguns aspectos, houve retrocesso no ensino básico, por conta da vinculação do PT com o sindicalismo. O governo FHC já havia enfrentado resistência por parte dos cursos de pedagogia das universidades públicas e dos sindicatos para a implementação das diretrizes da LDB relativas à docência nas séries iniciais do ensino fundamental e à flexibili-

---

39. Unesco (2008).
40. Vale citar o Sistema de Avaliação da Educação Básica (Saeb) e o Exame Nacional do Ensino Médio (Enem).
41. Do ponto de vista de inovação institucional, o destaque foi a criação do Programa Universidade para Todos (Prouni), em 2004.

O PECADO ORIGINAL FOI NEGLIGENCIAR A EDUCAÇÃO 51

zação de currículos. Ambos iniciativas acabaram descaracterizadas.[42] Os números relativos à taxa de matrícula ajudam a revelar as diferenças das gestões (tabela 5). O salto no ensino básico (fundamental e médio) entre 1995 e 2002 é maior do que entre 2002 e 2008.

Tabela 5: Evolução das taxas de matrícula (%)

Nível	Tipo	1992	1995	2002	2008
Fundamental	Bruta	103,6	111,0	124,9	119,2
	Líquida	81,4	85,5	93,9	94,9
Médio	Bruta	41,9	48,9	83,2	92,5
	Líquida	18,3	22,3	40,4	50,6
Superior	Bruta	10,6	13,0	22,6	35,4
	Líquida	4,6	6,1	10,2	14,5

Fonte: PNAD-IBGE, apud Eunice Durham (2010).
Taxa bruta = número total de matrículas/população correspondente na faixa etária prevista.
Taxa líquida = número de matrículas de alunos com idade prevista/população total na mesma faixa etária.

O problema do financiamento da educação fundamental dos estados e municípios foi em boa medida equacionado pelo Fundef (Fundo de Manutenção e Desenvolvimento do Ensino Fundamental e de Valorização do Magistério), de 1996, que foi essencial para a universalização no ensino, especialmente em regiões mais pobres. Após dez anos, em 2006, foi ampliado seu escopo — agora Fundeb (Fundo de Manutenção e Desenvolvimento da Educação Básica e de Valorização dos Profissionais da Educação) — de forma a incluir a educação infantil e os demais profissionais da educação. Desse modo, o Brasil aumentou sensivelmente os gastos com educação nas últimas décadas. A cifra atingiu 5,1% do PIB em 2017, ante 4,3% na média da América Latina e 4% na média dos países da Organização para a Coo-

---

42. Durham (2010).

peração e Desenvolvimento Econômico (OCDE).[43] Na abertura, 3,8% do PIB são direcionados ao ensino básico. Como resultado, avançou bastante o acesso à educação para a grande maioria da população.[44]

Em estágios iniciais de desenvolvimento de um país, o aumento dos gastos com educação é essencial para elevar o acesso ao ensino básico. Recursos precisam ser direcionados para instalações físicas e contratação de professores. O Brasil logrou, tardiamente, elevar os recursos para educação e isso permitiu universalizar a educação básica — a principal conquista do sistema educacional. Em 1980, 80% da população entre 7 e 14 anos estava na escola, saltando para 98% em 2015. Entre os jovens de 15 a 17 anos, 84% estavam matriculados em 2015, ante aproximadamente 50% em 1980. Persistem, porém, lacunas no acesso à pré-escola, havendo muitas crianças desassistidas. Em 2015, 70,8% das crianças pobres não estavam em creches e 7,4% delas estavam fora da pré-escola (crianças de 4 e 5 anos). A grande discrepância das cifras em relação às das crianças mais ricas (49% e 2,1%, respectivamente), que frequentam instituições privadas, indica haver limitações na oferta desses serviços públicos aos mais pobres. Em 2019, o Brasil ainda não havia atingido a universalização na pré-escola (7% das crianças não estavam matriculadas).

Trata-se de grave deficiência, uma vez que a literatura econômica mostra que a educação nos primeiros anos de vida (0 a 3 anos) é crucial para definir o futuro dos indivíduos não só pela formação, mas pelo desenvolvimento de habilidades não cognitivas. O retorno do investimento na educação é mais elevado nessa fase, e as creches precisam estar preparadas para prover cuidados com saúde, alimentação suplementar e assistência social. Lacunas deixadas nessa fase criam sequelas de difícil superação nas seguintes e reduzem a eficácia de políticas públicas voltadas tanto a crianças no meio da vida escolar quanto a jovens.[45]

---

43. OCDE (2020b e 2021). O gasto por aluno é bastante inferior à OCDE, sendo equivalente a 46% em 2017, o que não surpreende, pois o Brasil é bem mais pobre — o PIB per capita do Brasil equivalia a 35% da média da OCDE.
44. Todos pela Educação (2021). O dado relativo ao Brasil não inclui os gastos do governo com o ensino privado, diferentemente dos demais grupos de países.
45. Pieri (2018).

O PECADO ORIGINAL FOI NEGLIGENCIAR A EDUCAÇÃO 53

As deficiências na formação dos alunos se acumulam a cada ano escolar. Aliadas à crescente complexidade do currículo, elas freiam a melhora dos indicadores conforme se avança nas etapas do ensino. Nos países em desenvolvimento, a realidade do ensino costuma ser bem pior do que sugerem os números de escolaridade e taxa de matrícula.[46] Como consequência, a produtividade da mão de obra acaba sendo baixa, ainda que não se possa atribuir apenas à má formação escolar a responsabilidade por esse resultado.[47]

Alunos completam o ensino fundamental sem dominar habilidades básicas — um passivo de difícil correção. A taxa de proficiência em leitura no terceiro ano fundamental (dado de 2016) está em 45% (68% entre os alunos mais ricos e 23% entre os mais pobres). No Pisa (Programme of International Student Assessment), exame de proficiência escolar de alunos de 15 anos de idade promovido pela OCDE, o Brasil decepciona nos três domínios, estando muito abaixo dos países da OCDE (tabela 6).

Tabela 6: PISA 2018 – Percentual de estudantes no nível inferior ao 2 (%)

	Leitura	Matemática	Ciências
Brasil	50,1	68,1	55,3
OCDE	22,7	23,9	21,9

Fonte: OCDE.

Como consequência, os indicadores do ensino médio estão praticamente estagnados nas últimas décadas. A educação média consiste numa "coleção precária de fragmentos de conhecimentos", nas palavras de Simon Schwart-

---

46. Hanushek e Wößmann (2007).
47. Falta treinamento da mão de obra e sua requalificação. Além disso, a reduzida produtividade da mão de obra também reflete o difícil ambiente de negócios e políticas públicas que acabam protegendo empresas e setores ineficientes. Ao final, aloca-se mão de obra em setores pouco eficientes.

zman, o que dificulta a empregabilidade e perpetua a desigualdade — e a desigualdade é veneno para a coesão social e para a democracia.

A baixa qualidade do ensino se reflete também em atrasos no ciclo escolar e na evasão, além da reduzida empregabilidade de jovens. Os chamados "nem-nem" (nem trabalham, nem estudam) representam cerca de 25% dos indivíduos entre 15 e 29 anos, ante 12% na OCDE.

As taxas de matrícula nos anos finais do ensino fundamental (crianças entre 11 e 14 anos) está em 80%, abaixo inclusive da média da América Latina, ante 90% na OCDE. No ensino médio (jovens entre 15 e 17 anos), a taxa é de 59%, ante 61% na América Latina e 80% na OCDE. Quanto às taxas de conclusão, houve avanço, mas no caso do ensino médio — um retrato final do ensino básico —, está praticamente estagnada desde 2014 e se encontra na casa de 33%.[48] Na prática, o ensino universal não é ainda uma realidade.

Não seria correto apontar os salários dos professores como a explicação para a baixa qualidade do ensino. Os salários do magistério têm sido recuperados nos últimos anos. Desde a implementação da regra de reajuste do piso salarial, de 2008, o ajuste acumulado entre 2009 e 2020 foi de 204%, ante uma inflação de 83%.[49] Segundo o Banco Mundial, o piso salarial dos professores está alinhado ao de países com renda per capita similar, havendo evolução bem mais rápida na carreira devido a promoções automáticas, além de a Previdência ser mais generosa. A recomposição salarial não veio acompanhada de políticas para elevar a qualidade da educação, com qualificação de professores e cobrança de performance. Isso ocorre apesar de o Brasil ter uma razão aluno-professor relativamente baixa.

A renovação do Fundeb em 2020 deixou praticamente de fora uma agenda para tratar da baixa qualidade do ensino e dos problemas de gestão. O foco foi o expressivo aumento de recursos gastos com a folha

---

48. Todos pela Educação (2021).
49. A razão é que a lei estabelece que o piso seja reajustado pelo mesmo índice de variação do gasto por aluno do Fundeb, que tem tido crescimento expressivo em decorrência da combinação da queda do número de alunos (menos crianças nascendo) e expansão da receita de impostos vinculados ao Fundo.

O PECADO ORIGINAL FOI NEGLIGENCIAR A EDUCAÇÃO   55

de pagamentos, deixando pouca flexibilidade para gestores escolherem a melhor forma de alocar recursos.[50] Perdemos a oportunidade de um debate político amparado tecnicamente sobre como melhorar a educação. E aqui reside a maior vulnerabilidade do país: os problemas de gestão. Não se trata de afastar por completo a necessidade de recursos financeiros, mas sim de reconhecer os severos limites dessa estratégia para elevar a qualidade do ensino. É o que mostram as pesquisas: somente algo como 11%[51] e 18,9%[52] do resultado do Ideb (Índice de Desenvolvimento da Educação Básica), exame que mede a performance dos alunos no ensino médio, pode ser explicado pela variação do gasto em educação por aluno entre entes da federação.

Do ponto de vista político, é muito mais fácil prover o acesso das crianças à escola do que garantir que os jovens sairão do ensino médio bem formados, inclusive para ingressar na universidade. O dividendo político é maior também, pois a sociedade identifica mais rapidamente os ganhos com a construção de escolas e a contratação de professores. Já a qualidade de ensino requer uma maior capacidade de articulação entre os vários atores. Envolve substituir, treinar e requalificar professores despreparados, e revisar e atualizar currículos, além de modernizar instalações para a nova realidade tecnológica. É necessário inserir meritocracia na gestão do ensino e monitorar os alunos. Alunos faltam, não fazem lição de casa, abandonam a escola; professores faltam, muitos não corrigem a lição de casa etc.; e nada acontece.

Sobre os currículos escolares, ainda se aguarda a implementação — obrigatória a partir de 2022 — da Reforma do Ensino Médio de 2017, que ampliou o tempo mínimo do estudante na escola e definiu uma base curricular mais flexível, com a possibilidade de escolhas aos estudantes. O fato é que o currículo único distingue negativamente a experiência brasileira, ao deixar de reconhecer diferentes trajetórias e interesses dos

---

50. Adicionalmente, aumentou a pressão sobre os orçamentos estaduais, principalmente nos gastos com inativos, cujos benefícios seguem as regras de ajuste salarial dos ativos e têm grande peso na folha, posto que professores se aposentam mais cedo.
51. Banco Mundial (2017), para o período 2009-13.
52. Moraes, Dias e Mariano (2017), para o período 2005-15.

jovens. Importante mencionar que a reforma do ensino médio caminhou na direção correta, mas falta orientação clara do governo federal para a implementação, o que leva os entes estaduais a buscar alternativas no emaranhado de leis, regras e diretrizes.[53]

O país falha ao não procurar replicar os casos de sucesso — ainda que parciais — em administrações locais. Talvez pese o fato de o dividendo político ser maior para as lideranças locais.[54] Seria essencial o governo federal criar condições para isso e, ao mesmo tempo, condicionar parte das verbas transferidas à performance dos entes. As políticas educacionais dos anos 1990 no Ceará,[55] por exemplo, introduziram nova racionalidade no ensino, além de investimento físico e em equipamentos. Entre os seus principais elementos estavam maior autonomia das escolas, mudança curricular, reestruturação da carreira do magistério, meritocracia para nomeação de dirigentes regionais e cargos de direção e introdução de método de avaliação do sistema. Essas ações implicavam enfrentar estruturas patrimonialistas e clientelistas presentes no sistema de ensino, como a indicação política para cargos de diversos níveis, inclusive para a docência.

A tramitação inicial da reforma foi, possivelmente, facilitada pela fraqueza do sindicalismo. Diferente do resto do país, em que o ativismo docente se concentrou exclusivamente em uma entidade sindical, no Ceará dois sindicatos concorriam e nenhum deles tinha forte identificação com a categoria. Enquanto um era visto como muito alinhado com o governo, o outro era considerado radical. Em que pesem os bons resultados alcançados, os problemas na implementação dizem muito sobre as dificuldades do país, que necessitam atenção da União. Basicamente, a coalizão para educação não é facilmente construída devido a interesses divergentes. No caso do Ceará, pesam a influência ainda presente de

---

53. Schwartzman (2021).
54. Firpo, Pieri e Souza (2017) avaliaram os resultados das eleições de 2004 e 2008 e verificaram que nos municípios que tiveram um ponto a mais no Ideb a probabilidade de reeleição do prefeito aumentou em cinco pontos percentuais.
55. Zibas (2005).

O PECADO ORIGINAL FOI NEGLIGENCIAR A EDUCAÇÃO

políticos locais no preenchimento de cargos de direção, a resistência das escolas, o desinteresse de empresários e a apatia das famílias na manutenção das instalações.

Atrapalha a falta de maturidade no debate público, muito marcado por dogmatismo, apesar dos avanços na pesquisa acadêmica sobre o assunto. Defender que a ação estatal deve priorizar a gestão, e não o maior direcionamento de recursos, é muitas vezes associado a ser contra a educação. Exemplo disso foi a renovação do Fundeb, em 2020, quando as recomendações de aprofundar as discussões sobre a gestão da educação foram ignoradas no Congresso. Prevaleceram os interesses da chamada bancada da educação.

Permanecem mitos que dificultam o debate público, como na educação técnica e vocacional, historicamente vista com preconceito. Muitos alegam que significaria dar tratamento diferenciado para jovens ricos e pobres e que não se estaria formando cidadãos, mas apenas mão de obra. No entanto, boa formação profissional e empregabilidade são os primeiros passos para a cidadania, sendo que bons cursos aumentam o acesso ao mercado de trabalho e com remuneração até comparável a algumas carreiras de curso universitário.[56] Na comparação mundial, o país está atrasado, pois 8% dos estudantes no ensino médio estão em curso vocacional ante 32% na OCDE. Para curso técnico subsequente, as cifras são de 11% e 42%, respectivamente.

O debate público também precisa questionar o elevado investimento estatal no ensino superior. O governo gasta 1,3% do PIB com universidades federais.[57] Mesmo com as cotas para alunos da rede pública, os 25% mais ricos ocupam ainda 47% das vagas. Seria mais adequado restringir a gratuidade a quem realmente precisa. Economistas heterodoxos costumam defender o maior foco na universidade pública, pois acreditam que só assim seria possível reduzir o atraso tecnológico do país.[58] Ocorre que a pesquisa econômica aponta na direção contrária,

---

56. Schwartzman (2016).
57. Banco Mundial (2017).
58. Nessa linha, o plano de governo do PT, divulgado em 2021, não dá atenção ao ensino básico, mas apenas ao superior.

pois é maior o retorno do ensino básico para a sociedade.[59] Nesse sentido, o argumento de que em países tecnologicamente atrasados é essencial o investimento estatal nas universidades demanda reparos, até porque não trouxe o resultado esperado, sendo que as instituições brasileiras não estão bem posicionadas nos rankings mundiais de qualidade de ensino e pesquisa. Vale discutir o uso dos recursos oriundos da cobrança de mensalidade dos mais ricos como fonte de financiamento à pesquisa nas universidades públicas.

A pandemia agravou a situação precária da educação. As escolas fechadas, inclusive por mais tempo do que o observado no mundo, aumentaram o atraso escolar, alimentaram a evasão e aprofundaram as desigualdades sociais. Esse quadro, marcado pela ausência de planejamento e de coordenação do governo federal, expõe ainda mais o pouco valor dado à educação de massas no Brasil.

É urgente montar um sistema de monitoramento do desenvolvimento das crianças na rede pública e de implementar escolas técnicas em harmonia com as vocações dos alunos e às necessidades do mercado de trabalho, com ênfase em novas tecnologias. O governo poderia rever marcos jurídicos para facilitar e estimular a construção de pontes com o meio empresarial, para estudos voltados à solução de problemas.

A educação básica é uma construção de Estado, e a ação do Estado brasileiro foi tardia, insuficiente e oscilante, refletindo excessivamente os interesses de grupos, e não a coletividade. No entanto, os importantes avanços ocorridos em administrações locais revelam capacidade de reação.

É crucial o reconhecimento de que os problemas de gestão na educação são o principal entrave para maior acumulação de capital humano e redução da desigualdade. O primeiro passo para isso é melhorar a qualidade do debate público, ainda ideológico em demasia e desbalanceado em favor de corporações e visões descoladas da pesquisa mundial. É necessário liderança do governo para estimular o debate. O quadro de omissão precisa ser revertido.

---

59. Doppelhofer, Miller e Sala-i-Martin (2000).

3. Por que somos assim?

Um negociante de Filadélfia manifestou certa vez [...] seu espanto ao verificar que, no Brasil [...], para conquistar um freguês, tinha necessidade de fazer dele um amigo.
Sérgio Buarque de Holanda,
referindo-se a um relato do início do século XX

A construção bem-sucedida do Estado depende da existência anterior de um senso de identidade nacional, que sirva como lócus de lealdade ao próprio Estado, e não aos grupos sociais subjacentes.
Francis Fukuyama

As crenças de uma sociedade, ou seja, seus valores, costumes e ideologia, influenciam o desenvolvimento de um país? Se sim, quais delas? Como são formadas as crenças? É possível haver mudanças?

O início dessa discussão remonta a Max Weber, que propôs que a moral protestante teria mais inclinação para a conduta capitalista e estaria mais correlacionada à escolaridade. Foram encontradas evidências nessa direção, por exemplo, em diferentes regiões de um mesmo país com diversidade religiosa. O tema ganhou profundidade com a contribuição de Douglass North sobre a importância das instituições para o desenvolvimento — assunto discutido na Introdução. Para North, as decisões dos indivíduos não se baseiam apenas em variáveis econômicas e restrições legais, mas também nas crenças que sobrevivem ao longo do tempo, passando de geração para geração. Desde então, aumentou o interesse da pesquisa acadêmica sobre o tema.

Pesquisas mostram que as crenças são parte do processo de construção das demais instituições. Enquanto algumas sociedades buscam preservar o status quo, mesmo que isto implique menor crescimento, outras logram o aprofundamento institucional. Interessante notar, porém, que com o passar do tempo, conforme as instituições se consolidam, reduz-se a importância das crenças no desempenho dos países.[1] Possivelmente porque outros fatores ganham maior relevância, como aqueles diretamente associados à promoção de ganhos de produtividade, como o capital humano e o arcabouço jurídico.

As raízes históricas têm peso na formação das crenças da sociedade, como heranças culturais e religiosas, mas somos também fruto de experiências acumuladas. Políticas econômicas pró-mercado bem-sucedidas tendem a reforçar crenças liberais. A urbanização e o comércio tendem a moldar crenças de cooperação e confiança impessoal, ao mesmo tempo que as pessoas passam a demandar respeito a direitos, liberdades individuais e estado de direito. Há, assim, uma dupla causalidade: por um lado, crenças influem no desenvolvimento e, por outro, o comportamento da economia contribui para moldá-las.

A visão ou a atitude da sociedade em relação ao capitalismo e ao mercado livre se mostra uma crença relevante para o crescimento. Há elevada correlação entre o apoio à propriedade privada e a existência de instituições pró-mercado — como regulações que facilitam a entrada de novos *players*. Além de correlação, há causalidade, especialmente em democracias em que a opinião pública tem o poder de impactar o desenho das instituições.[2] De acordo com a pesquisa "World Values Survey", os brasileiros revelam-se mais favoráveis à

---

1. Hugh-Jones (2016). O autor encontra evidências de que, antes de 1950, as crenças tiveram maior importância para explicar o desenvolvimento dos países.
2. Landier, Thesmar e Thoenig (2008).

POR QUE SOMOS ASSIM? 61

intervenção estatal do que ao capitalismo, apesar de, ironicamente, confiarem muito pouco no governo, nos partidos políticos e no Legislativo.

As sociedades amadurecem, e as crenças são passíveis de evolução. No entanto, as experiências vividas pelas sociedades não levam inevitavelmente à mudança. Crenças estatizantes podem sobreviver mesmo diante de intervenções estatais frequentemente ineficientes. Haveria algumas razões principais para isso.

Primeiro, porque o aprendizado social é lento, e muitas vezes falta conhecimento da sociedade sobre as implicações das políticas conduzidas — aqui entra o papel do debate público de qualidade, tema do capítulo 11. Por exemplo, quando muitas gerações são expostas ao controle estatal da economia — como na Europa Oriental —, a sociedade tende a subestimar os benefícios do mercado livre. Segundo, não há necessariamente convergência entre as crenças da elite e os anseios da sociedade. Há segmentos com influência política que rejeitam reformas por temerem mudanças no status quo. O resultado da barganha entre líderes políticos e esses grupos — como empresários, sindicatos e burocracia pública — depende do poder relativo de cada um. Em democracias mais sólidas, com maior capacidade da política de resolver conflitos e divergências, o desenho das instituições e os anseios sociais estão em maior consonância, pesando menos as crenças da elite[3] — volto a esse tema no capítulo 8, sobre a classe média.

No Brasil, possivelmente essas duas limitações caminham juntas. No primeiro caso, o fato de períodos de maior intervenção estatal — Vargas, JK, ditadura militar — estarem associados à aceleração do crescimento, em boa medida artificial, reforçou a visão antimercado. A difícil herança deixada, como inflação alta ou fora de controle, é pouco compreendida na opinião pública. No segundo caso, não raramente se assiste a grupos organizados manipulando a opinião pública em seu favor para impedir reformas. Foi assim na lenta evolução do debate da reforma da Previdência. Temendo perdas, segmentos do funcionalismo e de sindicatos pregavam que ela não era necessária, por meio de distorção de informações e de

---

3. Acemoglu (2003).

62 NÓS DO BRASIL

discurso apelativo de vitimização. O resultado foi a aprovação apenas em 2019, com mais de vinte anos de atraso em relação à experiência de outros países que também enfrentam o envelhecimento da população e à própria tentativa de reforma no governo FHC.

Situações extremas, como crises agudas e guerras, são fatos novos que podem ser janelas de oportunidade para mudanças de crenças, e até de forma mais abrupta. Crises não são, no entanto, garantia de mudanças. É necessário que surjam grupos de atores políticos, ou coalizão dominante,[4] capazes de compreender o momento e de enfrentar os obstáculos e resistências de grupos organizados que tentam bloquear alterações na orientação das políticas governamentais. Conforme atingem seus objetivos reformistas, acabam por impactar as crenças da sociedade. No Brasil, as sucessivas crises econômicas são indicadores dessa frequente ausência de lideranças capazes. Por vezes, as próprias lideranças representam empecilhos a mudanças, pois são representantes de grupos que se opõem a elas.[5]

Por que somos assim?

O brasileiro é percebido como um povo alegre e tolerante, o que encontra respaldo em pesquisas qualitativas. Por outro lado, expressões do cotidiano, com conotação negativa — como "jeitinho brasileiro", "para inglês ver", "levar vantagem", "pistolão", "você sabe com quem está falando?" —, podem denunciar parte do que somos. São expressões que refletem a complacência com a desobediência às leis e o personalismo — quando as regras não são iguais para todos —, e que têm caído em desuso, sinalizando algum amadurecimento da sociedade. Nessa linha, pesquisas mais recentes mostram menor tolerância com a corrupção e a sonegação de impostos.[6]

Apesar disso, há comportamentos que denunciam uma sociedade ainda pouco madura ou com reduzido capital social. Exemplos disso são a elevada

---

4. Alston, Melo, Mueller e Pereira (2016). Os autores utilizam o termo *dominant network*.
5. Agradeço a Laura Karpuska pelo comentário.
6. "World Values Survey" (2020).

POR QUE SOMOS ASSIM? **63**

litigiosidade,[7] em parte refletindo a busca de vantagens individuais, como, por exemplo, uma pessoa pleitear um benefício governamental mesmo não sendo elegível; e a sedução por discursos populistas ou a busca por salvadores da pátria, característica de uma sociedade infantilizada.

As expressões mencionadas anteriormente e esses padrões de comportamento social, em alguma medida, remetem à ideia do "homem cordial", de Sérgio Buarque de Holanda, que em 1936 utilizou esse termo para definir o modelo mental dos brasileiros. O historiador não se referia exatamente à hospitalidade ou à simpatia do brasileiro, mas sim à forma de agir por meio de uma "ética de fundo emotivo", colocando as relações pessoais acima da lei. O homem cordial não distingue o público do privado, o que gera relações frouxas com a institucionalidade.

Essas características revelam valores antidemocráticos e antirrepublicanos, em contraste com um conceito cunhado, em 2010, por Joseph Henrich, com o acrônimo WEIRD (*Western, Educated, Industrialized, Rich, and Democratic* [Ocidental, Educada, Industrializada, Rica e Democrática]). Trata-se de um conceito oposto ao do homem cordial, pois são indivíduos que priorizam relações impessoais, pró-sociedade; têm inclinação para cooperar e confiar em estranhos; e o senso de individualismo é maior, o que implica busca por autoaprimoramento e valorização da meritocracia. Essas são características associadas ao maior crescimento econômico. Vale dizer que a caracterização das sociedades não é binária, entre ser ou não WEIRD, mas sim uma questão de grau. Na pesquisa de 2016, o Brasil estaria em uma posição intermediária.

A insuficiente valorização da educação, o reduzido sentimento de identidade nacional (ou de pertencimento), que produz baixa coesão social, e a inclinação por maior intervenção estatal são crenças que prejudicam o desenvolvimento do país. Essas são características associadas a instituições que atrapalham o funcionamento dos mercados, de acordo com pesquisa internacional.[8]

---

7. A litigiosidade em si não seria o problema, pois pode ser interpretada como uma sociedade atuante. O Brasil, no entanto, destoa da experiência internacional. Trato do tema no capítulo 4 sobre marco jurídico.

8. Easterly, Ritzan e Woolcock (2006).

64 NÓS DO BRASIL

A identidade nacional é essencialmente uma construção social,[9] não decorrente de mero agrupamento por afinidade biológica, ainda que a heterogeneidade racial possa ser um elemento a prejudicar esse sentimento. Governantes buscam estimular essa identidade como mecanismo de coordenação, mas há grandes limites para o sucesso da empreitada. A Guerra do Paraguai, por exemplo, com seus símbolos e heróis militares, chegou a forjar o sentimento de identidade nacional — na experiência mundial, guerras entre nações se mostraram fatores relevantes para isso.[10] No entanto, passado o entusiasmo inicial, o conflito tornou-se um fardo para a população, e os alistamentos deixaram de ser voluntários. Por fim, os esforços de guerra geraram mais dívida pública e ressentimentos. Ao mesmo tempo, as lealdades locais e a desconfiança em relação ao poder central não foram atenuadas.

Apesar do sentimento de pertencimento regional revelado em muitos episódios da história — por vezes radicais, como nos movimentos separatistas —, as diferenças regionais não se mostram barreiras intransponíveis para a construção da identidade nacional. Tampouco as diferenças culturais e religiosas. O mesmo não pode ser dito das desigualdades racial e social, em boa medida resultantes de fatores históricos: a herança do modelo de colonização de exploração e a longa escravidão, tendo partido de uma herança portuguesa.[11] Ou seja, partimos de uma herança

---

9. Fukuyama (2018).

10. Segundo Henrich (2020), foi o caso da Europa, onde não havia mais clãs e tribos que pudessem ficar em lados diferentes no conflito. As guerras nacionais solidificaram laços, reforçaram normas de mercado e levaram os Estados a organizar a administração e a cobrança de tributos para sustentar a formação dos Exércitos regulares. Cidades mais envolvidas com as Cruzadas se organizaram e cresceram mais. Fukuyama (2018) discute a Revolução Francesa desencadeando sentimento de identidade nacional, que se espalhou por grande parte da Europa. Não convém, porém, estender o argumento de forma linear. Na América espanhola, houve as guerras de independência, com líderes populares, como Simón Bolívar e José de San Martín, mas o eventual sentimento de identidade nacional, em meio à grande divisão social, não resistiu à oposição da Inglaterra e Estados Unidos à unificação do território, como era a intenção de Bolívar. Ademais, as guerras se estenderam por muito tempo, causando severos danos na infraestrutura. A América Latina, por sua vez, foi muito mais pacífica nos últimos dois séculos.

11. Engerman e Sokoloff (2002).

POR QUE SOMOS ASSIM? 65

portuguesa escravagista.[12] O fluxo de africanos para Portugal é anterior ao descobrimento, sendo que o primeiro leilão de escravizados ocorreu em 1444. Era comum as famílias terem escravos, o que surpreendia os viajantes. As crenças da época pesavam. Acreditava-se que os africanos eram "raça inferior", sendo necessário tirá-los da barbárie e do atraso. O racismo é o que distingue a escravidão de pretos das tantas outras na história das civilizações.

Ecoavam também no Brasil as teorias de darwinismo social, que pretendiam atribuir distintas capacidades biológicas e sociais às raças. Entre os senhores de escravos, havia a crença de existir desigualdades naturais entre os indivíduos. Além disso, o modelo econômico de grande propriedade rural foi decisivo para o elevado número de escravizados, especialmente na cultura do café, que demandava intensiva mão de obra. Como resultado, 47% do tráfico negreiro vieram para o Brasil, totalizando 4,9 milhões de pessoas até 1850.

Em que pese a terrível herança da colonização, é revelador sobre as crenças o fato de o Brasil ter sido o último a abolir a escravidão, depois de 350 anos — a utilização de soldados escravizados na Guerra do Paraguai, por exemplo, causava espanto nas demais nações envolvidas. As grandes diferenças em relação à experiência do Sul norte-americano também compõem esse quadro. O movimento abolicionista demorou a se configurar no Brasil.[13] Surgiu no fim dos anos 1860, inspirado nos movimentos de abolição nos Estados Unidos e em Cuba, e em meio à urbanização. Era baixa a capacidade de mobilização em uma sociedade que aceitava aquela situação — até libertos tinham escravos. Havia também a união entre a Igreja e o Estado escravista, enquanto os norte-americanos difundiam o abolicionismo nos templos. O tema só começou a ser discutido no Parlamento em 1884. Tanto demorou que já eram poucos os escravizados; 5% da população em 1887 ou 723 mil. Já nos Estados

---

12. Os dados apresentados e a análise da escravidão baseiam-se principalmente em Gomes (2019).
13. Alonso (2015).

Unidos, houve uma guerra para acabar com a escravidão, quando ainda havia 4 milhões de escravos.[14]

Apesar da importância do movimento abolicionista, o fim da escravidão foi mais fruto de pressão internacional do que de mudança de crenças, diferentemente do ocorrido na Inglaterra e nos Estados Unidos, onde questões religiosas e morais foram o motor da transformação, pesando também a declaração de direitos na Constituição norte-americana, que prevê a liberdade individual. O pensamento abolicionista aqui se baseava em argumentos distintos, apesar do reconhecimento de a escravidão ser obstáculo à formação de uma verdadeira nação — como pensava José Bonifácio. Questões práticas eram discutidas, como o temor de revoltas e de movimentos separatistas, a dificuldade de estabelecimento de uma força armada poderosa, por conta dos escravizados que lutaram no Paraguai, e os pesados deveres inerentes à propriedade de escravos. A questão moral, contudo, aparecia de forma secundária.

Como consequência, passada a euforia da abolição, os ex-escravizados ficaram desamparados e foram marginalizados. Muitos deles foram expulsos das fazendas ou relegados aos trabalhos mais brutos e mal pagos; os novos empregos foram ocupados pelos milhares de imigrantes. Outros tantos foram para as cidades em situação de vulnerabilidade. Não havia consciência de direitos civis por parte da elite. Naquelas circunstâncias, aumentou a inclinação para a delinquência entre pretos, realimentando o preconceito racial.

Poucas vozes insistiram na necessidade de educação e assistência, diferentemente dos Estados Unidos, onde houve mobilização de congregações religiosas e do governo, por meio do Freedmen's Bureau. Terras foram distribuídas e incentivou-se o alistamento eleitoral. Em 1870, havia 4.325 escolas para libertos, incluindo uma universidade, a de Howard. A luta por

---

14. Cabe ponderar, no entanto, que a alforria era algo comum no Brasil, diferentemente do que ocorria nos Estados Unidos. De acordo com Graham (1981), libertar um escravo era visto como um ato louvável, enquanto no Sul dos Estados Unidos, uma ameaça à própria estrutura produtiva da sociedade. Escravos libertos eram sujeitos à nova escravidão, por isso muitos migravam. A visão dos proprietários era mais empresarial do que no Brasil.

direitos dos pretos nos Estados Unidos foi difícil e longa, e em meio à cruel segregação racial, mas, ainda assim, possível. Não fossem as sementes lá lançadas, o desfecho teria sido provavelmente outro.

Outra marca da sociedade brasileira é a tolerância histórica com a violência, mais um fator que prejudica a coesão social. No Brasil Colônia, havia uma "máquina repressora" — nas palavras de Lilia Schwarcz — administrada pelos senhores de escravos, que contava com a conivência do Estado. Os castigos severos e os maus-tratos se refletiram em baixas expectativa de vida e taxa de natalidade dos escravizados no Brasil em comparação com os dos Estados Unidos. Os escravizados reagiam, naturalmente, aquilombando-se e promovendo revoltas e ataques violentos.

A Constituição de 1824 trouxe avanços civilizatórios, mas foi solapada em vários aspectos. Apesar de abolir penas cruéis e a marca de ferro quente, outras legislações atenuavam ou eliminavam a proibição. A Justiça não se preocupara em impedir essas práticas, talvez porque vários magistrados fossem proprietários de escravos. No Império, as frequentes revoltas de contestação ao poder central eram reprimidas com violência. Em muitos momentos, o quadro foi de conflagração e extremismo, com revoltas de escravizados, quilombos, banditismo rural, movimentos regionais separatistas e urbanos. Somavam-se a isso a intensa disputa de poder entre elites políticas conservadoras. Esse quadro levou à configuração das milícias patrimoniais locais, resultando em um forte aparelho repressivo.

A administração privada da Justiça retardou a criação de um aparato burocrático legal. Fazendeiros solucionavam seus conflitos à base da violência, enquanto a ação da Justiça oficial esteve ameaçada pela própria presença de grupos dominantes no interior do aparelho do Estado. Em meio a muitos conflitos regionais, que se seguiram na Primeira República, e a limitações para o recrutamento militar, a saída foi fazer o alistamento compulsoriamente entre as camadas mais humildes, incluindo ex-escravizados, enquanto muitos voluntários se alistavam para escapar da fome, do desabrigo ou do desemprego. Os praças ou patentes inferiores, vindos das camadas populares, eram submetidos a uma rígida legislação punitiva para

68 NÓS DO BRASIL

supostamente garantir a disciplina e a hierarquia militar, o que permitia castigos corporais, como a chibata nos navios. Eram pessoas vulneráveis sofrendo maus-tratos, que persistiram até as primeiras décadas do século XX, gerando revoltas. Assim, os militares reforçaram o quadro de violência.

Havia também uma cultura de maus-tratos a imigrantes nas fazendas, além do descumprimento das condições fixadas nos contratos de trabalho. Alguns chegaram a proibir a emigração subvencionada para o Brasil, como a Itália em 1902 e a Espanha em 1908. O descrédito do país como receptor de imigrantes foi tal que a União, e sobretudo o governo de São Paulo, precisou buscar outros países para atrair imigrantes.

A violência extralegal escalava à medida que a influência dos militares na política crescia, visando aumentar o poder do Estado e reprimir movimentos de contestação, dentro e fora dos quartéis. O governo Vargas foi particularmente violento contra opositores, em meio à mobilização de massas. Após a Segunda Guerra Mundial, a profissionalização militar foi acompanhada do uso ampliado da violência política para intimidar os oponentes. Em meio ao clima de Guerra Fria, criou-se um contexto social e político de tolerância de atores da elite à violência extralegal contra aqueles acusados de comunistas. Na ditadura militar, o uso da violência contra civis escalou ainda mais, saindo de uma situação de casos isolados para um sistema institucionalizado, quando não autônomo, dentro da máquina repressora. Compunha o quadro a ausência de punição dos agentes estatais responsáveis por atrocidades. Ao mesmo tempo, a segurança pública não foi uma prioridade no governo militar.[15]

Certamente, a elevada criminalidade é assunto muito complexo, mas não se pode negar que a construção da sociedade se deu sob alicerces de violência. Como resultado, os brasileiros temem a violência do Estado. Uma pesquisa do Datafolha de 2017 mostrou que 52% dos moradores das grandes cidades têm medo de sofrer agressão por parte da polícia militar.

---

15. A taxa de homicídios cresceu de forma sensível, mesmo com as elevadas taxas de crescimento da década de 1970 — se bem que pesam também a urbanização e a demografia. As taxas de homicídio em São Paulo foram de 5,9% em 1960, 19,1% em 1980 e 35,6% em 1985, segundo Gawryszewski e Jorge (2000).

Assim, nesse contexto de racismo, violência e clivagens sociais exacerbadas, o sentimento de identidade nacional padece.

O Brasil conquistou a Independência, mas custou a se construir como nação. Apenas na década de 1930 o caminho dessa construção se mostrou irreversível. Prevalecia o sentimento de pertencimento regional. Como saída, buscou-se desde o Império a construção da crença de um país grandioso e com muitas riquezas, além da criação de símbolos nacionais. A tarefa era praticamente construir uma nação. Nesse sentido, foi criado o Instituto Histórico e Geográfico Brasileiro (IHGB), em 1838, com a missão de formular uma história que enaltecesse o passado e valorizasse o patriotismo. A tarefa foi entregue ao alemão Carl von Martius, que viajara pelo Brasil e venceu o concurso. Ele adotou a tese grandiloquente de um país onde brancos, indígenas e pretos conviviam de forma harmoniosa em meio à natureza edênica. Esse tipo de narrativa consagrou-se no início do século XIX e alimentou a ideia de um passado glorioso e um futuro promissor.

Na Proclamação da República, um movimento que não contou com qualquer participação popular, mais uma vez se buscou criar símbolos patrióticos, mas sem sucesso. É natural que as nações construam seus heróis, como modo de forjar o sentimento de identidade nacional. No entanto, a narrativa enaltecedora tão descolada dos fatos não poderia convencer e atingir seus objetivos.

O sentimento nacionalista — uma forma específica de identidade nacional, não exatamente saudável, pois é xenófoba — surgiu nas primeiras décadas do século XX, após a Primeira Guerra. Na realidade, foi uma tendência global. Um símbolo foi a campanha de Olavo Bilac para apoiar o serviço militar. Porém, era uma crença localizada e, por natureza, não serviria para promover a coesão social.

Discursos explorando a ideia do Brasil Grande foram utilizados por vários governos desde Vargas,[16] com o intuito de obter apoio popular, principalmente quando se acumulavam críticas ou problemas econômicos. No Estado Novo, cresceu o discurso nacionalista — o slogan "O petróleo

---

16. Avelar (2021).

é nosso" ainda ecoa. Mas não sem efeitos colaterais, afinal discursos populistas tradicionalmente apontam inimigos da pátria — Vargas utilizava a expressão inimigos do povo —, contribuindo para alimentar a cisão na sociedade. Quem discorda é tratado como inimigo, e não opositor. Os governos militares, por sua vez, buscaram estimular o patriotismo por alguns canais, como a implementação do curso de Educação Moral e Cívica, ou equivalente, como disciplina obrigatória em todos os níveis de ensino, e a propaganda institucional veiculada na mídia — como na música "Este é um país que vai pra frente". Outra vez apontavam-se inimigos, como no lema "Brasil, ame-o ou deixe-o".

Lula retomou a ideia de Brasil Grande. Afirmava que o brasileiro precisava resgatar a autoestima e acreditar em si próprio, em sua grandeza e, de forma recorrente, utilizou a expressão "nunca antes na história deste país". Por outro lado, alimentou a cisão da sociedade ao se referir ao legado de FHC como "herança maldita" e ao insistir no "nós contra eles", como ao afirmar o preconceito da elite contra os mais pobres que passaram a ter acesso a viagens aéreas. Conforme cresciam os escândalos de corrupção e erodia sua aprovação, o ex-presidente intensificava o antagonismo no seu discurso.

Na disputada campanha eleitoral de 2014, o chamado "discurso do ódio" petista reforçou a cisão social. Pregava-se que a derrota de Dilma implicaria "deixar que os fantasmas do passado voltem e levem tudo o que conseguimos com tanto esforço", em referência à ideia de que a classe média cairia na pobreza. Na campanha de 2018, mais estímulo à polarização foi feito por Bolsonaro como estratégia política para atrair o eleitor moderado que rejeitava o PT. O antagonismo está amplamente presente no seu discurso, como candidato e presidente. Ao estilo populista, aponta inimigos, que não seriam patriotas: imprensa, magistrados, esquerdistas, governadores pró-isolamento social na pandemia etc. Ainda que a polarização política não seja um fenômeno brasileiro, não se pode desprezar o papel das lideranças políticas aprofundando-a.

O principal instrumento para nutrir a coesão social são políticas públicas de combate às desigualdades de oportunidade, e não discursos de

POR QUE SOMOS ASSIM? 71

patriotismo, que, por sua vez, podem acabar sendo prejudiciais ao se apontar supostos inimigos. Apesar dos avanços na oferta de bens públicos aos mais vulneráveis, com importante redução da pobreza, as desigualdades de oportunidade seguem imensas. Ademais, as frequentes crises econômicas solapam a confiança e a coesão social. O resultado é a dificuldade de construir consensos em torno de reformas essenciais para promover o crescimento de longo prazo. Com o modesto sentimento de identidade nacional, cada um busca para si benesses do Estado, a despeito do seu impacto na coletividade.

Remete-se aqui a outra crença da sociedade brasileira: a de que cabe ao governo prover suporte à economia. Segundo o "World Values Survey", o brasileiro atribui maior responsabilidade ao governo, e não ao próprio esforço pessoal, pelo seu sustento,[17] contrastando com países como Chile e Coreia do Sul. Essa crença compõe o quadro que alimenta o patrimonialismo — a apropriação privada daquilo que deveria ser público — em suas várias formas.

O patrimonialismo sofreu mutações ao longo do tempo, mas sobreviveu e se reproduziu. Trata-se de algo disseminado nos vários benefícios e proteções estatais distribuídos para segmentos da sociedade e do setor privado, a despeito das consequências sobre os demais e sobre a carga tributária. Está entranhado na sociedade, que vê com naturalidade as várias "meias-entradas", começando pela própria meia-entrada em atividades culturais, fazendo com que as tarifas cheias sejam muito elevadas, prejudicando as classes populares. A lista é extensa,[18] incluindo a universidade pública gratuita para todos; as isenções tributárias em vários produtos, de forma horizontal, como livros e cesta básica; os regimes especiais, como o Simples; a Zona Franca de Manaus; as "pejotinhas" para profissionais libe-

---

17. Na pesquisa "World Values Survey" (2020), por exemplo, 48,5% dos entrevistados concordaram plenamente que o governo tem maior responsabilidade que os indivíduos, destoando da média de 20,1% em uma amostra de cinquenta países. Vale citar o significativo aumento dos que concordam plenamente com isso, 26,8% em 2006 para 48,5% em 2017, o que pode ser resultado da recessão de 2015-16.
18. Lisboa e Latif (2014).

72   NÓS DO BRASIL

rais; a estabilidade de emprego de todos os funcionários públicos, mesmo os que não estão em carreiras de Estado; as várias reservas de mercado; o Sistema S; as barreiras tarifárias; o crédito direcionado etc.

O patrimonialismo talvez seja o maior empecilho ao desenvolvimento econômico, especialmente combinado com o reduzido capital social — tema do capítulo 7, sobre cidadania — e a consequente inclinação da sociedade por líderes populistas. O discurso populista alimenta a crença de que distribuir benefícios de forma disseminada é algo bom, que produz crescimento e justiça social, quando, na realidade, no médio e longo prazos, ameaça a estabilidade macroeconômica pela pressão inflacionária decorrente de excessos fiscais; produz desigualdades ao dar tratamento diferenciado a indivíduos e setores; reduz a produtividade ao gerar ineficiências alocativas e distorções nos mercados; e desestimula o investimento de longo prazo, inclusive em razão do risco de descontinuidade do benefício — todos esses elementos prejudicam o desenvolvimento.[19]

A divisão frouxa entre o público e o privado é um exemplo de crença com raízes históricas que sobreviveu aos tempos. O Estado português era patrimonialista e reproduziu seu modelo aqui com a vinda da família real em 1808, distribuindo benefícios a poucos e alimentando a burocracia estatal. O rei era cercado por uma corte que se valia da proximidade com o monarca para conseguir benefícios em proveito próprio; inclusive muitos cargos eram criados apenas para atender os recém-chegados. Os comerciantes e proprietários de terras locais contrariados com a nova configuração do governo eram compensados por meio da distribuição de títulos de nobreza e outros tantos.

Com a Independência, foram criadas instituições mais autônomas e, apesar da inspiração liberal do Império, o público e o privado se misturavam, com o atendimento aos interesses agrários. A burocracia pública

---

19. Haber (2002).

POR QUE SOMOS ASSIM? 73

era patrimonialista, e persistiu a "prebendalização"[20] — cargos públicos concedidos a aliados e agregados. Em meio aos conflitos entre grupos da elite, o patrimonialismo tornou-se um instrumento para afastar radicalismos e acomodar interesses dos diferentes grupos locais, em contexto de frequentes revoltas regionais.

O modelo manteve-se na República, com a diferença de que cresceu a autonomia das federações, dominada pelos chefes locais — os coronéis. O coronelismo apoiava-se em um sistema de negociação entre esses chefes e os governadores dos estados, e destes com o presidente da República. Vargas buscou combater a elite agrária e promoveu a progressiva institucionalização do poder público, em substituição à burocracia oligárquica. No entanto, criou outros canais para o patrimonialismo, que só fizeram crescer ao longo das décadas. Não se tratava exatamente de moeda de troca por apoio político — exceto nas concessões às Forças Armadas —, mas sim da crença na necessidade do intervencionismo estatal em várias frentes, como promover o crescimento e tutelar a sociedade. No ímpeto de controlar a sociedade, o governo autoritário partiu para a adoção de políticas paternalistas e corporativistas, enquanto a forte intervenção estatal na economia alimentava grupos organizados — notadamente a indústria. A ação estatal cresceu e, assim, a máquina pública.

O período democrático de 1946-64 foi marcado por radicalismo e golpismo, em um contexto de agravamento do quadro econômico, resultante essencialmente de excessos nos gastos públicos. A concessão de benefícios e privilégios tornou-se a forma dominante de mediação política, mas de modo menos coercitivo em comparação ao passado, de domínio das oligarquias rurais. Que não se confunda com corrupção, devendo ser analisado como uma forma inicial de democracia ou barganha política. No golpe de 1964, os militares julgavam necessário enfraquecer as elites e a patronagem estatal. No entanto, mais uma vez, o modelo nacional-desenvolvimentista ampliava os canais do patrimonialismo ao eleger setores vencedores na ação

---

20. O termo "prebenda" foi utilizado por Max Weber para se referir aos cargos na administração pública conferidos por laços pessoais ou interesses políticos.

74 NÓS DO BRASIL

estatal, especialmente com a busca de legitimidade ao regime, conforme se acumulavam os problemas econômicos após o Choque do Petróleo e o desgaste da ditadura.

Na redemocratização, o patrimonialismo muda novamente de feição com a Constituição de 1988, ampliando-se a vários segmentos da sociedade. Em um país de democracia frágil, o patrimonialismo em suas várias formas transformou-se em instrumento de acomodar as demandas dos vários segmentos da sociedade, em que pese a meritória preocupação com a inclusão social. Legitimamente ou não, vários grupos participam dos orçamentos públicos, produzindo seu engessamento. Compromete-se assim a higidez fiscal e limita-se a capacidade de ajuste econômico nas crises, pois os vários grupos reagem à ameaça de perda de privilégios e benefícios.

Ao mesmo tempo, a hiperfragmentação partidária em um regime presidencialista alimentou o clientelismo na política — ganhos materiais diretos ou indiretos para atendimento de demandas paroquiais dos congressistas, em troca de apoio no Legislativo —, retomo o assunto no capítulo 5. Embora não se possa descartar ganhos redistributivos de curto prazo, caso os recursos acabem beneficiando os mais pobres, o resultado de longo prazo é negativo do ponto de vista da oferta de bens públicos, do bem-estar coletivo e da qualidade da governança.[21] Cabe uma observação. Os Estados Unidos do século XIX eram marcados por clientelismo e patronagem estatal, na política e na máquina pública. Lograram importantes reformas a partir da década de 1880, em uma lenta construção para uma democracia liberal. A diferença do Brasil atual é que o patrimonialismo está mais disseminado e sedimentado no sistema econômico.

Crenças não são imutáveis. Choques e crises econômicas podem ser gatilhos para mudanças. Alston, Melo, Mueller e Pereira (2016) apontam dois conjuntos de crenças que têm sido o motor do processo de mudança no Brasil desde 1985. Primeiro, a crença na inclusão social, que surgiu como reação à ditadura militar — e provavelmente à grave recessão de 1981-83. Segundo, a aversão à inflação alta depois do trauma da década de 1980.

---

21. Lo Bue, Sen e Lindberg (2021).

POR QUE SOMOS ASSIM?

Foram necessários, no entanto, vários anos de descontrole inflacionário para o reconhecimento de que esses objetivos podem se mostrar incompatíveis sem o devido respeito à disciplina fiscal.

O sucesso do Plano Real e as mudanças no arcabouço do regime de política macroeconômica — o chamado tripé, com câmbio flutuante, regime de metas de inflação e compromisso com a disciplina por conta da Lei de Responsabilidade Fiscal — nutriram e consolidaram a crença da sociedade quanto à importância da estabilidade de preços. Esse amadurecimento se refletiu na política, ainda que em diferentes graus. Lula deu continuidade à política econômica de FHC em seu primeiro mandato, o que não ocorreu no segundo mandato e na gestão Dilma Rousseff, cujos erros de política econômica ameaçaram o controle da inflação.

A sociedade reagiu. Os protestos de 2013 e aqueles a favor do impeachment de Dilma possivelmente refletiam também o desconforto com o quadro econômico, principalmente a alta da inflação. A lição tirada é a de que, por um lado, a valorização da disciplina fiscal não está madura o suficiente, mas, por outro, há limites para retrocessos. A experiência do governo Temer, retomando o ajuste fiscal e as reformas estruturais, reforça esse ponto. Não houve reação contrária relevante à sua agenda, mesmo com a popularidade tão baixa do governo — as manifestações contra a proposta de reforma da Previdência foram pífias. A economia entrando nos eixos com a queda da inflação foi certamente a variável-chave.

Nos últimos anos, uma parcela da sociedade passou a ansiar menor intervencionismo estatal na economia, como indica a adesão ao discurso com inclinação liberal de Paulo Guedes e Jair Bolsonaro na campanha eleitoral de 2018. No entanto, o governo Bolsonaro não entrega a promessa liberal. Falta-lhe convicção sobre a necessidade de ajuste fiscal e de eliminação de políticas públicas ineficazes, bem como capacidade política para enfrentar a reação contrária daqueles grupos que temem a perda de status quo. Como o patrimonialismo é disseminado, esses grupos abrangem a maioria da população e do setor produtivo, ainda que em diferentes graus. Esse ponto é importante, pois não parece suficientemente claro para a sociedade — que vê com naturalidade e participa das várias meias-entradas — que a agenda liberal pressupõe a redução das benesses de cada um. O insucesso do governo, refletido inclusive na volta da inflação em 2020-21, associado à postura beligerante e antidemocrática do presidente, poderá atrasar a necessária evolução das crenças no sentido de a sociedade valorizar uma intervenção estatal eficiente e cuidadosa.

Finalizando, a formação de crenças é um processo de aprendizado da sociedade em função das experiências dos países. O Brasil ainda carrega marcas do passado, como a falta de identidade nacional sólida e o patrimonialismo. Ambos estão conectados, caminham lado a lado. Formou-se uma sociedade cujos indivíduos veem o Estado como fonte de proteção e privilégios, mas sem a preocupação com os seus custos e as consequências sobre os demais.

Como o modelo patrimonialista não se sustenta, crises econômicas são recorrentes, até porque, com frequência, governos desperdiçam janelas de oportunidade e protelam reformas profundas, optando por ajustes superficiais e temporários. Superada a fase crítica da crise, voltam os velhos hábitos, o que torna os ciclos econômicos acidentados.

Apesar dessa nota melancólica, é importante reconhecer que a sociedade já não é a mesma do passado. Mesmo em meio a polarizações de alguns grupos, muito mais nas redes sociais do que nas ruas, há amadurecimento de crenças em curso, o que se reflete no próprio desejo de um Estado mais eficiente — correto ou não o julgamento, esse anseio levou à eleição de Bolsonaro — e de maior participação política.

4. Marco jurídico e o funcionamento do Judiciário: uma combinação perigosa

A finalidade da lei não é abolir ou restringir, mas preservar e ampliar a liberdade: [...] onde não há lei, não há liberdade [...], mas a liberdade não é, como nos dizem, uma liberdade para todo homem fazer o que ele deseja [...], mas para não estar sujeito à vontade arbitrária de outro.

John Locke
(tradução livre)

O marco jurídico de um país — normas constitucionais, legais e regulatórias — e o funcionamento do sistema judiciário têm significativas consequências sobre a economia, ainda mais em nações menos desenvolvidas, onde há menor respeito às leis e reduzida confiança dos indivíduos no governo e em terceiros. A estabilidade e a previsibilidade das relações jurídicas, afastando mudanças arbitrárias nas normas, na sua interpretação e aplicação, compõem a chamada segurança jurídica, um alicerce do crescimento.

Direitos e deveres mal definidos, baixa capacidade de resolução de conflitos e morosidade são fatores que prejudicam o ambiente de negócios

NÓS DO BRASIL

e a inovação,[1] bem como a efetividade do governo. Todos esses são fatores que limitam o crescimento de longo prazo. Um exemplo de ineficiência é a necessidade de as empresas despenderem recursos em demasia para acompanhar mudanças de legislação pertinentes ao setor ou a desistência de empreendimentos por temerem processos adiante.

É o caso do Brasil, onde vários fatores são combustíveis para a insegurança jurídica: a complexidade, as imprecisões e as brechas do arcabouço jurídico; as mudanças constantes, sem critério claro e por vezes com efeito retroativo, atingindo situações já estabilizadas (direito adquirido, questão já julgada e atos jurídicos perfeitos); e o ativismo do sistema judiciário — o conceito inclui o Judiciário e órgãos, como o Ministério Público, a Defensoria Pública e os Tribunais de Contas.

Além de a Constituição ser provavelmente a mais extensa e minuciosa em temas de políticas públicas no mundo, é emblemática a quantidade de normas legais e regulamentares. Estudo do Instituto Brasileiro de Planejamento e Tributação (IBPT) mostra que, entre 5 de outubro de 1988, quando foi promulgada a Constituição, e 30 de setembro de 2021, foram editadas 6,8 milhões de normas que regem a vida dos cidadãos brasileiros — de legislação de trânsito à tributária. Em média, foram 813 normas editadas por dia útil.

A judicialização é elevada e afeta amplamente o sistema econômico em seus vários mercados. São muitos os exemplos, mas não são devidamente documentados, o que dificulta o enfrentamento do problema. Do lado tributário, o contencioso — judicial e administrativo — nas três esferas de governo foi estimado em 75% do PIB em 2019,[2] sendo 15,9% do PIB o contencioso administrativo da União, contrastando com a média de 0,19% de Argentina, Chile, Colômbia, Costa Rica e México (em 2013). Ademais, a conclusão dos processos é lenta, demorando quase dezenove anos em média, segundo o Instituto Brasileiro de Ética Concorrencial (ETCO).

---

1. Cooter e Ulen (2016).
2. Messias, Longo, Novo e Vasconcelos (2020).

MARCO JURÍDICO E O FUNCIONAMENTO DO JUDICIÁRIO   79

Outro exemplo é o Brasil ser recordista em processos contra companhias aéreas.[3] A ida aos tribunais, antes de esgotadas as possibilidades de negociação privada, sobrecarrega o sistema da Justiça e onera as empresas. Há até aplicativos oferecendo o serviço de abertura de processo na Justiça valendo-se do fato de que o passageiro não arca com nenhum custo em caso de insucesso. De quebra, não há uma uniformização das decisões, podendo casos iguais terem tratamento diferente. O risco da operação de uma companhia aérea no Brasil é elevado. Vale ainda citar mais um exemplo de judicialização que impacta as políticas públicas: em 2020, 13% dos benefícios do INSS foram concedidos por via judicial ante 2,1% em 2004, isso sem contar as concessões baseadas em ação civil pública.[4]

No ranking de competitividade elaborado pelo Banco Mundial,[5] os itens relacionados ao funcionamento da Justiça e à qualidade dos marcos jurídicos no Brasil são aqueles com as piores notas. A posição do Brasil no ranking Rule of Law Index, publicado pelo World Justice Project, decepciona. A pesquisa busca medir a aderência ao estado de direito do ponto de vista dos seus resultados, ou seja, do efetivo funcionamento do arcabouço jurídico-legal. O Brasil encontra-se na 67ª posição entre 128 países analisados; já entre os trinta países da América Latina e Caribe, está na 16ª posição. Na abertura, os itens em que o Brasil mais se destaca negativamente estão associados justamente ao funcionamento da Justiça.

Na discussão sobre o marco jurídico e o funcionamento do Judiciário, não se trata de esperar a ausência de intervenção estatal e ineficiências. A questão é identificar em que aspectos o Brasil destoa e acaba gerando insegurança jurídica em demasia. Para tanto, é necessário resgatar elementos da história do país.

A pesquisa econômica mostra que a origem jurídica de um país cria tradições que afetam o desenho das normas legais, com impacto sobre

---

3. Paiva (2021).
4. Costanzi e Fernandes (2021).
5. O relatório *Doing Business* foi acusado de erros na apuração em 2021. De qualquer forma, a afirmação acima provavelmente permanece válida.

NÓS DO BRASIL

a economia.[6] Há duas linhas principais que diferenciam basicamente o direito privado:[7] a romano-germânica (*civil law*) e a consuetudinária (*common law*). A *civil law*, de tradição francesa, baseia-se na ideia de que o direito emana do Estado, sendo concretizado por meio de processos legislativos. A referência é, portanto, a lei escrita, que busca abranger ampla gama de assuntos e situações. A *common law*, de tradição inglesa, assenta-se nos costumes, sendo que as decisões judiciais geram precedente (jurisprudência) para outros casos.

Há uma característica básica que distingue essas duas tradições: o grau de liberdade para estabelecer livremente contratos entre as partes. A legislação da *civil law* regula o limite para a negociação entre partes privadas, visando a uma alocação desejada pelo Estado, enquanto a *common law* tende a dar mais liberdade aos contratos privados e a garantir que sejam executados da forma como foram livremente pactuados.[8] Como resultado, a legislação da *civil law* tende a ser mais ampla e pesada, menos adaptável. A *common law* é menos complexa e os estatutos são, com frequência, imprecisos, dando margem a interpretações dos juízes, que têm maior autonomia.[9]

Duas nações, França e Inglaterra, transmitiram seus sistemas ao resto do mundo,[10] sendo introduzidos no Novo Mundo mediante a colonização.

---

6. La Porta, Lopez-de-Sinales, Shleifer e Vishny (1997).

7. Carlos Ari Sundfeld comenta com a autora que a distinção está mais associada ao mundo das relações privadas, não havendo as mesmas diferenças no direito público (normas de regulação econômica feitas pelo legislador e pelas agências reguladoras, por exemplo).

8. La Porta, Lopez-de Silanes, Schleifer (2008) e comentários de Marcos Lisboa.

9. Fatores históricos ajudam a explicar as diferenças. A *civil law* é identificada com o Código Napoleônico, com seus mais de 2 mil artigos. Aos juízes — associados com o regime anterior derrubado — caberia apenas garantir o cumprimento das leis. A *common law* foi uma construção de séculos, passando pela Revolução Gloriosa, cujo objetivo foi delimitar o poder do soberano, e não o destituir. Juízes ganharam considerável independência e capacidade de rever atos administrativos, pois na Inglaterra, ao contrário do que ocorreu na França, o Judiciário constituía uma força progressista.

10. Napoleão introduziu o seu código na Bélgica, Holanda, Itália e parte da Alemanha, e exerceu grande influência em Portugal e na Espanha. O sistema germânico, que é híbrido, espalhou-se para vários países no mundo, como a Coreia do Sul. O Japão adotou o sistema germânico voluntariamente, bem como a Rússia e a Turquia.

MARCO JURÍDICO E O FUNCIONAMENTO DO JUDICIÁRIO   81

Naturalmente, não há modelos puros *de civil* e *common law* na experiência mundial, pois características da sociedade influenciam a evolução do sistema legal.[11] Com a globalização e a disputa por fluxos financeiros mundiais, cada vez mais os sistemas dos países misturam elementos das duas origens.[12]

A América Latina foi dominada pela tradição francesa, não só por conta da invasão de Napoleão na península Ibérica, mas também pela admiração dos militares por Bonaparte, preservando o sistema após os processos de independência. No Brasil, a longa fase de consolidação do direito civil, desde o primeiro Código Civil, de 1916 — que tratou não apenas da propriedade privada, mas das espécies e regimes dos bens públicos, e adotou uma visão menos liberal do que a de ingleses e a de norte-americanos —, acabou por estabelecer referências mais estatistas. A influência francesa foi decisiva, especialmente pela ideia de que seria a melhor decisão para um país recém-criado sem tradição de liberdade. Com o passar dos anos, essa tradição iria permanecer como dominante no direito administrativo substantivo.[13] Nas relações privadas, porém, foram sendo inseridos institutos originados na *common law*.

Considerando que o sistema judiciário se defronta com o conflito entre, de um lado, lidar com falhas de mercado e desordem, que demandam intervenção estatal e, de outro, evitar abusos e excessos do Estado, pode-se dizer que a tradição francesa é mais inclinada para o primeiro lado da balança e a inglesa, para o segundo. Ambas têm méritos. A maior regulação pode ser resposta eficiente em situações de crise, como em tempos de guerra.[14] No entanto, pesquisas sugerem que há mais vantagens na *common law* — mesmo levando em conta as características da sociedade. Antes de prosseguir, vale explicar esse último ponto. Nações que valorizam a intervenção estatal tendem a adotar marcos jurídicos mais complexos e intervencionistas, sendo necessário levar em consideração

---

11. Aghion, Algan, Cahuc e Shleifer (2010).
12. Galio (2014).
13. Sundfeld (2019).
14. Glaeser e Shleifer (2003).

82 NÓS DO BRASIL

essas crenças da sociedade para identificar o impacto isolado da origem jurídica sobre a economia.

A pesquisa acadêmica ainda não é ampla, mas há indicação de que a *civil law* estaria associada a um maior formalismo de procedimentos das cortes para a resolução de disputas, a exemplo das regulações relativas a etapas em que os litigantes devem seguir e da coleta e apresentação de provas — sendo esse formalismo ainda maior em países não desenvolvidos,[15] o que, por sua vez, acompanharia maior corrupção e personalismo, processos mais longos e menor segurança jurídica. Também há pesquisa que aponta que a *civil law* está associada a fatores como a menor proteção a acionistas e credores e à maior dificuldade para execução de dívidas — fatores correlacionados ao menor crescimento do crédito e do PIB.[16]

A jurisprudência como fonte de direito implica maior adaptabilidade a novas circunstâncias, produzindo maior estabilidade dos marcos legais, e até mudanças de Constituição se mostram menos frequentes.[17] Nesse caso, no entanto, outros elementos precisam ser considerados. Pesa o grau de amadurecimento democrático para lidar com fatores políticos conjunturais que influenciam o desenho e a evolução de marcos constitucionais.

Instituições políticas mais vulneráveis a pressões de grupos organizados produzem desenhos constitucionais mais falhos, que não atendem aos anseios da sociedade — estes, por sua vez, mutantes. Em caso de maior impasse, busca-se outra Constituição. Trata-se de um jogo repetitivo que envolve a capacidade de entrega do governo e o amadurecimento da sociedade (capital social).[18] Já países com democracia sólida têm maior estabilidade constitucional. A vida média das Constituições na

---

15. Djankov, La Porta, Lopez-de-Sinales e Shleifer (2003) analisam como as cortes em 109 países reagem no caso de despejo e devolução de cheques.

16. La Porta, Lopez-de-Sinales e Shleifer (2008).

17. Por exemplo, nos Estados Unidos não houve mudança, e na Holanda, Noruega e Bélgica, elas são menos frequentes do que na França, Espanha e Portugal, de origem legal franco-romana.

18. Besley (2020).

MARCO JURÍDICO E O FUNCIONAMENTO DO JUDICIÁRIO   83

Europa Ocidental estava em quase 77 anos em 2008, com uma média de quinze emendas com ajustes menos amplos. Já na América Latina, desde a independência dos países, a vida média das Constituições estava em 16,5 anos, com média de 7,8 reformas constitucionais.[19] O ambiente econômico e político instável também contribui para as Constituições terem vida curta.

Fatores políticos conjunturais impactam a escolha do modelo constitucional. Dois deles seriam os mais relevantes, a julgar pelas experiências da América Latina após 1978.[20] Primeiro, a motivação para a reforma, como crise constitucional decorrente do fracasso do modelo anterior, mudança de regime político ou novo equilíbrio de forças políticas. Segundo, o tamanho do poder de barganha dos reformadores. Esses fatores influenciam o equilíbrio entre os objetivos de uma Constituição. Em que pese a missão de promover o bem-estar social e prover cidadania — direitos civis, políticos e sociais —, há também a busca por acomodar interesses partidários e corporativos de curto prazo, o que implica maior intervencionismo estatal na esfera privada. Essas duas lógicas — coletiva e individual — coexistem em diferentes graus e podem acarretar contradições nos textos constitucionais.

Crises constitucionais tendem a fortalecer o objetivo cooperativo, enquanto situações de crise de governabilidade, com o governo sem maioria no Congresso, e de assembleia fragmentada tendem a aumentar o foco distributivo. Não porque se criou um consenso em relação às concessões, mas porque há necessidade de ceder às várias pressões. Assim, é maior o risco de escolhas inadequadas e inconsistentes. Além disso, a dificuldade de construção de consensos também leva a disposições constitucionais ambíguas e incompletas. Nesse caso, a interpretação da norma constitucional ganha peso — certamente uma marca do caso brasileiro —, mas sem garantir a construção de jurisprudência sólida.

---

19. Negretto (2013).
20. A análise que segue sobre a experiência da América Latina se baseia principalmente em Negretto (2013).

84 NÓS DO BRASIL

O ponto de partida das Constituições na América Latina, incluindo o Brasil, foi inspirado na separação de Poderes da Carta norte-americana, com relativa autonomia do Executivo na operação do governo, mas com poder de agenda (ou de propor leis) limitado e reativo. No entanto, o modelo não se encaixou em sociedades marcadas por baixa coesão e instituições frágeis. Com frequência, ele falhava na promoção da estabilidade política, em um contexto de conflitos recorrentes entre facções da elite. Buscaram-se, assim, desenhos constitucionais para fortalecer o Executivo, por meio de poderes emergenciais, para lidar com conflitos civis, mas isso se mostrava insuficiente para os governantes conduzirem reformas diante de crises e insatisfação popular.

A partir de 1978, no contexto da terceira onda democrática, a América Latina partiu para outro modelo. Por um lado, atribuiu-se ao Executivo maior capacidade de agenda legislativa — a Constituição de algumas ditaduras já havia provido esse poder ao Executivo, sendo mantido na democracia; foi assim no Brasil. Por outro lado, foram reduzidos os poderes não legislativos, como o de lidar com conflitos entre Poderes, o que se traduziu em aumento do papel de juízes, cortes, promotoria e agências de controle.[21] Trata-se de grupos diferentes demandando mais poder e governantes reformadores levados a ceder, em diferentes graus. Por vezes, governantes acreditam que atender a esses pedidos de intervenção estatal seria uma política de desenvolvimento econômico.

Ao longo do tempo, o poder do Executivo de legislar só fez crescer, aumentando a autoridade para introduzir leis sobre assuntos econômicos, definir o orçamento e adotar medidas emergenciais. No Brasil, foi introduzido o instrumento de medida provisória, sucessora do decreto-lei de regimes anteriores. Crises econômicas tendem a fortalecer esses poderes, visando a contornar o baixo incentivo do Legislativo para propor reformas nessas situações.

---

21. Além disso, muitos países passaram a adotar mecanismos para intervenção e controle do Executivo pelo Legislativo, como as instituições de controle e a necessidade de aprovação pelo Congresso de indicações do presidente, como juízes de cortes constitucionais e procurador-geral — elementos do parlamentarismo. No Brasil, adiciona-se o instituto do impeachment.

MARCO JURÍDICO E O FUNCIONAMENTO DO JUDICIÁRIO 85

Em linhas gerais, o Brasil se encaixa na experiência latino-americana, mas com tendências exacerbadas. Os partidos e grupos organizados buscaram garantir maior fatia no orçamento e nas políticas públicas, e o sistema judiciário, maior autonomia, recursos e poder de controle. Crenças mais intervencionistas, o ambiente econômico e político instável, e as consequências da longa ditadura militar — temas discutidos ao longo deste livro — reforçaram um aparato normativo mais pesado e o elevado poder discricionário do sistema judiciário na Constituição de 1988.

A reduzida funcionalidade do sistema jurídico, incluindo o arcabouço de normas e como são aplicadas, remete em parte à herança histórica. São gerações, inclusive de administradores, legisladores e juízes, que acreditam nos benefícios da intervenção estatal. Enquanto isso, os ciclos políticos implicaram grandes oscilações nas garantias, autonomia e poderes do Judiciário, conforme as vontades dos governantes, alimentando a demanda por proteções e prerrogativas na Constituinte.

Historicamente, o Poder Judiciário teve posição inferior aos demais, não sendo visto como árbitro capaz de cumprir a missão de resguardar a Constituição. O percurso na conquista de legitimidade e consolidação de seu papel foi acidentado. A primeira Constituição, de 1824, foi imposta por D. Pedro I após dissolver a Assembleia Constituinte, em parte porque a divisão prevista de Poderes, com limites à ação do Executivo, o contrariava. Os demais Poderes estavam abaixo do Poder Moderador, por ele exercido. Para conter conflitos, o Conselho de Estado — de inspiração francesa — buscava fórmulas conciliatórias para acomodar interesses patrimonialistas, o que ajuda a explicar ser a Carta mais longeva da história. Foi instituído o Supremo Tribunal de Justiça, mas a declarada autonomia era ilusória, não só pela subordinação ao Poder Moderador, mas porque os titulares do tribunal muitas vezes agiam à margem ou à revelia das leis, com aliança entre a burocracia estatal e poderes econômicos, sendo que estes participavam da nomeação de autoridades.

Houve avanços institucionais na Primeira República. O Supremo Tribunal Federal foi criado por decreto, forjado por Rui Barbosa nos moldes da Suprema Corte dos Estados Unidos, instituída mais de cem anos antes, em 1789.

NÓS DO BRASIL

A Constituição de 1891 — com inspiração norte-americana — eliminou o Conselho de Estado e assegurou garantias a juízes, como a vitaliciedade, mas isso não proveu o necessário insulamento a pressões externas. Vale citar que a Carta, que durou mais de quarenta anos com poucas mudanças, foi a que mais se aproximou do princípio salutar de incluir na Constituição apenas o conjunto de regras fundamentais que regem a organização do Estado.[22]

Com Getúlio Vargas, vieram os retrocessos. Em 1930, o Supremo seria pela primeira vez vitimado pelas aposentadorias compulsórias de alguns de seus ministros — até então vitalícios, passaram a ser afastados ao completar 75 anos de idade. Foram reduzidos os salários dos ministros e seis deles acabaram demitidos por decreto. A Constituição de 1934 determinou que os ministros deixariam de eleger a presidência e vice-presidência da instituição, cuja tarefa passou ao presidente da República.

O Estado Novo interrompeu o caminho para o Supremo se firmar como terceiro poder. A Constituição de 1937, imposta por Vargas depois de revogar a de 1934, reduziu a idade da aposentadoria compulsória para 68 anos para, assim, encolher a Corte, com cinco juízes atingidos, e restringiu seu controle de constitucionalidade, pois as decisões poderiam ser submetidas ao Congresso. Como o Congresso foi dissolvido, Vargas nem sequer precisaria do apoio de dois terços da casa. Bastavam decretos-lei. Não houve reação do tribunal aos retrocessos. Quando ocorreu, foi equivocada. Ministros deferiram mandados de segurança contra a incidência de imposto de renda sobre os salários de magistrados e servidores públicos. Uma decisão com espírito patrimonialista, barrada pelo Executivo.

Com a volta da democracia, a Constituição de 1946 restabeleceu a independência dos três Poderes. Foi iniciado o desmonte do aparato repressivo do Estado Novo. O Tribunal de Segurança Nacional, criado em 1936, foi extinto. O Supremo retomava a prerrogativa de eleger seu presidente e vice, modelo que se manteve até 1964. Na prática, era, porém, um poder apagado, que evitava conflitos e protelava decisões que desagradassem os demais Poderes.

---

22. Pinto (2020).

MARCO JURÍDICO E O FUNCIONAMENTO DO JUDICIÁRIO 87

Em 1964, em meio ao clima de apoio popular ao golpe, o presidente do STF, Ribeiro da Costa, legitimou-o ao acompanhar a sessão do Legislativo que declarou vago o cargo de presidente da República, derrubando João Goulart. O mesmo ocorreu na posse do presidente da Câmara, Ranieri Mazzilli, no Palácio do Planalto.[23]

A edição de uma nova Constituição em 1967 manteria formalmente a vigência do ordenamento constitucional, diferentemente do ocorrido no Estado Novo. Mas, em seguida, houve severa supressão das liberdades e garantias individuais por meio dos atos institucionais — foram dezessete ao todo entre 1964 e 1969. Em 1969, a Junta Militar, mesmo sem competência constitucional para isso, editou uma emenda constitucional que reformou de modo profundo a Constituição, tornando-a mais autoritária e, na prática, dando origem a uma nova Carta.

Logo após o golpe, não houve de imediato alteração nas competências ou atribuições do Supremo, mas não tardou para surgir a indisposição dos militares. A corte continuava a julgar conforme a legislação em vigor, a Carta de 1946, considerando que a competência para processar ex--governadores era da Justiça comum, e não da dos militares, e atuando para garantir direitos fundamentais, como a liberdade de expressão e de cátedra. Vieram os primeiros atritos por conta dos habeas corpus.

Castelo Branco, pressionado pela linha dura das Forças Armadas, reagiu. O presidente do STF chegou a ser detido na base aérea de Brasília e houve invasão de prédios públicos, devido à decisão da corte contrária à posse de um militar no Congresso. Do ponto de vista institucional, foi restringido o poder do procurador-geral de acionar o Supremo. O Ministério Público tornou-se mero anexo do Executivo.

Além disso, foi enviado ao Congresso um projeto de emenda constitucional para, entre outras medidas, aumentar o número de ministros do STF e reduzir seu poder ao ampliar a jurisdição da Justiça Militar. O ministro Ribeiro da Costa buscou preservar o Supremo, classificando

---

23. A análise da atuação do Supremo durante o período militar baseou-se em Felipe Recondo (2018).

NÓS DO BRASIL

como intolerável a alteração do número de juízes, e defendeu que não caberia aos militares serem "mentores da Nação". Ameaçou fechar o STF e entregar as chaves ao presidente da República. A resposta do regime foi o Ato Institucional nº 2, de 1965.

O AI-2 ampliou o número de ministros do Supremo de onze para dezesseis, com os cinco integrantes nomeados livremente pelo presidente da República. O resultado ficou aquém do desejado pela linha dura, pois os novos magistrados reagiram com espírito de corpo e reforçaram a linha independente da corte. Havia uma permanente insatisfação dos militares com as decisões dos ministros em julgamentos de habeas corpus em favor de presos políticos ou com inquéritos policiais militares anulados, muitas vezes, com ampla maioria.

Mais uma vez, a resposta veio com o AI-5, de 1968, com vigência de dez anos, suspendendo garantias fundamentais que ancoravam a independência dos magistrados — vitaliciedade, inamovibilidade (garantia de não ser removido) e estabilidade —, atribuindo aos tribunais militares o julgamento de crimes políticos, sem direito a recurso, excluindo os juízes de qualquer apreciação judicial de atos do governo, e suspendendo formalmente o habeas corpus "nos casos de crimes políticos contra a segurança nacional, a ordem econômica e social e a economia popular".

Amparado pelo AI-5, o governo militar aposentou compulsoriamente três ministros nomeados por JK e Goulart. Computando outras duas aposentadorias, ao final, apenas um membro não era indicado por militares — Luís Galotti. O desfecho foi o AI-6, de 1969, alterando novamente o número de integrantes da corte de dezesseis para onze. As decisões de ampliar ou reduzir o número de ministros visavam a atingir a composição mais adequada aos interesses da ditadura.

Tratava-se de um Supremo intimidado e, ao mesmo tempo, desconhecido pela sociedade e visto pela oposição ao regime como incapacitado de conter arbitrariedades. Ao mesmo tempo, buscava conviver com a ditadura militar, pois a alternativa seria pior. Havia o receio justificado de terem suas decisões desrespeitadas, comprometendo sua autoridade. Mais do que

MARCO JURÍDICO E O FUNCIONAMENTO DO JUDICIÁRIO

isso, os ministros temiam o fechamento do Tribunal, a cassação de juízes, a desidratação adicional de suas atribuições e atos de exceção. Assim, não havia predisposição para o confronto direto.

A Constituição de 1988 representou um ponto de inflexão. O trauma da ditadura fez eclodir muitas demandas de segmentos da sociedade, em um contexto político difícil: um governo fraco, que enfrentava grave crise econômica; um presidente, José Sarney, que carecia de legitimidade política porque, associado ao regime militar, assumiu o cargo em função da morte de Tancredo Neves, um presidente eleito por voto indireto; a elevada incerteza política com a volta da eleição direta, ocorrida em 1989; a grande disputa entre boa parte do PMDB, que agregava várias tendências políticas, e o chamado Centrão, grupo conservador contrário a certas demandas de grupos da esquerda; e a Assembleia Constituinte multipartidária. O resultado é que muitas concessões foram necessárias para aprovar a Carta.

Em meio a tantas desconfianças e disputas, os partidos não conseguiram cumprir seu importante papel de monitoramento mútuo para evitar concessões em excesso a grupos organizados e de canal para a ação coletiva visando à promoção do bem comum. Assim, segmentos mais poderosos e organizados obtiveram privilégios e proteções, em detrimento dos demais. Esses papeis são, na verdade, interligados, pois quando falha a ação coletiva, aumenta a demanda de segmentos da sociedade por proteção estatal, e o contrato social — ideia antiga que remonta a Thomas Hobbes — tende a ficar mais inchado, como na Constituição.

Embora os objetivos explícitos de uma reforma constitucional aludam a princípios republicanos, de cooperação, o fato é que havia exacerbado ímpeto distributivista. O processo de negociação e a transição do regime beneficiaram certos atores políticos dominantes, que acabaram por escrever normas em seu benefício. Ademais, as crenças intervencionistas, patrimonialistas e paternalistas delimitavam o conjunto de alternativas disponíveis para as escolhas de constituintes. Por todos esses aspectos, a Carta distingue-se das Constituições da América Latina após 1978. É certamente uma das mais extensas e detalhadas no mundo — regula vários aspectos do funcionamento da economia, da política, da administração pública e da sociedade —, o que resulta em distorções, tratamentos desiguais injustificados, excessos e contradições.

O cidadão foi considerado hipossuficiente em muitas dimensões. A Carta garantiu não apenas o conjunto tradicional de direitos políticos e civis, mas muitos direitos sociais, atribuindo ao Estado a responsabilidade de efetivá-los, por meio da prestação de serviços e da regulação do mercado. Poucas foram as considerações acerca dos custos e da capacidade de atender às demandas contidas no texto constitucional. Concentrou-se no curto prazo sem o necessário cuidado com as gerações futuras. O resultado foi o aumento da dívida pública e da carga tributária, com consequências para o equilíbrio macroeconômico e o crescimento.

Além disso, em pontos em que não foi possível atingir o consenso, os legisladores evitaram normas bem definidas e adotaram princípios deliberadamente vagos. Isso fez com que os conflitos normativos se tornassem recorrentes, exigindo grande mediação pela via judicial e sobrecarregando as diversas instâncias do Judiciário. O arcabouço jurídico brasileiro sofre com os males dos dois modelos legais: formalismo e poder discricionário de juízes, ambos excessivos, e no segundo aspecto, sem construção de jurisprudência sólida.

Quase um terço do texto principal da Carta está relacionado a normas para a implementação de políticas públicas, que, em tese, poderiam estar contidas em leis complementares e ordinárias[24] — sem contar iniciativas inadequadas, pois injustas ou ineficientes. O tempo passou e o quadro se agravou, pois a maior parte das emendas constitucionais se refere a novas políticas públicas, abrangendo muitos grupos de interesse. Assim, a Carta só faz aumentar. Segundo Rogério Arantes e Cláudio Couto, em 2018 ela estava 44% maior do que quando foi promulgada.

As muitas concessões a grupos organizados pesam no poder efetivo do Executivo, pois o engessamento do orçamento implica margem de manobra estreita na gestão governamental. Deu-se poder com uma mão e retirou-se com a outra. Soma-se a isso a dependência do apoio

---

24. Arantes e Couto (2019).

MARCO JURÍDICO E O FUNCIONAMENTO DO JUDICIÁRIO 91

do Congresso (três quintos dos votos na Câmara e no Senado em dois turnos) para aprovar emendas constitucionais direcionadas a conter o aumento dos gastos obrigatórios. É um quadro que ameaça a governabilidade, especialmente considerando a fragmentação partidária no Congresso, que dificulta a construção de consensos. As aprovações de emendas constitucionais envolvem grande desgaste político, principalmente quando visam a rever regras de benefícios sociais ou vantagens a grupos organizados.

Ao pretender regular muitas coisas, a Carta produziu excessos e contradições, fazendo com que muitas reformas se tornassem necessárias. O que distingue o Brasil da experiência latino-americana são justamente as frequentes emendas, e nem tanto o número de Constituições — seis ao todo na República.[25]Além disso, a combinação de complexidade, intervencionismo e conceitos vagos da Constituição propicia um campo constante de disputas, sendo que o sistema de Justiça teve ampliada sua capacidade de controlar a administração pública na provisão de direitos. Foram transformações profundas, com a criação de órgãos[26] e responsabilidades,[27] e fortalecimento de estruturas estaduais. O Poder Judiciário e os demais órgãos que compõem o sistema de Justiça ganharam amplitude, partilhando responsabilidades do Executivo e do Legislativo. Órgãos como o Ministério Público e a Defensoria Pública passaram a desempenhar funções pouco tradicionais, como a contestação de atos do poder público, por meio de instrumentos processuais de ação coletiva.

Ampliou-se também o acesso ao sistema de controle de constitucionalidade de leis e atos normativos perante o STF — antes limitado ao procurador-geral da República —, incluindo um grande conjunto de atores: mesas dos legislati-

---

25. Negretto (2013). O estudo abrange o período de 1978-2008.
26. Superior Tribunal de Justiça e dos Tribunais Regionais Federais.
27. O Ministério Público foi incumbido da defesa da ordem jurídica, do regime democrático e dos interesses sociais e individuais. À Defensoria Pública atribuiu-se a prestação de serviços gratuitos de assessoria jurídica à população. A Constituição consolidou a posição de procuradores estaduais como representantes judiciais e consultores jurídicos oficiais dos governos estaduais.

92 NÓS DO BRASIL

vos, governadores, Ordem dos Advogados do Brasil (OAB),[28] partidos políticos com representação no Congresso e as confederações sindicais e entidades de classe.[29] É um dos sistemas mais abrangentes e acessíveis no mundo.[30] O STF pode, adicionalmente, ser provocado por meio de ação direta, sendo que, desde 1988, foram introduzidos novos instrumentos à já existente ação direta de inconstitucionalidade.[31] Tudo somado, criaram-se possibilidades amplas de intervenção e invasão de prerrogativas da corte sobre os demais Poderes.

O sistema judiciário é composto de muitas instituições, independentes entre si, com agentes capazes de contestar e reformar decisões do poder público de forma autônoma. A atuação de ministros, desembargadores, juízes, promotores, procuradores, defensores e advogados públicos é, muitas vezes, incerta e descoordenada, sem se basear em parâmetros claros. Em função dessa dispersão decisória, não existe na prática um Poder Judiciário propriamente. Além disso, os problemas se agravaram porque, após o início dos anos 2000, os tribunais de contas — vinculados aos Legislativos — passaram a se investir de poderes de intervenção sobre as decisões das administrações públicas, sem oposição relevante da Justiça.[32]

A Reforma do Judiciário de 2004 foi um importante passo para uniformizar a jurisprudência, com a súmula vinculante e a repercussão geral dos recursos extraordinários.[33] O mecanismo permite uniformizar a

---

28. Lima e Vasconcelos (2019). A OAB teve importante influência na Constituinte e ganhou tratamento especial. Foi concedido o poder de ajuizar ações de controle de constitucionalidade no STF em qualquer matéria. Para os autores, a razão seria a influência histórica dos agentes do direito sobre a definição do ordenamento jurídico brasileiro, possivelmente potencializada pela participação ativa da entidade no processo de redemocratização.
29. Diferentemente do que ocorre na maioria das democracias constitucionais, em que predomina uma única modalidade de controle, no Brasil o modelo é misto, podendo se arguir a inconstitucionalidade no âmbito de uma demanda judicial concreta já existente (Estados Unidos) ou em abstrato (Europa Ocidental).
30. Arantes e Couto (2019).
31. ADO (Ação Direta de Inconstitucionalidade por Omissão), ADC (Ação Declaratória de Constitucionalidade) e ADPF (Arguição de Descumprimento de Preceito Fundamental).
32. Sundfeld e Rosilho (2020).
33. A reforma também criou órgãos incumbidos do controle do Poder Judiciário e do Ministério Público: o Conselho Nacional de Justiça e o Conselho Nacional do Ministério Público. Pouco efetivos, porém.

MARCO JURÍDICO E O FUNCIONAMENTO DO JUDICIÁRIO   93

interpretação constitucional e vincular sua aplicação nas instâncias inferiores. No entanto, a construção de jurisprudência mantém-se falha por conta de mudanças de entendimento e porque os mecanismos criados não necessariamente diminuem o ingresso de novas demandas judiciais. Ela reduziu o número de processos no STF — sobretudo os de iniciativa do poder público[34] —, mas não nas instâncias inferiores. Por tudo isso, a reforma do Judiciário estaria inacabada, sendo necessário novos mecanismos que ataquem o excesso de judicialização.[35]

Aspectos culturais pesam, havendo valorização exacerbada dos princípios da independência judicial e do livre convencimento. Isso se traduz em inovações no ordenamento jurídico, por meio de reconfiguração de ferramentas previstas no direito. Na prática, um magistrado pode suspender a aplicação de qualquer norma infraconstitucional — como artigos dos códigos Civil, Penal ou Tributário — que julgue incompatível com a Constituição.[36] Um aspecto que confirma o elevado poder discricionário dos juízes são as dinâmicas heterogêneas entre os entes estaduais, havendo diferentes graus de litigiosidade nas várias instâncias, conforme a cultura e as tradições locais.[37]

Há ainda outros elementos importantes. A Carta atestou o caráter vinculante das normas constitucionais, que passaram a ser consideradas de aplicação imediata, com o objetivo de afastar o risco de se tornarem meros compromissos programáticos, com sua efetivação sujeita à conveniência

---

34. Falcão, Abramovay, Leal e Hartmann (2013) apontam que o poder público, por meio de entidades da administração pública direta e indireta e por intermédio de entes políticos, está entre os principais litigantes do Supremo, e foi na corte que mais houve redução de processos após a reforma do Judiciário.

35. Falcão, Abramovay, Leal, Hartmann (2013).

36. Lima e Vasconcelos (2019).

37. Falcão, Abramovay, Leal e Hartmann (2013) analisam os números do Supremo entre 2000 e 2009 e apontam as diferentes incidências dos estados, havendo sobrerrepresentação de alguns em relação ao tamanho da população. A razão é a própria litigiosidade de cada um nas primeira e segunda instâncias. O destaque é para a região Sul, notadamente o Rio Grande do Sul. No caso de juizados especiais de pequenas causas, que foram criados para agilizar processos, eles acabam inundando o STF, havendo maior incidência do Rio de Janeiro, com o triplo de processos de São Paulo.

do poder público. Optou-se também pela inafastabilidade do Judiciário — não pode se omitir diante de lesão ou ameaça a direito. A corte tornou-se, assim, protagonista na definição dos contornos da cidadania, apesar de não ter seus membros eleitos pelo voto.

Ao mesmo tempo que a Constituição ampliou o acesso à Justiça — contando também com a maior capilaridade adquirida pelas unidades do Judiciário,[38] Ministério Público e Defensoria Pública —, encareceu seu custo em razão da infraestrutura e da expansão do número de servidores. A Justiça no Brasil é possivelmente a mais cara do mundo. O custo do Poder Judiciário foi estimado em 1,35% do PIB em 2016, sendo 0,14% nos Estados Unidos e 0,13% na Argentina, enquanto o sistema judiciário como um todo custaria 1,8% do PIB.[39]

O custo para o erário também se dá nas ações judiciais contra o Estado. As demandas judiciais contra a União com risco possível e provável excedem R$ 2 trilhões, segundo o Tesouro Nacional. Essa elevada cifra decorre em parte de posturas oportunistas de indivíduos, grupos e empresas que buscam a Justiça mesmo de forma ilegítima, pois o desenho do sistema torna relevante a probabilidade de ganharem a causa. De quebra, muitas vezes o sistema judiciário demonstra postura paternalista. Criou-se uma indústria de judicialização, como para obter acesso a políticas públicas. São exércitos de advogados dedicados a processos judiciais e que, por vezes, acabam por apresentar resistência a reformas para simplificar leis e reduzir a litigância. Ademais, grupos se aproveitam de temas complexos para se proteger do debate público — mais um desafio para a academia e a imprensa. A ampliação do Judiciário não resultou, portanto, em redução da morosidade, pois a litigiosidade também aumentou.[40]

---

38. Tornou-se exigência constitucional a criação de juizados estaduais, englobando as áreas cível e penal, bem como a criação de juizados pela União. Os juizados buscavam também reduzir a litigiosidade e a morosidade da Justiça comum, por meio de um processo mais simplificado. Não foi o que aconteceu, apontam Lima e Vasconcelos (2019). Processos na Justiça comum podem demorar mais de cinco anos para serem sentenciados e receberem baixa. E os juizados especiais demoram mais de dois anos para dar baixa na maior parte dos processos de conhecimento.

39. Da Ros (2015).

40. As taxas de congestionamento na Justiça Federal e Estadual mantêm-se elevadas, acima de 70%, segundo o CNJ (2021).

MARCO JURÍDICO E O FUNCIONAMENTO DO JUDICIÁRIO 95

O Judiciário deixou de ser um Poder subalterno, sem instrumentos, mas ganhou centralidade que desafia a política representativa. Seu protagonismo alcançou patamares sem paralelo. Em boa medida, esse quadro decorre da própria fraqueza das instituições e do sistema representativo, refletida na reduzida capacidade de construir compromissos e soluções para as disputas na arena política, especialmente diante da crise de representatividade que abate o Congresso. O Supremo é provocado a intervir, inclusive em temas no qual não tem expertise e que não pertencem à sua esfera. Um exemplo: em 2021, o STF determinou a fixação de benefício de renda mínima para os mais pobres, a ser incluído no orçamento de 2022, a partir de uma ação protocolada pela Defensoria Pública. Ainda que haja a preocupação de não ser omisso, por vezes é o certo a se fazer. A eventual contenção da Corte — devolvendo a matéria por não ser esfera de competência ou "decidindo não decidir" — é fruto de escolha, e não de necessidade institucional, o que reforça a necessidade de autocontenção do Judiciário.

Enfim, o sistema jurídico é fruto de muitos fatores — origem jurídica, crenças a favor da intervenção estatal, lento amadurecimento democrático e contingências que afetaram a construção da Constituição. O resultado é um Estado onipresente, pela amplitude e complexidade dos marcos jurídicos, bem como por sua aplicação pelo sistema judiciário. Ao não funcionar a contento, alimenta más condutas, produz desconfianças mútuas e insegurança jurídica. Todos fazem parte da confusão sem se dar conta.

Essas características não são exclusividade do Brasil, estando presentes em países emergentes. As pesquisas mundiais sugerem, no entanto, que o país está em extremos de disfuncionalidade nesse balanço de reduzida confiança da sociedade e maior regulação estatal. Contudo, mesmo sem mudanças de crenças — da sociedade, de legisladores e do Judiciário —, há grande espaço para ajustes. A própria experiência brasileira mostra que vale a pena insistir em marcos jurídicos mais simplificados e na redução de incentivos à litigância, como foi o caso da reforma trabalhista de 2017, que alterou muitos pontos da CLT, produzindo uma redução da insegurança jurídica e da litigiosidade no mercado de trabalho. Tampouco se pode descartar que há mudanças de crença em curso. É crescente a demanda do setor privado por maior segurança jurídica no país.

Interessante notar alguns pontos positivos na forma como legisladores e órgãos de defesa do consumidor se comportaram na pandemia de Covid-19. Apesar de demandas por maior intervenção estatal, o Conselho Administrativo de Defesa Econômica (Cade) manifestou-se contrariamente ao encaminhamento dos projetos de lei que implicavam intervenção direta nos preços.[41] A Secretaria Nacional do Consumidor (Senacon) foi instada a reagir diante de denúncias de abusos, mas sem resultados concretos e afastando qualquer possibilidade de controle de preços. O mesmo se repetiu nas medidas no Legislativo para intervenção na economia, que não prosperaram.

O debate acerca de reformas avança, ainda que lentamente, na classe jurídica. Discute-se a necessidade de rever o ordenamento jurídico e de instituir o controle prévio da constitucionalidade. Para outros, não se trata necessariamente de realizar reformas constitucionais, mas sim de haver coordenação e autocontenção dos agentes do Judiciário. Discute-se também a necessidade de uma visão "consequencialista" do sistema judiciário, ou seja, que considere o impacto das decisões na coletividade, seja nas contas públicas, seja no ambiente de negócios.

O debate, por si só, é salutar, mas precisa ganhar tração, envolvendo atores políticos e instituições democráticas, de modo a afastar os interesses dos que ganham com a insegurança jurídica no curto prazo.

---

41. Azevedo (2021).

5. A democracia tardia cobra seu preço

Podemos ter democracia ou podemos ter a concentração de renda nas mãos de poucos, mas não podemos ter ambas.

Louis Brandeis
(tradução livre)

O avanço democrático no Brasil foi tardio, lento, acidentado e bastante influenciado por fatores externos, e nem tanto pelo amadurecimento da sociedade, ainda que relevante. Os períodos democráticos nos cem anos que separam a Proclamação da República e a volta da eleição direta para presidente, em 1989, foram breves, instáveis e de reduzida legitimidade. Breves, pois intercalados por quase trinta anos de ditadura no total.[1] Instáveis, devido aos constantes ataques de forças autoritárias. De reduzida legitimidade, posto que o processo eleitoral era pouco representativo[2] e fraudulento. Além disso, alguns presidentes não foram eleitos pelo voto

---

1. Estado Novo de Getúlio Vargas, entre 1937 e 1945; e os governos militares, entre 1964 e 1985.
2. Na eleição de 1930, apenas 5% dos cidadãos votaram; em 1946, 13%, agora com o voto feminino.

direto — somam-se mais treze anos[3] — e houve governos provisórios. Dos 38 presidentes, onze cumpriram integralmente o mandato adquirido nas urnas.[4] Ademais, na Primeira República, governou-se por 2.365 dias em estado de sítio.[5] A democracia de massas, como contraposição à de elites, veio apenas com a redemocratização em 1985, sendo a posição do Brasil nos rankings mundiais de qualidade da democracia bastante modesta.

A democracia é fruto de uma construção complexa e sua consolidação depende de acúmulo de experiências, de quilometragem, o que deixa o país em desvantagem. Vai muito além da implementação do voto secreto — e mesmo este surgiu tardiamente no Brasil, em 1932, sendo o direito exercido apenas em 1945. Requer uma lista extensa de ingredientes que, ao final, se resumem à ideia de a ação estatal estar em harmonia com os anseios dos eleitores, de forma sustentada, ou seja, sem prejudicar as gerações seguintes e protegendo minorias. Nessa lista é necessário acrescentar elementos como concorrência na política, alternância pacífica de poder, sistema político eficiente, governança, prestação de contas e devida responsabilização (*accountability*).

Não há como não suspeitar que a pouca experiência democrática esteja associada às fragilidades institucionais do país e à modesta performance econômica. As evidências empíricas na pesquisa acadêmica internacional reforçam as suspeitas. Nações ricas são geralmente democracias. É o que apontam as pesquisas que identificam elevada correlação entre o PIB per capita dos países e o regime político. Mas é a riqueza dos países que os torna mais democráticos ou é a democracia que fomenta o crescimento? Provavelmente, ocorrem as duas coisas.

A pesquisa econômica sobre o tema não está amplamente consolidada,[6] inclusive por conta de dificuldades metodológicas que geram por vezes resultados conflitantes. Além disso, é necessário considerar fatores que influenciam tanto o crescimento econômico sustentado quanto o caminho

---

3. É o caso de Deodoro da Fonseca (1889-91), Floriano Peixoto (1891-94) e Getúlio Vargas (1930-37).
4. Inclui o primeiro mandato de Dilma.
5. Gomes e Matos (2016).
6. Acemoglu, Naidu, Restrepo e Robinson (2019).

A DEMOCRACIA TARDIA COBRA SEU PREÇO

para a democratização, como é o caso da escolaridade da população. Mesmo assim, a pesquisa avançou bastante nos últimos vinte anos, com o acesso a novas bases de dados e o aprimoramento das técnicas econométricas, permitindo apontar alguns importantes resultados: em países desenvolvidos, o retrocesso democrático é improvável, enquanto países em desenvolvimento são mais vulneráveis a rupturas.[7] A sustentação da democracia depende de acúmulo de experiências bem-sucedidas na economia; as que ruíram foram aquelas que não promoveram crescimento do emprego e distribuição de renda. Países ricos tendem a se tornar democráticos, mas não é algo garantido.

Na primeira onda de democratização[8] — entre a década de 1820 e o final do século XIX —, os atuais países avançados tornaram-se democracias, em um longo processo de amadurecimento social e desenvolvimento, ainda que alguns tenham retrocedido posteriormente, como Alemanha e Itália. Trata-se de um processo endógeno, no jargão dos economistas. Essas são as chamadas democracias liberais, com estado de direito liberal e participação política de massas.[9] Na segunda onda, no pós-guerra, a equação torna-se mais complexa, pois fatores geopolíticos ganharam importância para determinar a capacidade de países com PIB per capita comparável àqueles da primeira onda se tornarem democracias.[10] Fazendo, pois, o devido controle, as pesquisas reforçam a teoria endógena.[11] Exemplos são Austrália e Canadá. Por fim, na terceira onda, a partir de meados dos anos 1970 até os anos 1990, insere-se a América Latina, incluindo o Brasil. O quadro era de distensão de divisões ideológicas mais extremas, de direita

---

7. Przeworski e Limongi (1997), que inspiraram pesquisas subsequentes.

8. O conceito de ondas de democratização foi utilizado por Samuel Huntington, que apontou três ondas.

9. Fukuyama (2018). O autor aponta que são objetivos distintos que passaram a convergir com o tempo, conforme a classe média cresceu e abraçou valores democráticos.

10. Além do regime político ser socialista, outra característica levada em conta é o país ser produtor de petróleo: países com elevado PIB per capita, mas com renda muito concentrada, que não viraram democracias.

11. Boix e Stokes (2003) refazem o trabalho de Przeworski e Limongi (1997), que haviam refutado a teoria endógena, mas expandindo o intervalo temporal de estimação e dividindo a análise por períodos: antes e depois de 1950. Obtiveram resultados diferentes, reforçando a teoria endógena da democracia.

e esquerda, no debate político nos países avançados, no caminho para o fim da Guerra Fria. Ocorria o gradual fortalecimento do multilateralismo no comércio e do direito internacional.

A teoria endógena — em que países ricos viram democracias — não se encaixa bem nos países da terceira onda. Assim como a agenda global hoje envolve a questão climática e ambiental, com países avançados exercendo pressão sobre os demais, naquele momento, ideais democráticos e de respeito aos direitos humanos passavam a prevalecer nas relações internacionais, impondo custo severo e constrangimento a países e líderes que não estivessem alinhados. Foi o caso do Brasil. O país passava por constrangimentos no plano dos direitos, com denúncias da imprensa internacional e críticas do governo Carter, que ameaçava impor sanções. No plano econômico, era necessário conquistar novos espaços e mercados para as exportações, a fim de mitigar o efeito da crise do petróleo e o agravamento subsequente.

Países com instituições menos maduras, que fizeram a transição democrática com papel decisivo do contexto internacional, têm democracias eleitorais que custam a se tornar regimes de fato representativos. As engrenagens necessárias para o vigor democrático — freios e contrapesos — não funcionam tão bem como nas democracias liberais. Quando a abertura política ocorre em contexto de reduzida maturidade democrática, os novos atores e partidos que ingressam na arena política passam a pressionar os governos fracos por mais moedas de troca e o clientelismo tende a ser mais arraigado.[12] Nesse sentido, Lourdes Sola[13] aponta a distinção entre o que ela denomina democracia de países avançados, fruto de um processo de desenvolvimento das nações, e democracia de mercado emergente. Neste último caso, a inserção do liberalismo na construção das instituições formais é mais limitada. Os aspectos liberais na economia envolvem, grosso modo, menores intervencionismo estatal e formalismo de marcos jurídicos; na política, o respeito a direitos individuais e de minorias.

---

12. Fukuyama (2018). O autor cita Martin Schefter ao afirmar que seria uma questão de sequência pela qual instituições modernas são introduzidas.
13. Disponível em: <http://www.iea.usp.br/midiateca/video/videos-2021/desenvolvimentismo-decadente-a-economia-politica-do-brasil-democratico>.

A DEMOCRACIA TARDIA COBRA SEU PREÇO 101

De acordo com o ranking do V-Dem, o Brasil tem um índice de democracia liberal intermediária — 56ª posição em um grupo de 179 países. Está acima da média da América Latina, mas sensivelmente abaixo do Chile (25ª), referência na região, ou mesmo do Peru (36ª) e México (39ª). Na abertura do indicador, que tem cinco componentes, o país é mais penalizado nos quesitos relativos à igualdade na participação política (140ª posição) e à capacidade do processo deliberativo de afastar políticas populistas ou que contrariam a coletividade (136ª). Na componente liberal — associada ao estado de direito e aos freios e contrapesos da ação estatal —, a posição não empolga (79ª). O quesito em que o Brasil se sai melhor é o eleitoral (56ª posição).

Retomando a discussão da pesquisa econômica, cabe agora inverter a pergunta: a democracia contribui para o desenvolvimento dos países? A resposta é menos consensual, mas importante contribuição foi feita por Acemoglu et al. (2019). Em uma pesquisa com dados de 175 países referentes ao período de 1960-2010, os autores encontram evidência de que processos de democratização elevam o PIB per capita dos países em 20% nos 25 anos seguintes à democratização, em comparação com países que continuaram não democráticos. Os canais são variados. A democracia eleva a probabilidade de reformas econômicas, bem como de melhora de indicadores de educação e de saúde pública. Os autores também encontram evidência, ainda que menos contundente, de que a democracia produz mais investimentos e abertura da economia. Todas essas são variáveis que contribuem para o crescimento sustentado.[14]

A qualidade e a longevidade das democracias dependem de as instituições políticas — como sistema de voto, grau de concorrência, estrutura partidária e autonomia dos Poderes — conseguirem prover aos atores condições de barganha política. A democracia não é uma agregação das preferências dos indivíduos; há conflitos entre as demandas de cada grupo, sendo necessário construir consensos e fazer barganha. Falhas nesse sentido têm consequên-

---

14. Outro resultado importante da pesquisa foi refutar a visão de que a democracia atrapalha o crescimento de países muito pobres ou atrasados, sendo necessários regimes autoritários para promover o crescimento.

NÓS DO BRASIL

cias distributivas — na oferta de bens públicos, nos impostos e na renda — que podem ser gatilhos para retrocessos ou colapso do regime. Por outro lado, a prosperidade econômica e a melhor distribuição de renda fortalecem a democracia ao aumentar o espaço para barganha. Outro ponto é que são necessárias ameaças críveis de punição àqueles que ferem valores da democracia. Elas podem vir de cortes independentes, da sociedade civil organizada e de partidos. O Brasil padece em vários desses aspectos, se não a ponto de criar ameaças de ruptura democrática, mas de alimentar o populismo.

Partidos mais institucionalizados — com estabilidade temporal, base de suporte sólida, agendas programáticas e disciplina partidária — reduzem a probabilidade de ruptura democrática. Além disso, estão associados à melhor governança, *accountability* e atenção à provisão de bens públicos.[15] Países que tiveram industrialização e formação da classe operária antes da consolidação democrática, como Reino Unido, Alemanha e França, contaram com o surgimento de partidos programáticos baseados em movimentos dos sindicatos — algo diferente do Brasil, onde os partidos foram mais fruto de outorgas estatais, ainda que com importantes exceções. A institucionalização partidária no Brasil foi historicamente baixa, assim como na América Latina. Os parâmetros atuais são comparáveis à média mundial, mas estão aquém dos de democracias liberais.[16] Há alguns poucos partidos institucionalizados dentre as dezenas existentes.

As instituições políticas também afetam as escolhas governamentais.[17] O aumento na concorrência na política, por exemplo, tende a reduzir o tamanho do Estado ou os gastos como proporção do PIB. Isso porque a oposição tem interesse em conter excessos do incumbente e, assim, expõe aos cidadãos o custo tributário de um Estado mais inchado. Em ditaduras, os gastos aumentam, pois se busca legitimidade para se manter no poder.[18]

---

15. Bernhard, Hicken, Reenock e Lindberg (2015).
16. V-Dem Institute (2021).
17. Acemoglu e Robinson (2013).
18. Aidt e Eterovic (2011) analisam dezoito países da América Latina entre 1920 e 2000 e também apontam que menor competição política significa maior gasto com estrutura militar e de segurança do governante para se manter.

A DEMOCRACIA TARDIA COBRA SEU PREÇO

O Brasil não se caracterizou historicamente por elevada concorrência na política, o que ajuda a explicar a complacência com os desequilíbrios fiscais e o intervencionismo estatal. Além disso, o quadro partidário é desprovido de grandes antagonismos em relação à gestão da economia. A defesa de Estado intervencionista conta com grande apoio — tema do capítulo 11, sobre a academia. Já reformas que aumentam a participação política de indivíduos com baixa renda tendem a ampliar o tamanho do Estado. A experiência do Brasil pós-1985 vai ao encontro dessa evidência.

Apesar de suas muitas vantagens para as nações, democracias são imperfeitas; não são garantia de prosperidade e vida digna a todos. Países emergentes com democracias estáveis e longevas têm tido sucesso em melhorar as condições de vida dos mais pobres, mas sem eliminar a pobreza. Nas ditaduras, por sua vez, observam-se diferentes resultados, distinguindo as experiências bem-sucedidas de asiáticos (Taiwan, Coreia do Sul e Singapura) e o fracasso na África subsaariana ou em alguns países na América Latina.

O imediatismo é um dos problemas que assombram as democracias mais jovens, quando interesses de curto prazo de pequenos grupos prevalecem sobre objetivos de longo prazo da coletividade. O apelo de reformas estruturais de longa maturação é prejudicado. O alerta vale mesmo para políticas sociais. Políticos preferem formas diretas de aliviar a pobreza, como transferência de renda, e não indiretas, de promoção de um ambiente mais propício à geração de emprego e à igualdade de oportunidades. Ainda que legítimas, precisam ser transitórias, enquanto medidas estruturantes não se materializam.

As dificuldades são, basicamente, de ordem política. Reformas estruturais pró-crescimento e de combate às desigualdades de oportunidades requerem consenso político, o que é dificultado quando uma elite extrativista (*rent-seeker*) tem grande poder e a classe média é pouco representativa — tema discutido no capítulo 8. Crises econômicas costumam facilitar o avanço dessas agendas, pois expõem a exaustão de estratégias anteriores. Porém, com frequência as reformas não são amplas e profundas o suficiente.

104   NÓS DO BRASIL

Nesse contexto, cabe a discussão sobre a importância da educação. Conjecturas de que maior educação leva a mais democracia[19] receberam grande suporte empírico.[20] Pessoas educadas tornam-se diferentes atores políticos, e movimentos antidemocráticos são menos prováveis. Há, porém, importantes ressalvas. Se países altamente educados em 1960 são hoje democracias e países menos educados são predominantemente liderados por ditaduras prolongadas, isso não significa que ditaduras estão condenadas a ter baixo investimento em educação, ainda que este seja o resultado mais observado. Há (poucas) exceções, como Singapura e Coreia do Sul, onde ditadores fizeram melhores escolhas na educação, o que foi decisivo para virarem democracias. Já entre os países moderadamente educados, as experiências são mistas em relação ao regime político.

A América Latina é considerada a região politicamente mais instável no mundo, pela elevada alternância de regimes.[21] Certamente fatores externos tiveram grande importância, mas sozinhos não explicam o todo.[22] O Brasil teve um percurso distinto em vários aspectos. Houve historicamente um "medo da democracia", na falta de expressão melhor. Já na Independência, a escolha por uma solução monárquica, em vez de republicana, decorreu não apenas da presença do imperador no país, mas do temor de fragmentação do território — ocorrido na América espanhola — e de rebelião de escravos — como no Haiti. O imperador era visto por muitos como o garantidor da transição sem rupturas. Mas não sem dissenso, pois questionamentos ao poder central foram constantes no Império, alimentando revoltas. Possivelmente esses aspectos moldaram uma elite mais preocupada com a ordem do que com a democracia. Desde o Império, valores democráticos foram repetidas vezes associados a radicalismo. Não por coincidência, o

---

19. Lipset (1959).
20. Bobba e Coviello (2006).
21. Przeworski, Alvarez, Cheibub e Limongi (2000).
22. Na Independência, pesaram a invasão de Napoleão na Espanha e em Portugal e a pressão da Inglaterra pelo fim do bloqueio continental. Nos golpes militares do pós-guerra em muitos países do Cone Sul, houve influência externa da Doutrina de Segurança Nacional, fruto da Guerra Fria, cujo princípio era intervir militarmente em focos de ameaça comunista. Na redemocratização da terceira onda havia pressão externa no contexto de globalização.

A DEMOCRACIA TARDIA COBRA SEU PREÇO 105

Brasil também se destaca pelo marcante protagonismo de militares na política — tema do capítulo 6.

Na falta de condições institucionais ou de capacidade para a barganha política, os conflitos foram historicamente tratados com violência, autoritarismo, ditadura, paternalismo ou patrimonialismo — nas várias combinações. Quando o quadro era de radicalismo, vinha a ditadura. Ao mesmo tempo, governantes falhavam em reconhecer as demandas e os anseios da sociedade. É verdade que, no início do processo de amadurecimento dos países, os atores políticos ainda não dominam a barganha e a construção de coalizões.[23] O problema é que a duradoura mão pesada do Estado, promovendo a violação de direitos, deixa marcas na cultura política.

No caminho que levou o país até o golpe de 1964, faltou convicção democrática tanto à esquerda quanto à direita. O objetivo era conquistar o poder com ou sem o apoio popular. No extremismo, as possibilidades de negociação foram se perdendo. Tampouco havia organizações civis robustas e representativas que pudessem refrear o curso da radicalização. A estrutura sindical era de cúpula, assim como a estudantil, sem conexão com a sociedade. No entanto, em que pese o apoio de vários segmentos da sociedade ao golpe, os políticos civis, sobretudo os da UDN, foram surpreendidos pela decisão dos militares de assumirem o poder diretamente e lá se instalarem.

Com o recrudescimento no Congresso, o MDB, partido da oposição fundado em 1966, viu-se diante de difícil escolha: curvar-se ou quebrar. Buscou a virtude no meio. Adotou postura firme, mas não beligerante — o que provocou dissidências adiante, com o fim do bipartidarismo, marcando, por sua vez, a cultura política brasileira — muito distante da ainda polarizada realidade argentina. Muitos congressistas perderam o mandato, porém o partido sobreviveu e passou a ser visto como ameaça concreta, especialmente depois das eleições de 1974, quando elegeu dezesseis senadores das 22 vagas em disputa e 161 das 364 cadeiras na Câmara — por pouco não fez maioria. Eram os primeiros sinais de insatisfação popular aterrorizando os militares.

---

23. Varshney (2004).

Com Ernesto Geisel, da ala moderada, iniciou-se um longo processo em direção à abertura política, conforme o modelo econômico fracassava e a pressão internacional crescia. Mas não sem retrocessos no caminho diante do temor pelo crescimento do MDB. O recrudescimento veio com a Lei Falcão e o Pacote de Abril, anunciado nos catorze dias em que o Congresso ficou fechado, visando a evitar nova derrota nas eleições de 1978.

Uma peça importante da estrutura política é o sindicalismo. O objetivo dos militares era sufocá-lo, mas acabou por fortalecê-lo. Foram praticadas intercessões em centenas de sindicatos profissionais e em dezenas de federações. Se por um lado, assegurou-se o direito de greve, por outro, os muitos condicionantes praticamente inviabilizavam paralisações legais. A legislação proibiu as greves de natureza política, social ou religiosa, e em setores de serviços essenciais.

A ausência de guarida legal, no entanto, não impediu inúmeros movimentos grevistas e o surgimento de organizações com caráter sindical, desde meados dos anos 1970. Distinguiam-se do sindicalismo herdeiro do Estado Novo, pois eram organizados de baixo para cima, sob a liderança de operários. Buscavam a negociação direta com os empregadores por meio de contratos coletivos, para evitar a Justiça do Trabalho, e em muitos casos em meio a discursos de vitimização para ampliar a pauta de reivindicações — algo que marcou o sindicalismo. Foi mantido o espírito corporativista, contrariando aqueles que defendiam a democratização das atividades associativas.

O sindicalismo do setor público formou, junto com bancários e metalúrgicos, um tripé fundamental no processo que deu origem à CUT em 1983. Como em outras associações, sem guarida legal, mas com veloz crescimento. Houve também grande expansão de associações de profissionais, como professores e médicos, que se tornaram focos de mobilização profissional e política. Assim, o movimento sindical se credenciou como importante ator político na democratização, por conta de seu papel relevante na oposição ao regime autoritário, obtendo vitórias na Constituição de 1988, com a manutenção de contribuições sindicais compulsórias. O resultado foi a

A DEMOCRACIA TARDIA COBRA SEU PREÇO

multiplicação de pequenas entidades sindicais em todo o território, bem como a transformação das associações em sindicatos.[24]

A transição para a democracia em 1985, agora de massas, com voto direto e universal, seguiu o movimento da terceira onda, em um contexto de crise econômica provocada pelo fracasso do modelo nacional-desenvolvimentista. Apesar da importante participação das organizações da sociedade civil — OAB, sindicatos, Igreja, partidos políticos, movimento estudantil —, não se tratou de uma construção social como em economias avançadas. Sem a pressão internacional, as forças sociais internas de resistência provavelmente não teriam as mesmas condições, naquele momento, para desencadear a abertura política.

A transição democrática foi lenta e envolveu negociações entre militares e elites, o que resultou em relevante continuidade política. As forças democráticas não conseguiram fazer uma transição mais ambiciosa na direção de uma democracia moderna, apesar da pressão social para a eleição direta. Ressentimentos e traumas da ditadura alimentaram a sindicalização e o corporativismo. Influenciaram também na Constituição, que ampliou o patrimonialismo, fatores que enfraquecem a economia e a democracia.

Outra herança do regime militar foi o multipartidarismo, retomado na reforma de 1979, com a intenção de dividir a oposição então aglutinada no MDB. O multipartidarismo em si não é um problema. Ocorre que, desde então, o número de partidos na Câmara só fez crescer — eram doze em 1986 e chegaram a trinta na eleição de 2018, refletindo as características ou regras do jogo do sistema político construídas na democracia, que acabam minando as bases de construção de partidos.[25]

Alguns fatores contribuíram para a hiperfragmentação partidária, que destoa da experiência mundial. É o caso do voto proporcional nas eleições

---

24. O fim do imposto sindical obrigatório veio apenas em 2017, com a importante reforma trabalhista de Michel Temer. Os sindicatos encolheram, o que foi positivo em alguma medida diante do descasamento frequente entre suas pautas e o real interesse do trabalhador.
25. Mainwaring (1992).

legislativas,[26] não pelo sistema em si, mas pelo (grande) tamanho dos distritos — no caso do Brasil, são os estados. Distritos muito populosos tendem a elevar o número de partidos. Outras regras também são relevantes, como as verbas partidárias para todos eles, independentemente dos votos obtidos, que tornam a criação de partidos uma atividade rentável. Acrescenta-se ainda a ausência de cláusulas de barreira[27] e a possibilidade das coligações partidárias nas eleições proporcionais — as duas suspensas pela Emenda Constitucional 97/2017, que já vem contribuindo para reduzir o número de partidos na Câmara, sendo 24 em 2021.

Não seria correto afirmar que o multipartidarismo aumenta a representação da sociedade na política ou a concorrência partidária. São coisas distintas. Até porque a maioria dos partidos não foi estruturada a partir de um eleitorado cristalizado, de forma a capturar as várias clivagens sociais. Com raras exceções, a gênese dessas organizações foi "de cima para baixo". De quebra, existem indicativos robustos de que sistemas partidários mais dispersos dificultam ao eleitor identificar as agremiações pela sua agenda programática e posição política.[28] Outro fator que distorce a representatividade da sociedade na política são as bancadas temáticas no Congresso. Sua formação também pode ser consequência de distritos muito grandes, que encarecem as campanhas e estimulam os candidatos a se associarem a corporações ou grupos — como evangélicos, policiais, produtores rurais, professores —, e não às diferentes comunidades do país. Eleitos, irão defender pautas corporativas, e não temas caros à comunidade.

---

26. Foi introduzido por Vargas, em substituição ao voto distrital majoritário — quem ganha leva tudo —, que fora fonte de conflitos e até violência entre grupos concorrentes. No Senado, a única casa legislativa com eleição majoritária, a fragmentação é muito menor do que em Legislativos de eleição proporcional.
27. Trata-se de cláusula de desempenho que impede ou restringe o funcionamento parlamentar e o acesso ao fundo partidário e ao programa gratuito de TV e rádio ao partido que não alcançar determinado percentual de votos. O dispositivo havia sido aprovado pelo Congresso em 1995 para as eleições de 2006, mas o STF o considerou inconstitucional, sob o argumento de que prejudicaria os pequenos partidos. Um equívoco, pois participação das minorias não depende do número de partidos.
28. Rebello (2012).

A DEMOCRACIA TARDIA COBRA SEU PREÇO

O elevado corporativismo é um fator agravante, cuja origem remete ao governo Vargas. O sistema corporativista implantado, com legislação, regulamentos e instituições, tinha peculiaridades em relação à experiência internacional — na Alemanha, visava a facilitar a intermediação política.[29] Em um governo autoritário, antiliberal, o objetivo era inibir conflitos de classe e a organização de grupos de pressão independentes, transformando-se em poderoso instrumento de controle social do Estado. Desse modo, o corporativismo não entregou a pretendida solidariedade social. Pelo contrário, reforçou a segmentação da classe trabalhadora e produziu demandas e resistências particularistas, construindo laços entre as burocracias públicas e corporações, na concessão e troca de benefícios.[30] Na democracia, o corporativismo tornou-se estratégia de defesa de interesses por determinados grupos sociais ou outro tipo de associação, como regras e leis diferenciadas — na realidade, privilégios, prejudicando o bem comum. O sentimento de superioridade perante a lei, vindo desde a sociedade colonial, ganha dinâmica coletiva com o corporativismo.[31]

O multipartidarismo, por sua vez, agravado pela baixa institucionalidade partidária, causa grande dificuldade para a construção de maioria no Congresso e constrange a governabilidade do presidente. No entanto, o poder de agenda legislativa do Executivo permite a formação de coalizões pós-eleitorais, o que Sérgio Abranches (1988) denominou "presidencialismo de coalizão". Trata-se de dividir recursos políticos com aliados, como cargos e recursos, em troca de apoio. Não é uma exclusividade brasileira, mas talvez aqui a dependência seja maior. O presidencialismo de coalizão não é escolha do presidente e não pode ser confundido com corrupção, ainda que se abra mais espaço para isso. Trata-se de uma necessidade imposta pelo multipartidarismo. A questão é como conduzi-lo de forma republicana, o

---

29. Na definição tradicional, o corporativismo refere-se a um sistema de intermediação de interesses de categorias e representações, por meio do qual se organizam as relações do Estado com a sociedade.
30. Nunes (2003).
31. Melo (2018) no livro de Seligman e Melo (2018).

que se revela um grande desafio no Brasil. FHC e Lula atuaram de forma bastante distinta.[32]

Não existe sistema político-eleitoral perfeito, tampouco seria correto afirmar que o sistema brasileiro não funciona; afinal, há estabilidade democrática e avanços importantes nas agendas legislativas.[33] Seu desenho, porém, é pouco eficiente e dificulta a igualdade política, reforçando vícios do clientelismo e do patrimonialismo. Pelas regras criadas, os partidos e os políticos eleitos não representam adequadamente os vários segmentos da sociedade. A hiperfragmentação favorece a concorrência entre partidos por benefícios clientelistas, deixando de haver a vigilância mútua que os evitaria. A fragilidade das instituições políticas aumenta a responsabilidade de governantes, que precisam exercer a virtude da autocontenção, ou seja, evitar excessos que prejudiquem o funcionamento da economia e da democracia — especialmente tendo à disposição elevado poder de agenda, como é o caso do Brasil.

Apesar do discurso democrático, parte relevante da esquerda tradicional é intolerante e defende bandeiras que enfraquecem a economia e a democracia. Exemplos disso são a defesa de corporações (como as do funcionalismo) em detrimento da sociedade; indisciplina fiscal, que alimenta a inflação; e intervencionismo estatal, que prejudica o crescimento. Quando no Poder, não exerceu devidamente a autocontenção, o que resultou em aumento da corrupção, gestão temerária e maquiagem das contas públicas. Entregou ao final uma crise econômica sem precedentes, o que alimentou a radicalização e a descrença da sociedade no governo e nas instituições — todos esses riscos à democracia. Além disso, a eleição de 2014 não passou no teste de qualidade da democracia, ao menos no quesito abuso de poder econômico do incumbente. O governo Dilma já vinha promovendo

---

32. Pessôa (2015). O autor atribui a diferença à escolha de Lula por antagonizar com o PSDB, o que levou a uma grande heterogeneidade ideológica da base de sustentação no Congresso. Como resultado, as barganhas se deram no varejo, havendo menos no compartilhamento de responsabilidades administrativas. Em relação ao governo Bolsonaro, Claudio Couto fala em presidencialismo de desarrumação. Disponível em: <https://eaesp.fgv.br/noticias/bolsonaro-e-presidencialismo-desarrumacao>.
33. Pereira e Melo (2012).

A DEMOCRACIA TARDIA COBRA SEU PREÇO 111

a deterioração da gestão fiscal e parafiscal — relativa a bancos públicos e estatais — em ritmo acelerado, obscurecida por truques contábeis; na campanha, dobrou a aposta. Rasgou os manuais da responsabilidade fiscal para estimular artificialmente a economia.[34] Tardou para o Tribunal de Contas da União confirmar a ilegalidade das pedaladas, já conhecidas em 2014. Ao mesmo tempo, o Congresso aprovou a mudança da Lei de Diretrizes Orçamentárias no final daquele ano, sob protestos da oposição, que, corretamente, acusava o governo de descumprir a Lei de Responsabilidade Fiscal. Com as falhas das instituições, Dilma se reelegeu e foi diplomada.

Cabe ponderar que não é incomum a influência do ciclo eleitoral na política econômica. Críticas são feitas a FHC na campanha de 1998, quando optou por postergar o fim do controle da taxa de câmbio — não sem custo eleitoral por conta da alta dos juros[35] — para introduzir o regime de câmbio flexível em seguida, no início de 1999. Posteriormente, em 2010, a política fiscal do governo Lula foi expansionista quando se leva em consideração não o resultado usual das contas públicas, mas sim aquilo que os economistas denominam resultado estrutural, que leva em conta o grau de aquecimento da economia e, por conseguinte, o aumento da arrecadação tributária.[36] O que se discute foram os excessos do governo em 2014, destoando de experiências passadas. Ainda naquele ano, faltou autocontenção ao PSDB, que questionou o resultado das urnas, tendo entrado com um pedido de auditoria no Tribunal Superior Eleitoral (TSE) para verificar a "lisura" da eleição presidencial.[37]

---

34. As "pedaladas" acumularam quase R$ 90 bilhões; os restos a pagar deixados para 2015 atingiram o pico da série de 13,4% do orçamento; e os gastos que (equivocadamente) ficavam fora da contabilidade do déficit público aceleraram — o Fies saltou 66% em um ano, registrando R$ 12 bilhões. Somam-se a isso as chamadas medidas parafiscais, como o uso do crédito dos bancos públicos, por meio de expedientes para elevar o crédito.

35. Para manter a taxa de câmbio (ou cotação do dólar) artificialmente baixa, é necessário manter os juros elevados de forma a estancar a demanda por dólares dos agentes econômicos e a consequente perda de reservas internacionais.

36. Bráulio Borges calcula os resultados fiscais estruturais. Disponível em: <https://observatorio-politica-fiscal.ibre.fgv.br/series-historicas/resultado-primario-estrutural/dados-do-primario-estrutural-em-1985-2018>.

37. Agradeço a contribuição de Samuel Pessôa sobre esse ponto.

112 NÓS DO BRASIL

A direita, por sua vez, liberal ou não na economia, sacrificou valores democráticos ao longo da história e se mostrou desconectada das camadas populares. Chega ao poder em 2019, com uma promessa pouco crível de agenda econômica e atacando instituições democráticas — ainda assim, contou com grande apoio da elite. O erro se repete na condescendência de muitos com a deterioração do regime fiscal — um ponto que os une à esquerda. A eleição de 2018 tampouco passou no teste, mas por outras razões. Militares e lava-jatistas dentro e fora de Curitiba, intencionalmente ou não, acabaram alavancando, por meio de ativismo indevido, a campanha de Jair Bolsonaro.[38] Afinal, as Forças Armadas e o Ministério Público eram considerados as instituições mais confiáveis pela sociedade, conforme pesquisas de opinião da época.

Enquanto isso, o chamado centro democrático falhou em 2018 ao se dispersar em várias candidaturas, contribuindo para a polarização no segundo turno. Um resultado que não condiz com o perfil do eleitor mediano — aquele que melhor representa a sociedade. Algumas sondagens qualitativas indicam um eleitor moderado, que aprecia candidatos experientes, não gosta de agressões e busca um presidente com postura firme, mas não um "salvador da pátria". Na época, as pesquisas eleitorais mostravam que qualquer um dos contendores do segundo turno — Fernando Haddad e Jair Bolsonaro — teria perdido a eleição para um candidato de centro. O centro, por sua vez, também falhou ao não saber ouvir os reclames da sociedade. Diversos grupos sociais, indignados com a corrupção e com as intervenções arbitrárias do setor público em diversas áreas, demandavam uma mudança mais brusca. O resultado foi abrir o espaço para o discurso pseudoliberal de Bolsonaro.

As crises mundiais na última década abalaram o sentimento democrático no mundo. Isso vale mesmo para nações desenvolvidas.[39] O aumento

---

38. Limongi (2021) analisa que, apesar de a Operação Lava Jato ser considerada um marco na política brasileira, houve uma verdadeira cruzada para expurgar políticos considerados ilegítimos, por meio de uso controverso de instrumentos legais e, mais do que isso, pela busca de apoio da opinião pública. Os membros do Judiciário e do Ministério Público teriam assumido o questionável papel de defensores do interesse público diante do mau funcionamento de instituições representativas, mas ao fazerem isso prejudicaram o processo eleitoral.

39. Zingales (2015).

A DEMOCRACIA TARDIA COBRA SEU PREÇO

da desigualdade e a desilusão de parcela importante da população, que se sente abandonada por seus governantes, são o principal combustível.[40] É um quadro que alimenta desconfianças, prejudica a coesão social e nutre a inclinação da sociedade por discursos populistas. No Brasil, a situação não é diferente e, em alguns aspectos, é mais grave do que se observa em países semelhantes. As profundas crises econômicas recentes penalizam indicadores sociais e de distribuição de renda, enquanto a crise fiscal e o desempenho deficitário da máquina estatal implicam dificuldades de respostas do Estado à desigualdade de oportunidades a contento de uma sociedade mais exigente do que no passado. Além disso, crises econômicas recorrentes tendem a frear o amadurecimento democrático, e os constantes ataques do presidente Bolsonaro a instituições democráticas agravam ainda mais o quadro. A boa notícia é que esses são fatores conjunturais e as instituições resistem. Não se trata de uma dinâmica perversa de improvável reversão.

---

40. Rajan (2012).

6. Forças Armadas: de muleta que açoita à crise existencial

Tenham cidadãos esclarecidos, regrados, firmes e livres, e terão soldados disciplinados e obedientes.
Alexis de Tocqueville

A República nasceu de um golpe militar em 1889; a primeira República foi interrompida por um golpe em 1930, decorrente de um movimento armado; o Estado Novo, iniciado em 1937, foi um autogolpe de Getúlio Vargas com o apoio militar, que depois o destituiu em 1945; e foram 21 anos de ditadura com o golpe militar de 1964. Mesmo nos governos civis, houve grande ação dos militares fora dos quartéis, ameaçando mandatos. Se por um lado, esse histórico refletiu a fraqueza de instituições democráticas formais e informais, por outro, cobrou seu preço na construção da cidadania, na cultura política e no próprio amadurecimento democrático. Além disso, os muitos equívocos na política econômica na ditadura, principalmente na reação aos choques do petróleo nos anos 1970, contribuíram decisivamente para a década perdida dos anos 1980.

Na redemocratização, a discussão sobre o papel das Forças Armadas (FA) não foi bem encaminhado, havendo desconfianças de lado a lado e despreparo de civis. Lideranças da esquerda evitaram o tema, e os mais alinhados aos militares não tinham legitimidade para isso. No governo FHC houve avanço, mas não sem gerar ressentimentos nas Forças Armadas. Na mesma linha, por muito tempo, a academia se afastou da discussão sobre assuntos relacionados ao papel dos militares. A atuação inadequada de militares na campanha eleitoral de 2018 — com consequente presença maciça no governo Bolsonaro — reflete passivos do passado, mas também a falta da necessária autocontenção. A frase do presidente Bolsonaro dita ao general Villas Bôas na cerimônia de transmissão de cargo do Ministério da Defesa, em janeiro de 2019, é autoexplicativa: "O que já conversamos morrerá entre nós. O senhor é um dos responsáveis por eu estar aqui."[1]

Há importante debate entre estudiosos sobre as razões para a interferência militar na política, e certamente pesa a ausência de instituições mediadoras de conflitos. Crises econômicas e fatores externos também são elementos relevantes. Porém, não seria correto minimizar o papel das características organizacionais e ideológicas das Forças Armadas. Os militares não são meros reflexos da sociedade. Trata-se de uma corporação burocrática, ideológica, que preza pela coesão interna e que, no Brasil, escolheu deliberadamente se tornar um ator político relevante, com organização interna e articulação com outras forças sociais.[2] O sentimento de superioridade em relação aos civis fica claro em vários episódios da história, em meio à crença de que poderiam promover o desenvolvimento econômico, por causa de suposta disciplina, educação e profissionalismo.

---

1. Não há como saber a que Bolsonaro se referiu. Vale, no entanto, lembrar a publicação do general em sua conta do Twitter em que pediu para as instituições pensarem no "bem do país"; isso na véspera do julgamento do habeas corpus de Lula, em abril de 2018. Em entrevista à *Folha de S.Paulo*, Villas Bôas admitiu que quis interferir no assunto, afirmando que havia "preocupação com a estabilidade, porque o agravamento da situação depois cai no nosso colo. É melhor prevenir do que remediar", afirmou. No livro *General Villas Bôas: Conversa com o comandante*, lançado em fevereiro de 2021, ele revela que o tuíte contou com o aval de integrantes do Alto-Comando do Exército que residem em Brasília.
2. Carvalho (2005).

FORÇAS ARMADAS

A elite civil, porém, tem importante parcela de responsabilidade pelas intervenções militares. Em meio à desconfiança recíproca, os laços entre civis e militares foram historicamente de conveniência, com alianças para garantir a ordem. Os civis chegavam a cooptá-los, o que foi apontado em discurso de Castello Branco, quando fala das "vivandeiras".[3] A intromissão das Forças Armadas na política distingue o Brasil — desnecessário dizer — dos países avançados, e em muitos aspectos também da América Latina. A ditadura aqui foi mais longa, com vários presidentes — no Chile houve um ditador, e na Argentina, as juntas militares —, e na redemocratização os militares voltaram mais lentamente aos quartéis. A experiência do governo Bolsonaro reafirma as diferenças.

Muitos elementos históricos contribuem para explicar as peculiaridades do caso brasileiro. Diferentemente dos Estados Unidos, onde militares fizeram parte do nascimento da nação, no Brasil Colônia, não estavam presentes, e a segurança era provida por milícias.[4] Até a vinda da família real, as lutas no território brasileiro, como a Guerra dos Guararapes, eram naturalmente conduzidas pelo Exército português. Como não houve lutas de libertação na Independência, preservou-se a estrutura do Exército português, cujo desenho institucional em si era adequado. As forças eram subordinadas e obedientes ao imperador. Os ministros de Guerra eram civis, e os assuntos militares eram tratados pelo Conselho de Estado, cabendo aos militares a administração da operação. No entanto, como a ascensão na carreira decorria mais de demonstrações de fidelidade ao imperador, e nem tanto de decisões da organização baseadas em mérito, era intensa a dedicação à política, com generais ocupando cargos de projeção nacional e integrando a elite política imperial.

---

3. O marechal presidente apontou essa postura de civis em discurso em agosto de 1964: "Há mesmo críticas tendenciosas e sem fundamento na opinião pública de que o Poder Militar se desmanda em incursões militaristas. Mas quem as faz são os que sempre se amoitaram em meios militares. Felizmente nunca rondaram os portões das organizações do Exército que chefiei. Mas eu os identifico a todos. E são, muitos deles, os mesmos que, desde 1930, como vivandeiras alvoroçadas, vêm aos bivaques bulir com os granadeiros e provocar extravagâncias do Poder Militar."
4. A análise do período histórico que segue se baseia principalmente em Carvalho (2005).

O quadro começou a ser lentamente alterado na reforma de 1850, que tinha como objetivo a profissionalização das Forças. A introdução do sistema de promoção por mérito e tempo de serviço tornou-se um estímulo à formação técnica e produziu uma lenta mudança na composição social do Exército. Oficiais oriundos da aristocracia foram sendo substituídos por filhos de militares e membros da pequena burguesia rural e urbana, com formação técnica especializada. Formava-se, assim, uma "contraelite" militar — termo utilizado por José Murilo de Carvalho — que passou a disputar poder internamente. O grupo era social e intelectualmente antagônico à elite aristocrática. A Escola Militar na Praia Vermelha, no Rio de Janeiro, criada em 1857, tornou-se mais um centro de estudos e de mobilização política do que de formação militar tradicional, sobretudo com Benjamin Constant no quadro docente, um positivista. De perfil mais progressista, esses militares defendiam a abolição da escravidão e a imigração, estando na vanguarda das aspirações populares. Não eram, porém, liberais; tinham perfil estatista.[5]

Na esteira das mudanças a partir de 1850, a Guerra do Paraguai (1864-1870) representou importante inflexão. Até então, o Exército era pequeno, dispunha de poucos recursos e era utilizado pontualmente — como nas revoltas regionais. A mudança de patamar e o fortalecimento do núcleo profissional da oficialidade acabaram por enfraquecer os vínculos entre o Exército e a monarquia, o que culminou em uma sucessão de conflitos, a chamada Questão Militar. Assim, o caminho para o golpe de 1889 foi aberto por essa contraelite, que conseguiu vencer as divergências dentro das Forças Armadas: de um lado, jovens tenentes positivistas em torno de Floriano Peixoto e, de outro, a oficialidade superior em torno de Deodoro da Fonseca. Prevaleceu, ao final, o espírito de corpo, com a adesão da alta oficialidade.

Havia muita insatisfação entre os tenentes por conta das lentas promoções; ademais, os maus-tratos e os castigos físicos eram combustível

---

5. Ricardo Lobato comenta com a autora que, além do positivismo francês, houve influência do contexto de unificação da Alemanha e formação do Império Alemão.

FORÇAS ARMADAS 119

para revoltas. Apesar das divisões internas, havia convergência na visão antioligárquica. A aliança com civis, os "casacas", foi mais uma tática, de curto prazo, não havendo proximidade e muito menos confiança mútua, mas sim rivalidade política. A oficialidade julgava os civis pouco patriotas e despreparados para o poder; e a oligarquia agrária e seus intelectuais eram elitistas.

Na Proclamação da República, os militares acabaram precipitando algo que nem de longe estava maduro na sociedade. Na verdade, a maioria dos movimentos populares da época teve características antirrepublicanas, como Canudos, e D. Pedro II gozava de popularidade nas camadas inferiores.

Os militares tiveram, naturalmente, grande influência sobre os primeiros governos republicanos. Houve aumento do efetivo e de dotações orçamentárias, bem como maior participação nos governos, por meio de cargos, ainda que raramente em pastas civis. Cresceu também a participação no Congresso. A Constituição de 1891, por sua vez, reforçou o poder das Forças Armadas, com ampliação de suas funções, e devendo obediência ao chefe de Estado "dentro dos limites da lei". A inclusão dessa expressão, feita por Rui Barbosa, tinha na verdade o objetivo de conter excessos do Executivo, mas acabou servindo posteriormente para justificar o intervencionismo de militares, com a ideia de que estes poderiam julgar a legitimidade das ações do governo.

O início e o fim da Primeira República foram causados por conspirações tenentistas.[6] O treinamento e a origem social mais popular dos tenentes eram incentivo para lutas políticas. Nos dois episódios, os tenentes buscaram apoio dos oficiais para arrastar indecisos e promover os golpes, em meio a mudanças na ideologia das Forças Armadas ao longo da Primeira República. O primeiro ciclo tenentista se encerrou com o fechamento da Escola Militar, em 1904, por conta de insubordinação,[7] sendo seguido

---

6. Não me refiro ao Movimento Tenentista, este de 1922, mas ao fato de serem liderados pelos tenentes do Exército.
7. Insubordinação de um grupo de oficiais que aderiu à Revolta da Vacina e protagonizou uma tentativa de golpe.

120 NÓS DO BRASIL

pelo interregno do chamado "hermismo", e o segundo ciclo foi entre o Movimento de 1922 e o golpe de 1930.[8]

No primeiro período, prevaleceu a ideologia do "soldado cidadão". Era representado por Juarez Távora, que defendia o reformismo social, político e econômico dirigido pelo Estado, bem como restrições à participação da sociedade na política, cabendo às Forças Armadas evitar abusos de poder. Portanto, era antiliberal e antidemocrático. No hermismo, vem a fase do "soldado profissional", de não intervenção,[9] sob inspiração da Primeira Guerra Mundial. Em uma frente, buscaram-se a centralização e a contenção de quebras de hierarquia, como as do tenentismo. Em outra, a necessária modernização do Exército e o treinamento e a educação militar. Houve envio de oficiais à Alemanha (jovens turcos) e, posteriormente, a contratação da Missão Militar Francesa, de 1919. O foco era a defesa nacional, o que abrangia planos de desenvolvimento de indústrias estratégicas, como a siderúrgica.[10] Por fim, no período seguinte, prevaleceu a ideologia do "soldado-corporação" ou a intervenção moderada, com influência dos dois movimentos anteriores. As Forças Armadas seriam o poder moderador. A mudança foi lenta, mas permitiu que os tenentes de 1922, reformistas, virassem generais interventores moderados. Mais adiante, alguns deles puseram fim ao Estado Novo, instabilizaram o período democrático e apoiaram o golpe de 1964, como Juarez Távora.

O golpe de 1930 teve mais apoio popular do que o de 1889. Também contou com a falta de disposição do outro lado de lutar — a Batalha de

---

8. Essa caracterização de períodos é feita por Carvalho (2005).

9. Na prática, no entanto, houve desvios do pensamento de não intervenção, como denunciavam as "salvações", entre 1911 e 1912 — fenômeno em que militares tentavam desalojar oligarquias estaduais. Nos estados mais poderosos, como São Paulo, as salvações não prosperaram. No Ceará, houve forte reação, com o apoio de Padre Cícero.

10. Barros (2015) faz um minucioso levantamento da produção do setor siderúrgico no Brasil anteriormente à criação da Companhia Siderúrgica Nacional, de 1941, e conclui a importância da iniciativa privada naquela época, apesar das muitas limitações. O viés estatizante de Vargas e o anseio de controle do setor por parte dos militares mudaram, por um bom tempo, os rumos do setor. Além da criação da CSN, Vargas revogou a autorização de funcionamento da Itabira Iron Ore Company no Brasil e incorporou seu patrimônio à Companhia Vale do Rio Doce.

FORÇAS ARMADAS

Itararé foi aquela que não houve. Os militares empossaram Getúlio Vargas, filho e neto de militar, e se instalaram no centro do poder de forma decisiva, mas em meio a um quadro de indisciplina interna e conspirações. Até 1934, foram 51 confrontos. Isso porque o Exército emergiu fragmentado do golpe, pois não decorreu de um consenso e havia muitos focos de insatisfação, inclusive com a adesão de muitos a movimentos radicais de direita, como a Ação Integralista Brasileira. Surgia também um elemento novo: o comunismo. O então capitão Luís Carlos Prestes defendia a luta contra os "chefes lacaios da burguesia" e alguns militares acabaram seguindo a Aliança Nacional Libertadora (ANL) e o Partido Comunista. O conflito era latente, mas sem maiores consequências na política, pois não contavam com o apoio de operários e camponeses.

Entre 1930 e 1937, Vargas fez dos militares o pilar de sustentação de seu governo. O general Góis Monteiro era o formulador da política militar, e com mão forte;[11] o então general Eurico Gaspar Dutra, o executor. A relação com os militares era ambígua. Vargas queria as Forças Armadas fortes para conter oligarquias — especialmente a paulista — e suas forças locais, mas não a ponto de ameaçar sua liderança. O jogo permitiu sua vitória na eleição indireta de 1934, na Revolta Comunista de 1935[12] e no autogolpe de 1937. As Forças Armadas foram beneficiadas com mais recursos, mas não sem a discordância do ministro da Fazenda, Oswaldo Aranha, e a resistência da Câmara. Monteiro valeu-se da Revolução Constitucionalista de 1932, quando ficou clara a precariedade das tropas federais e da base de sustentação civil e militar de Vargas. Para ele e seu grupo, o Exército era uma organização mais capaz e de vanguarda, a elite era despreparada e sem visão nacional, e o sistema político, inadequado; o Brasil precisaria, assim, ser tutelado pelos militares.

---

11. Góis Monteiro era considerado aluno brilhante da Missão Francesa. Combateu a coluna Prestes em 1924-27. Ambicioso, renunciou aos princípios de não intervenção de seus mestres.

12. A Revolta Comunista foi arquitetada em Moscou, pela III Internacional Comunista, e liderada por Prestes. O termo "Intentona" foi cunhado nos meios oficiais, de forma depreciativa, pois significa intento insensato.

Crítico do liberalismo e do capital estrangeiro, o grupo propunha uma agenda nacionalista e desenvolvimentista, com a promoção da indústria nacional em setores considerados estratégicos e a regulação da vida econômica. Além disso, o Exército deveria, por meio de educação moral e cívica, neutralizar tendências dissolventes introduzidas pelos imigrantes. As circunstâncias eram de grande agitação política, dentro e fora dos quartéis. O movimento proletariado estava em ebulição, enquanto atores políticos mostravam-se despreparados para lidar com divergências e conflitos. Nesse contexto, havia grande apelo para o protagonismo dos militares. Fortalecia-se, assim, uma concepção alternativa: o intervencionismo controlador a serviço da ordem, que incluía a eliminação de divergências políticas internas nos quartéis, por meio de expurgos e intensa doutrinação. Esse projeto era de autoria de Góis Monteiro, sendo concretizado no Estado Novo com sua nomeação para ministro da Guerra. Vale notar que as mudanças de ideologia não eram profundas, prevalecendo a visão intervencionista, em diferentes graus.

Para o autogolpe de 1937, Vargas buscou neutralizar forças locais. Houve poucas resistências. Com exceção de Bahia e Pernambuco, todos os outros interventores aceitaram; mesmo São Paulo, que, em troca, foi agraciado com incentivos à economia cafeeira. Governador que não aceitou foi substituído. O Estado Novo marcou o ápice de alinhamento entre interesses de militares e de Vargas. A Constituição de 1937 e os outros dispositivos legais acompanharam a visão de Monteiro, com a intenção de afastar a indisciplina nos quartéis.[13] Determinou-se ainda a subordinação da polícia estadual ao Estado-Maior — algo suspenso no período democrático subsequente, mas retomado posteriormente em decreto de 1969. No entanto, conforme Vargas adotava o discurso populista, como "pai dos pobres", aumentava o descontentamento de militares com a influência de comunistas no governo.

---

13. A expressão "dentro dos limites da lei" da Constituição republicana, de inspiração da fase "soldado-cidadão", foi substituída por "fiel obediência à autoridade do Presidente da República".

FORÇAS ARMADAS

As grandes mobilizações de massas promovidas no bojo do queremismo[14] eram vistas como ameaça concreta à ordem social e política.

A conspiração militar avançou com apoio de grupos civis, sobretudo a União Democrática Nacional (UDN), de direita. A pressão que forçou a renúncia de Vargas, em 1945, teve à frente os mesmos chefes militares aliados de 1937. As vozes discordantes estavam nos escalões inferiores. Vale citar o empoderamento resultante da participação da Força Expedicionária Brasileira (FEB) na campanha da Itália na Segunda Guerra Mundial — Dutra foi o responsável por sua organização. Depois de cinco anos do marechal Dutra na Presidência, tendo sido o candidato dos militares, Vargas volta ao poder em 1950, agora eleito. Entretanto, dessa vez com apoio limitado das bases militares. O grupo ligado sobretudo à UDN atuou contra seu governo. Com seu suicídio, Vargas evitou — ou adiou — um novo golpe.[15]

O varguismo não só sobreviveu, como cresceu, influenciando Juscelino Kubitschek e João Goulart. Assim, prosseguiu o conflito com militares. Houve tentativa de evitar a posse de JK — frustrada pelo ministro da Guerra, o general Lott —, e a justificativa era de que ele teria sido eleito com apenas 36% dos votos, ante 30% de Juarez Távora, da UDN. Episódio grave, mas com punição amena aos golpistas, como a prisão por alguns dias de Golbery do Couto e Silva, que posteriormente tentou também impedir a posse de Goulart.

A luta contra o varguismo ficou amortecida durante o governo JK, mas retornou com força com João Goulart. Já de início, em 1961, parte da direita e dos militares não aceitava sua posse após a renúncia de Jânio Quadros. Só assumiu o cargo depois de aceitar o parlamentarismo, que foi revertido posteriormente. O quadro era de conflagração, com sargentos retomando a luta por melhores condições funcionais, greves de trabalhadores e movimentos políticos por agendas consideradas de esquerda, como os da União

---

14. O nome queremismo resultou do slogan "queremos Getúlio" nos movimentos em defesa de sua permanência no poder em 1945, por meio de adiamento das eleições presidenciais ou de possibilidade de sua candidatura. Curiosamente, as manifestações se iniciaram em São Paulo.

15. Westin (2014).

124 NÓS DO BRASIL

Nacional dos Estudantes (UNE) e do Comando Geral dos Trabalhadores (CGT). Goulart, por sua vez, participou de grandes comícios populares como meio de pressionar o Congresso a aprovar as reformas de base. A atitude do presidente alimentava a radicalização, em meio a uma economia que desacelerava e à inflação galopante. O estopim do golpe de 1964 foi o discurso inflamado do presidente em uma festa de sargentos, alinhados à esquerda, um dia antes.

Quanto à colaboração norte-americana, arquivos abertos do presidente Lyndon Johnson indicam que a conspiração contra Goulart foi interna, ainda que apoiada pelos Estados Unidos. Havia incômodo dos Estados Unidos com a Política Externa Independente do Brasil ante a polarização da Guerra Fria, além de reconhecimento do fracasso da Aliança para o Progresso, um programa de assistência ao desenvolvimento da América Latina. Vale citar que vínculos entre oficiais brasileiros e norte-americanos datam da campanha da FEB na Itália. A maior parte do oficialato aderiu à intervenção, mais por preocupação com a sobrevivência da organização do que por concordância com os golpistas. Oficiais dissidentes foram mandados para a reserva, transferidos e destituídos de todos os direitos políticos. Militares de patentes inferiores enfrentaram repressão maior, com muitas prisões. Eliminava-se a oposição dentro das Forças Armadas, como já ocorrido na ditadura Vargas. A vitória foi fácil e rápida, com apoio de vários segmentos da sociedade e sem reações contrárias relevantes de sindicatos ou movimentos populares. Os atores de esquerda, CGT e UNE, eram inexperientes e com reduzida conexão com a sociedade.

Rapidamente cresceu a repressão sobre os civis. O serviço de inteligência foi institucionalizado ainda em 1964 com a criação do Serviço Nacional de Informações (SNI), que teve como seu primeiro chefe o próprio Golbery.[16]

---

16. Além do SNI, o sistema de informação e de repressão era formado por vários órgãos, algo sem paralelo no Cone Sul. Havia grande capilaridade por meio de agências regionais, Divisões de Segurança e Informações (DSI), instaladas em cada ministério civil, e Assessorias de Segurança e Informação (ASI), criadas em cada órgão público e autarquia federal. Havia também os serviços de informação de cada uma das Forças.

FORÇAS ARMADAS

Mantiveram-se, porém, profundas divergências internas nas Forças Armadas a respeito da repressão política e do projeto de redemocratização do país. Os moderados se incomodavam com a montagem de aparelhos de repressão independentes dentro das Forças Armadas, que ameaçavam a hierarquia e a imagem da corporação.

É verdade que faltavam instituições políticas que permitissem amplamente a barganha, mas alguns elementos reforçam a importância da organização militar nos desdobramentos políticos daquele momento. Primeiro, os oficiais buscaram se preparar para assumir o governo. Isso foi feito por meio dos estudos dentro da Escola Superior de Guerra e da participação nos *think tanks* recém-criados pela direita civil e militar, que contavam com recursos norte-americanos.[17] Segundo, os militares assumiram o poder diretamente e não o passaram com rapidez aos civis, surpreendendo os políticos civis que apoiaram o golpe, sobretudo os da UDN. Castello Branco, da linha moderada, queria uma transição civil célere, mas foi derrotado pela linha dura. Terceiro, houve a possibilidade de transição quando, em 1969, o presidente Costa e Silva sofreu um infarto, mas os militares não permitiram que seu vice, Pedro Aleixo, um civil da extinta UDN, assumisse. Quarto, o fracasso de presidentes anteriores havia nutrido a crença de que civis precisavam de tutela. É ilustrativa a fala do general linha-dura Costa e Silva, então ministro da Guerra, em reação às críticas do STF, em discurso em 1965: "Saímos dos quartéis a pedido do povo, a pedido da sociedade que se via ameaçada e só voltaremos para os quartéis quando o povo assim o determinar, mas permaneceremos de armas perfiladas para evitar que volte a este país a subversão, a corrupção, a indisciplina e o desprestígio internacional."[18]

Após o recrudescimento do regime com Médici, Ernesto Geisel, da ala moderada, iniciou a abertura política. Os ventos no caminho para o

---

17. O Instituto Brasileiro de Ação Democrática (Ibad), criado em 1959, também tinha o papel de apoiar candidatos da oposição. O Instituto de Pesquisas e Estudos Sociais (Ipes), de 1961, por sua vez, também provia serviços de inteligência, tendo o general Golbery do Couto e Silva como responsável por essa missão.

18. Kaufmann (2012).

126 NÓS DO BRASIL

fim da Guerra Fria ameaçavam o Brasil de isolamento — havia o receio
de não terem condições para mais empréstimos externos, por exemplo.
E Geisel compreendia que a crise econômica se aproximava, refletindo-
-se no sindicalismo e no crescimento da oposição, e que era necessário
fazer tempestivamente a transição para as Forças Armadas não levarem
a culpa. Não foi, no entanto, uma articulação fácil, por conta das divergências internas nas Forças Armadas, Geisel e Golbery, ministro da Casa
Civil, eram acusados de traidores em panfletos anônimos que circulavam
nos quartéis. João Figueiredo, por fim, concretizou a abertura, mas não
sem enfrentar conspiração contrária, principalmente dos linhas duras de
patente mais baixa que não compreendiam o fracasso do governo e se res-
sentiam de perder cargos e benesses obtidos no governo militar. O ativismo
cresceu muito, com o intuito de culpar a esquerda e, assim, justificar um
recrudescimento do regime. O mais conhecido foi o ataque à bomba no
centro de convenções do Riocentro em 1981, quando ali se realizava uma
comemoração pelo Dia do Trabalhador.

Os militares tiveram grande protagonismo na definição do caminho
para a volta da democracia, enquanto políticos civis, ainda que legitimados
por importantes segmentos sociais, procuravam evitar atritos que pudessem ameaçar o processo. Tratou-se de uma negociação para estabelecer as
bases do novo regime. Os militares trabalharam para o voto indireto para
presidente e buscaram pessoas relacionadas ao regime militar. O general
Leônidas Pires Gonçalves foi fiador de José Sarney como vice-presidente,
um político cuja carreira estava associada à ditadura.

Com a redemocratização, os militares se ressentiram do esvaziamento
das funções das Forças Armadas e demonstravam se sentir injustiçados, por
acreditarem que desenvolveram o país e afastaram a ameaça comunista.[19]
Parece justo, porém, afirmar que faltou o pedido de perdão — especialmente
depois da Anistia de 1979, validada pelo STF, que assegurou a inimputabi-
lidade de militares. Além disso, a lei foi reafirmada, no texto da EC 26/85,

---

19. Como exposto no Projeto Orvil, de Leônidas Pires Gonçalves.

FORÇAS ARMADAS

pela Constituição de 1988.[20] As Forças Armadas não abriram os arquivos secretos — alegaram não os ter mais — e civis pouco cobraram. Alguns estratos cobraram reparações e indenizações, mas nada além veio da sociedade, diferentemente das experiências do Chile e da Argentina, onde comissões da verdade foram instaladas por presidentes eleitos pelo voto popular, já no primeiro ano da volta da democracia. No Brasil, FHC instalou duas comissões de reparação,[21] e a Comissão Nacional da Verdade surgiu apenas no governo Dilma, em 2011, depois de duas condenações do país por crimes contra a humanidade pela Corte Interamericana de Direitos Humanos.

José Sarney, sem a legitimidade das urnas e, provavelmente, precisando cumprir acordos com militares por sua indicação após a morte de Tancredo Neves, praticamente nada fez para conter a atuação política das Forças Armadas. Scott Mainwaring (1992) afirma que, quando em desacordo com decisões do Congresso, o ex-presidente recorria ao argumento de haver pressão de militares para prevalecer seu ponto de vista. Jorge Zaverucha (1994) fala em "democracia tutelada"[22] — algo característico das transições na América Latina, mas com maior grau de tutela no Brasil.

Leônidas Pires Gonçalves, artífice do movimento de retorno dos militares aos quartéis, foi designado ministro do Exército por Sarney. Na linha de uma transição suave, pôde pôr em marcha seu projeto que visava a um grande Exército, com modernização e reaparelhamento, e o aumento do contingente militar. Foi o responsável pelo projeto FT-90 (Força Terrestre 1990), com prazo de trinta anos. A aquisição de aeronaves pelo Exército nos últimos anos remete a esse projeto. As instalações da Academia Mili-

---

20. Disponível em: <https://ambitojuridico.com.br/cadernos/direito-constitucional/lei--da-anistia-sua-legalidade-frente-a-constituicao-federal-de-1988/>.
21. No governo FHC, foram criadas duas comissões de reparação: a Comissão Especial sobre Mortos e Desaparecidos Políticos (1995), com a função principal de reconhecer a responsabilidade do Estado em caso de morte ou desaparecimento, e indenizar quando fosse o caso; e a Comissão de Anistia (2001), para reconhecer os atos de exceção, como torturas e aposentadorias compulsórias, com reparação moral e material.
22. Zaverucha (1994) faz levantamento de episódios em que Sarney cedeu aos militares. Um exemplo: em janeiro de 1986, o ministro da Justiça, Fernando Lyra, entregou a Sarney a Lei de Defesa do Estado, que substituiria a Lei de Segurança Nacional (LSN), produto do regime autoritário. A proposta foi engavetada, e o ministro, afastado dias depois.

128 NÓS DO BRASIL

tar das Agulhas Negras (Aman) dobraram de tamanho e houve aumento exponencial no número de cadetes, visando à formação em massa. Colhemos os frutos trinta anos depois.[23] Formaram-se oficiais em excesso, sendo que no Alto-Comando do Exército há dezesseis generais quatro estrelas — nos Estados Unidos, são apenas sete. Isso explica o crescimento da folha dos militares desde então, que representa em torno de 76% das despesas totais das FA.

Na Assembleia Constituinte, a subcomissão responsável propunha que as Forças Armadas deveriam defender a soberania nacional, e não a lei e a ordem, como desejavam os militares. Na redação final do artigo 142, de forma conciliadora, estabeleceu-se que as Forças "destinam-se à defesa da Pátria, à garantia dos poderes constitucionais e, por iniciativa de qualquer destes, da lei e da ordem". Essa redação, porém, por vezes suscita controvérsia, com a interpretação de que foi mantido o papel moderador das Forças Armadas, ainda que com subordinação militar ao poder civil.[24] Vale citar que ainda não foi regulamentado o artigo 142, conforme estabelecido. Outras concessões aos militares foram os vetos à criação do Ministério da Defesa e à extinção do Serviço Nacional de Informações (SNI), este último extinto por Fernando Collor.

As constantes crises fiscais, com frequência, afetaram o orçamento das Forças Armadas, ainda que por vezes mantendo projetos estratégicos, como no governo Dilma. FHC foi além: eliminou alguns benefícios dos militares, como anuênios e promoções, o que se traduziu em relações menos amistosas e resistência a políticos do PSDB, a julgar pela postura de militares na campanha eleitoral de 2018. O Ministério da Defesa foi instituído em 1999, no governo FHC, unificando os ministérios militares e nomeando civis para a chefia da pasta.[25] Na divisão de papéis, coube ao ministério definir os objetivos e as estratégias das Forças Armadas, e a estas foi atribuída a responsabilidade operacional e tática. Sua criação

---

23. Comentários de Ricardo Lobato à autora.
24. Martins (2020).
25. O objetivo da criação do ministério era institucionalizar o papel das Forças Armadas e centralizar e unificar o interlocutor nas questões militares. De quebra, seria um desenho favorável para a candidatura do Brasil ao Conselho de Segurança da ONU.

FORÇAS ARMADAS

decorreu muito mais de um compromisso e esforço do presidente do que de um amadurecimento democrático, sendo que o Congresso foi omisso no debate.[26] O difícil percurso até sua formação é bom indicativo da dificuldade do país com temas militares até recentemente.

O presidente Lula buscou uma relação amistosa com os militares, tendo os procurado antes da eleição. Em encontro com cerca de 160 oficiais da ativa, em setembro de 2002, declarou que "o Brasil só vai ser respeitado no mundo quando for forte econômica, tecnológica e militarmente". Leônidas Pires Gonçalves, por sua vez, afirmou: "[Lula disse] exatamente o que eu esperava."[27] Desse modo, Lula atuou em várias frentes, como no comando do Brasil na missão de paz da ONU no Haiti, o que ajudou na recuperação de prestígio das Forças Armadas na sociedade, e no aumento do orçamento para vários projetos estratégicos, como sistemas de monitoramento, desenvolvimento de submarino nuclear, estaleiros, sistemas de controle de guerra cibernética e o reequipamento e modernização das Forças Armadas. Alguns deles faziam parte do Programa de Aceleração do Crescimento (PAC), estando fora das amarras das metas de superávit fiscal. Ainda, à frente da pasta da Defesa, Nelson Jobim criou a Estratégia e a Política Nacional de Defesa, bem como o Livro Branco de Defesa Nacional, para prover transparência às atividades.

No governo Dilma, a relação se deteriorou. A tentativa de revisar a lei de anistia e a Comissão Nacional da Verdade foram grande fonte de desgaste. As Forças Armadas não participaram da comissão, alegando que crimes de grupos opositores não estavam sendo investigados. Também gerou descontentamento o decreto que subordinou a promoção dos generais ao Ministério da Defesa, agora na chefia de Jacques Wagner, mal recebido pelos militares. Além disso, os militares demonstravam grande contrariedade com os escândalos de corrupção que se acumulavam. Michel Temer, por sua vez, em busca de legitimidade, procurou a pacificação. O Gabinete de Segurança Institucional (GSI), extinto no governo anterior, foi recriado,

---

26. Oliveira (2005).
27. Fraga (2002).

e foi aprovada lei estabelecendo que crimes contra civis cometidos por militares nas operações de Garantia de Lei e Ordem (GLO) deviam ser julgados pelos tribunais militares.

Em 2018, alguns oficiais impulsionaram a campanha eleitoral de Bolsonaro, e outros tantos não se opuseram, prevalecendo o espírito de corpo. É inevitável a interpretação de que militares viram em Bolsonaro o canal para reivindicar mais verbas, um fator de grande insatisfação interna. Desde então, vários têm sido os ganhos para os militares, destacando-se as concessões substanciais à Emgepron (Empresa Gerencial de Projetos Navais), vinculada ao Ministério da Defesa; os ganhos para a corporação decorrentes da lei ordinária que trata da pensão e da carreira militar, em dissonância com o tratamento dado aos servidores civis; o aumento significativo da participação de militares no governo (mais de 6 mil, segundo o TCU); e a expansão de verbas para a pasta da Defesa, mesmo com a crise econômica. Além disso, não se pode descartar o objetivo de rever acordos na Constituinte, quando foi devolvido o controle direto das Polícias Militares aos governadores. Merecem destaque dois projetos de lei no Congresso que pretendem restringir esse controle e ampliar a autonomia das forças de segurança.

Os militares agem, mais uma vez, como atores políticos e, a despeito de não serem um grupo homogêneo, há coesão ideológica e atuam para defender seus interesses corporativos. Essa é a ideia da expressão "Partido Militar", que ressurge nas análises de especialistas. Há diferentes interpretações sobre a atuação das Forças Armadas na política, o que é compreensível diante das variadas circunstâncias e momentos históricos.[28] O ponto é que a ação militar continua impactando o sistema político, incluindo as forças policiais.

---

28. Penido e Mathias (2020) apontam as diferentes interpretações disponíveis. Para alguns especialistas, trata-se de organização temporária com espírito de corpo militar para lidar com momentos de tensão interna nas Forças Armadas ou no país. De maneira distinta, outros apontam a organicidade e permanência dos Partidos Militares, havendo grupos que buscam agir na sociedade civil e lutam por poder no interior das Forças Armadas, enquanto os chefes militares buscam a unificação para atuação mais ampla.

FORÇAS ARMADAS

Há vários indícios da politização dos militares. Cresceu a representação parlamentar de policiais e militares — foram 42 eleitos em 2018, ante dezenove em 2014 —, impactando de forma relevante os trabalhos legislativos, com a captura da pauta da segurança pública, em meio ao desinteresse de civis, e com a defesa de temas corporativistas. Nas eleições municipais de 2020, houve 515 candidaturas a prefeito de indivíduos oriundos das forças de segurança ante 225 em 2016 e 163 em 2012; números equivalentes foram observados para candidatos a vice-prefeitos.[29] Têm se intensificado os movimentos reivindicatórios e grevistas, alguns deles inclusive tendo sido encorajados por motivações políticas.

O perfil dos atuais oficiais pode ser variável relevante para explicar a atuação recente das Forças Armadas. Com o risco de generalização indevida, trata-se de uma geração que foi influenciada pela linha dura da ditadura, mais intervencionista. Entraram na vida militar naquele período, na década de 1970, sendo um grupo relativamente coeso.[30] Seu discurso apoia-se na suposta formação de bons quadros técnicos que seriam continuamente mal aproveitados pelos governos. Além disso, apresentam-se como uma força moralizante e capaz de combater a corrupção.

No governo Bolsonaro, é possível que militares desejassem exercer uma tutela direta sobre o presidente, participando da política como eminência parda, tomando decisões e exercendo o poder de veto. Porém, os militares não conquistaram a hegemonia no governo, e o Bolsonaro não hesita em substituir militares que dele divergem, como o general Santos Cruz, desligado da Secretaria de Governo da Presidência depois de menos de seis meses no cargo.

A atuação dos militares tem sido falha em muitos aspectos. A administração de importantes pastas do governo mostrou-se deficitária, como na Casa Civil e no Ministério da Saúde. Há muitas manifestações indevi-

---

29. Instituto Sou da Paz (2021). O instituto aponta que as regras quanto ao prazo de afastamento do serviço ativo de carreiras militares são difusas e acabam sendo consolidadas em resoluções e acórdãos da Justiça Eleitoral, havendo inclusive informações diferentes a esse respeito.

30. Comentário de Ricardo Lobato à autora.

132

NÓS DO BRASIL

das, principalmente em redes sociais, inclusive com ataques, ou mesmo ameaças veladas, ao Congresso, ao TSE e ao STF, por conta de pautas a favor de Bolsonaro. Além disso, as Forças Armadas falham ao não punir atos indevidos, como no caso do general Eduardo Pazuello, que subiu em palanque com Bolsonaro, mesmo sendo oficial da ativa,[31] a quem é proibida a participação política. A não punição de oficiais é mau exemplo às hierarquias inferiores e alimenta a indisciplina.

O saldo final do governo Bolsonaro para as Forças Armadas parece bastante negativo, representando um retrocesso depois de décadas de esforço da corporação para recuperar sua imagem e reduzir a desconfiança dos civis. Produz, ainda, um desvio no cumprimento de sua missão de defesa e segurança nacional em todo o território, incluindo regiões inóspitas e fronteiras. Sem contar a mácula para sua imagem no exterior.

Há vários aspectos envolvidos. Primeiro, a maior politização ou participação de militares na política afeta a imagem da corporação, ameaça a disciplina militar e distorce aspirações de carreiras de jovens oficiais. Segundo, a ocupação de cargos civis na burocracia afeta a hierarquia militar, dependendo do cargo e benefícios obtidos, deteriora o capital humano dos oficiais[32] e prejudica a reputação das Forças Armadas em caso de formação inadequada dos nomeados. Terceiro, Bolsonaro, capitão reformado, alimenta a divisão e a indisciplina dentro das Forças Armadas, devido ao seu contato direto com a baixa oficialidade e com os praças. Vale mencionar ainda a influência do presidente sobre as forças policiais, ameaçando a autoridade de governadores, especialmente onde a disciplina e a organização são precárias. Bolsonaro participa de formaturas, minimiza a gravidade das paralisações das polícias e reluta em decretar GLO.[33] Sua

---

31. Há omissão do Congresso na questão de regulamentar a presença de militares da ativa — crítica com frequência feita por Raul Jungmann.
32. Amorim Neto em entrevista ao jornal *O Estado de S. Paulo*, em 19 de julho de 2021.
33. Esse comentário refere-se à greve ilegal da polícia no Ceará em 2020, quando Bolsonaro protelou o emprego das Forças Armadas, possivelmente porque o governador Camilo Santana é do PT.

FORÇAS ARMADAS

atuação não se diferencia do que fazia como deputado — por exemplo, na greve no Espírito Santo.[34]

A volta aos quartéis é essencial, mesmo havendo compromisso de oficiais com a democracia. Não se pode esquecer a máxima: o fato de os militares deterem os meios de coerção impõe que se abstenham da vida política, a exemplo do que ocorre em países avançados e na maioria dos emergentes. A politização militar no Brasil causa estranhamento aos analistas internacionais. Mas é preciso dizer que os civis também falham, particularmente o Congresso.[35] Os temas militares precisam fazer parte do debate público. O distanciamento dificulta o diálogo sobre o controle democrático das Forças Armadas. Nem sequer as diretrizes para a Defesa Nacional são atualizadas, com aprovação do Congresso, com a devida frequência. É também necessário discutir o papel na segurança nacional, por meio da GLO.

Cabe maior discussão sobre a participação na segurança pública, pois em muitos estados as polícias não estão preparadas para proteger os cidadãos. Apesar de subordinadas aos governadores, são forças auxiliares e reservas do Exército. Os membros do Corpo de Bombeiros e das Polícias Militares têm seu armamento, educação e treinamento sob controle do Exército. As Forças Armadas precisam ter condições materiais e autonomia para cumprir sua missão, com diretrizes definidas pelo Executivo e aprovadas pelo Congresso, que se mostram omissos. A propósito, talvez esse seja o melhor antídoto para manter os militares nos quartéis.

Uma ponderação sobre a questão fiscal é que os recursos orçamentários são limitados a todas as áreas, não apenas aos investimentos da Defesa. E os militares também compõem o rombo fiscal, afinal as Forças Armadas representam 41% do funcionalismo do Executivo federal. É necessário rever a estrutura de gastos, o que envolve eliminar privilégios ainda existentes e garantir a qualidade dos investimentos e sua adequação às estratégias da pasta da Defesa.

---

34. Segundo matéria do jornal *O Estado de S. Paulo*, em 25 de fevereiro de 2017, um grupo ligado ao deputado Jair Bolsonaro esteve na linha de frente da comunicação e da logística do motim que parou a Polícia Militar do Espírito Santo.
35. Jungmann (2020).

Apesar do espírito de corpo, há oficiais que defendem enfaticamente que militares não devem se deixar contaminar pela política.[36] Há, portanto, espaço para o diálogo. Que os muitos erros cometidos sirvam de incentivo para que esses temas entrem na agenda política, hoje praticamente dominada pela chamada "bancada da bala" no Congresso.

---

36. Um importante exemplo, com manifestação pública, é o general Edson Pujol.

7. O necessário caminho para a cidadania

Cada homem existe não somente para si, mas também para o mundo; eis por que a liberdade, o que convém ao indivíduo, deve ser subordinada à Justiça, que é o que convém a todos.

Rudolf von Ihering

O acesso dos cidadãos a direitos — civis, políticos e sociais — é o que se denomina cidadania.[1] Resumidamente, os direitos civis estão associados à garantia das liberdades individuais, de ir e vir, de pensamento; os políticos referem-se à capacidade de participação política, a começar pelo voto; e os sociais dão conta da garantia de vida digna, com o acesso a saúde, educação e segurança. Enquanto a extensão dos direitos civis e políticos é tema mais consolidado, a discussão sobre a amplitude dos direitos sociais levanta controvérsias, distinguindo as experiências dos países. Para algumas sociedades, como a maioria anglo-saxã e do Sudeste Asiático, o excesso de proteções sociais é, grosso modo, considerado uma intervenção indevida do Estado que resulta em paternalismo — um grande contraste em relação ao modelo brasileiro ou mesmo ao da Europa continental.

---

1. Ideia desenvolvida originalmente por T.H. Marshall, em ensaio de 1949.

136 NÓS DO BRASIL

Importante ponderar, no entanto, que esses valores não são imutáveis. As crises globais recentes têm aumentado o anseio da sociedade por maiores direitos sociais.[2]

A questão remete à ideia de contrato social, de Hobbes, em que a sociedade delega ao Estado a responsabilidade pela provisão de direitos e, em troca, aceita cumprir os deveres, como pagar impostos e respeitar as leis. Esse desenho se reflete nas Constituições dos países, sendo que as experiências das nações diferem bastante na motivação e na forma como a cidadania avançou nas três dimensões. Nas economias avançadas, os direitos resultaram de uma lenta construção ou conquista da sociedade,[3] cujos anseios forjaram as decisões estatais. Foi um movimento de baixo para cima, muitas vezes com mobilizações sociais, respondidas inicialmente com violência. Ainda que com particularidades, os países atingiram praticamente o mesmo resultado: democracias liberais com algum tipo de estado de bem-estar social. Seguindo em linhas gerais a experiência inglesa, vieram primeiro os direitos civis — considerados a base da cidadania —, garantidos por um Judiciário independente. No exercício desses, expandiram-se os direitos políticos, o que, por sua vez, levaram os Parlamentos a criar direitos sociais. No caso da educação de massas, trata-se de um direito social que antecedeu os demais, como um pré-requisito daqueles.

Países em desenvolvimento, com democracia mais recente, não seguiram a mesma sequência, sendo que os direitos foram mais concedidos pelo Estado do que conquistados pelo cidadão — um movimento de cima para baixo. Primeiro vieram os direitos políticos, por vezes fruto de pressão internacional, como no caminho para o fim da Guerra Fria. Os direitos civis raramente precederam os políticos, mais facilmente implementados, como o voto direto. Já os sociais são a dimensão mais frágil da cidadania,

---

2. Vale citar que, antes disso, desde a crise de 1997, muitos países asiáticos ampliaram os gastos sociais ou o chamado Estado de bem-estar social, em um contexto democrático.
3. Por exemplo, na Grã-Bretanha, em 1928, o voto foi estendido para todas as mulheres acima de 21 anos. Apenas em 1969 foi estendido para todos os homens e mulheres acima de dezoito anos. Disponível em: <https://www.parliament.uk/about/living-heritage/transformingsociety/electionsvoting/chartists/keydates/>.

O NECESSÁRIO CAMINHO PARA A CIDADANIA 137

mostrando-se na prática pouco efetivos, a julgar pela baixa qualidade de serviços públicos e pela desigualdade de oportunidades nos países. No caso do Brasil, houve mais concessões do que conquistas, em meio a paternalismo e populismo. Por isso, José Murilo de Carvalho (2002) cunhou o termo "estadania". O excessivo ativismo estatal distingue a experiência brasileira, mesmo em comparação com outros emergentes. Na redemocratização, novos grupos passaram a participar da arena política e, em um contexto de baixa confiança nas instituições, a demanda por direitos cresceu e estes foram incluídos na Constituição de 1988 — retomo esse tema adiante.

Países onde a difusão dos direitos se deu mais por pressão social têm cidadania mais sólida e efetiva. Retrocessos são menos prováveis e o acesso é mais igualitário. Sociedades com essa capacidade de cobrança ou de exercício de cidadania são mais maduras, dispõem de maior capital social — um conceito associado a aspectos da vida em sociedade que alimentam a cooperação, a solidariedade e a confiança. O capital social é algo construído, acumulado, sendo transmitido de uma geração para outra — por isso se utiliza o termo "capital". A educação é uma variável central para sua construção.[4] Outro aspecto importante é que há ganhos de escala, pois a coletividade influencia os comportamentos individuais. As pessoas tendem a se ajustar às normas sociais, até mesmo imigrantes.

Cidadania e capital social se reforçam mutuamente.[5] Quando o capital social é reduzido, é menor a ação coletiva[6] para demandar direitos; por outro lado, sociedades mais desiguais no acesso a direitos tendem a ter indivíduos mais propensos a atitudes defensivas e de autoproteção, que, ao valorizarem menos o bem comum, prejudicam a própria acumulação do capital social. Um exemplo: a segurança pública insatisfatória no Brasil estimula a contratação de segurança privada. Essa postura, por sua vez,

---

4. Guiso, Sapienza e Zingales (2010).

5. Besley (2020). O autor argumenta que, quando o agente econômico se beneficia da provisão de bens públicos, identifica como mais vantajosa a recompensa da atividade cívica vis-à-vis postura mais "materialista".

6. Mancur Olson, em livro publicado originalmente em 1965, discute a importância da ação coletiva para a provisão de bens públicos. Esta se beneficia de ações em grupo para promover interesses em comum, mesmo quando as ações são individuais.

reduz a ação coletiva para que o Estado eleve a qualidade desse serviço e freia a coesão social. Ao final, todos perdem.

O capital social impacta as escolhas de políticas públicas. Quando elevado, o ativismo estatal é menor; quando reduzido, o Estado é levado a agir para conter oportunismos por meio de leis e regulações. Pesquisas apontam que a menor confiança da sociedade está associada a mais controles de preços, formalismo do Judiciário, restrição à entrada de novos *players* e rigidez no mercado de trabalho.[7] Por exemplo, empregados que não confiam em patrões demandam do Estado regras trabalhistas mais rígidas para protegê-los, o que acaba prejudicando a qualidade da relação entre as partes. Outra consequência — marcante no Brasil — é o comportamento oportunista na busca de privilégios por parte de indivíduos ou grupos organizados, em uma corrida em que ninguém quer ficar para trás, reforçando assim o patrimonialismo.

O capital social pode sofrer encolhimento. Eventos extremos podem gerar retrocessos, como em ditaduras, quando o tecido social é afetado pelo aumento da desconfiança no seio da sociedade. Crises econômicas também nutrem o sentimento de desamparo e injustiça.[8] É o caso brasileiro dos últimos anos — temos uma sociedade cindida. Nesse sentido, o retrato do capital social no Brasil é modesto. A pesquisa "World Values Survey" aponta que 53% das pessoas não confiam nada no governo. Outra pesquisa, conduzida por Bolívar Lamounier (2010), mostra que apenas 20% dos indivíduos na classe média confiavam em terceiros.

Há relevante pesquisa econômica buscando a relação entre capital social e crescimento econômico. Como o conceito não é preciso o suficiente para mensuração, os pesquisadores o restringem, denominando-o de capital cívico.[9] São considerados fatores como o grau de confiança dos indivíduos em terceiros, no governo e nas instituições, e os hábitos cívicos, como não sonegar impostos, estacionar o carro corretamente e descartar o lixo de

---

7. Aghion, Algan, Cahuc e Shleifer (2010).
8. Zingales (2015) aponta esse efeito da crise de 2008-9 nos Estados Unidos.
9. Por vezes aparecem como sinônimos na literatura econômica.

O NECESSÁRIO CAMINHO PARA A CIDADANIA 139

forma adequada. A conclusão é de que o capital cívico e o PIB per capita são correlacionados, influenciando-se mutuamente — países ricos são mais civilizados. O capital cívico aumenta o respeito às leis, reduz os custos de transação — como burocracia, leis e regulações para coibir oportunismos — e eleva a capacidade de resposta de um país a choques ou a mudanças nas condições econômicas. São muitos os exemplos cotidianos, como a obediência às leis reduzindo gastos com policiamento, controles e vigilância; as disputas privadas sendo resolvidas por negociação, sem necessidade de interferência estatal; e a mobilização da sociedade diante de acidentes e crises humanitárias.

Sociedades com elevado capital cívico têm à disposição melhores oportunidades institucionais,[10] podendo contar com maior flexibilidade no desenho das regras do jogo. Se, ao contrário, a negociação diante de conflitos de interesse e divergências é mais difícil, restam poucas opções, a não ser estabelecer normas para cobrir as várias situações de conflito. Arcabouço jurídico complexo é uma marca de sociedades menos maduras — um quadro onde o Brasil se encaixa bem. Um exemplo foi a decisão do Banco Central, em 2021, de limitar os valores para a transferência do PIX, por conta dos muitos golpes aplicados.

Fatores históricos definem o capital social inicial de uma sociedade, como a religião,[11] a escravidão[12] e o tipo de colonização[13] — na de exploração, em contraposição à de povoamento, a atividade econômica era menos dependente da cooperação entre indivíduos. O Brasil Colônia, por exemplo, não apresentava um ambiente propício para a construção da cidadania:[14] população analfabeta, sociedade escravocrata e economia

---

10. Djankov, Glaeser, La Porta, Lopez-de-Sinales e Shleifer (2003).

11. Putnam, Leonardi e Nanetti (1994). Por exemplo, religiões menos hierárquicas, como a protestante, promovem mais o capital cívico; e a religião pode estar associada à menor tolerância com a diversidade.

12. A escravidão esteve presente nas várias etapas da história, como a decorrente de guerras, e em várias sociedades. O ponto levantado remete basicamente à duração da escravidão, que acaba moldando a sociedade, como no caso brasileiro.

13. Engerman e Sokoloff (2002).

14. A análise que segue se baseia principalmente em Carvalho (2005).

140 NÓS DO BRASIL

latifundiária de exportação. A evolução da consciência de direitos políticos mostrou-se localizada e limitada a pequenos grupos dominantes. Foi o caso da Inconfidência Mineira — contrastando com a luta pela independência dos Estados Unidos, que contou com grande participação social. No fim do período colonial, a grande maioria da população era excluída de direitos civis e políticos — desnecessário dizer que os sociais inexistiam.

A Independência não mudou essencialmente o quadro, até porque não foi um movimento com participação popular. O movimento foi fruto de uma negociação mediante pagamento de indenização a Portugal, com intermediação e empréstimo da Inglaterra. Não à toa a República foi instaurada tardiamente. Apesar de a Constituição de 1824, que vigorou até o fim da monarquia, ter sido bastante liberal para os padrões da época, havia um hiato entre a lei e a prática, o que inclusive causava estranhamento de estrangeiros. Foram instituídos direitos e liberdades individuais, mas de forma vaga e passível de suspensão; a Justiça era pouco acessível; e a assistência social estava a cargo da Igreja e de particulares. Assim, o cidadão comum recorria à proteção dos grandes proprietários, cuja resolução de conflitos se dava por meio de autoritarismo e violência.

O debate entre liberais e conservadores era bastante limitado e não tinha conexão com as reivindicações populares. Os liberais defendiam o sufrágio universal, por temerem o despotismo, e os conservadores eram contra, por se preocuparem com as fraudes. Até 1881, prevaleceu a visão liberal. O voto não foi muito restritivo — a exigência de renda mínima não era elevada e incluía os analfabetos[15] —, mas não era um ato de participação na vida política, e sim de lealdade de eleitores ou de força do poder local. Mais de 90% da população vivia em áreas rurais, sob a influência dos grandes proprietários, cuja derrota eleitoral significava perder o controle de cargos públicos e da

---

15. De acordo com o censo de 1872, eleitores correspondiam a 13% da população, excluídos os escravos; na Inglaterra, a 7%. Em 1881, foi aprovada a elevação do limite de renda para o voto e a proibição do voto de analfabetos — eram 85% da população. O resultado veio nos números: em 1886, votaram apenas 0,8% da população total nas eleições parlamentares. A Proclamação da República não alterou muito o quadro, mas eliminou a exigência de renda na Constituição de 1891.

O NECESSÁRIO CAMINHO PARA A CIDADANIA

Guarda Nacional. As eleições eram fraudulentas e, frequentemente, tumultuadas e violentas. Havia praticamente uma indústria da fraude.

Outros elementos também compunham aquele quadro de desrespeito às leis, revelando o inexistente capital social. Cito aqui dois importantes. Primeiro, a corrupção era endêmica. Desde fins do século XVI, havia relatos de práticas ilegais, como tráfico de influência e enriquecimento ilícito. Havia acusação, por exemplo, de cobrança de propina de navios negreiros. Viajantes do século XVIII se diziam obrigados a presentear administradores e grandes proprietários. Havia queixas da qualidade do açúcar embarcado, misturado com outros produtos, e da saca pesando menos. Navegadores se surpreendiam com a "esperteza" dos brasileiros que contrabandeavam cargas preciosas e misturavam ouro com pó para obter mais lucros. A quadrinha "quem furta pouco é ladrão / quem furta muito é barão / quem mais furta e esconde / passa de barão a visconde" é da época do reinado de D. João.[16]

Segundo, no processo que levou ao fim da escravidão, sistematicamente foram utilizados subterfúgios para driblar as pressões internacionais e as próprias leis criadas. O tráfico negreiro ilegal durou por longos anos, em desrespeito ao alvará de 1818 — fruto das negociações com a Inglaterra, que determinou a proibição do comércio de escravos como parte do preço do reconhecimento da Independência. Era "para inglês ver" — expressão que remete àquela situação. Em 1850, a Inglaterra invadiu portos brasileiros para afundar navios suspeitos de transportar escravos. Só então o governo decidiu interromper o tráfico efetivamente. Calcula-se que entre 1818 e 1850, quando entrou em vigor a Lei Eusébio de Queiroz, que reiterou a proibição, foram trazidos em torno de 750 mil africanos. Mesmo depois disso, a responsabilização criminal dos traficantes não era plenamente efetivada, por conta da pressão de poderes locais sobre juízes. Na mesma linha, a Lei do Ventre Livre, de 1871, demorou a vingar, havendo falsificação de registros de nascimento.[17]

---

16. Schwarcz e Starling (2015).
17. Gomes (2019).

As crenças elitistas da oligarquia rural alimentavam as desconfianças na sociedade, prejudicando a acumulação de capital social. Não surpreende o movimento republicano ter tido importância localizada. A participação popular foi menor do que a na Independência. Na Proclamação da República, a população no Rio de Janeiro mal compreendia o que ocorria, julgando se tratar de uma parada militar.[18] A maior descentralização de poder na Primeira República não mudou o quadro, pois favoreceu as oligarquias locais ou o coronelismo — o coronel ocupava o posto mais alto na hierarquia da Guarda Nacional e era a pessoa mais poderosa do município. Nas fazendas, valia sua lei. Quando a guarda perdeu a natureza militar, isso não comprometeu o seu poder político. As práticas eleitorais fraudulentas não desapareceram. Por outro lado, como as disputas políticas desembocavam no Supremo, a corte deu um escopo original ao habeas corpus, ampliando as garantias fundamentais do cidadão e a proteção judicial. Não havia direitos sociais. O serviço de assistência estava quase exclusivamente na mão de associações particulares, como irmandades religiosas oriundas da época colonial. O que houve de mais importante no período foi a criação das Caixas de Aposentadorias e Pensões, em regime de capitalização. A responsabilidade do Estado só viria a ocorrer na década de 1930.

O coronelismo foi mais marcante no Nordeste, nas regiões produtoras de açúcar. A resposta àquela situação foram os movimentos messiânicos e de banditismo, violentamente reprimidos. O poder de coronéis era mais fraco no Sul, nas áreas de pequena propriedade, como nas colônias de europeus. São Paulo contou com a entrada maciça de imigrantes,[19] o que possibilitou o início da divisão das grandes propriedades, bem como a formação de uma classe operária. O movimento operário cresceu, culminando na greve geral de 1917. Significou um avanço na cidadania, tendo sido mais contundente em São Paulo. No Rio de Janeiro, havia maior acomodação por conta da predominância de funcionários públicos.

---

18. Aristide Lobo, no *Diário Popular* de 18 de novembro de 1889, escreveu: "O povo assistiu àquilo bestializado, atônito, surpreso, sem conhecer o que significava. Muitos acreditavam, sinceramente, estar vendo uma parada."
19. No período entre 1884 e 1920, entraram no Brasil cerca de 3 milhões, sendo 1,8 milhão para São Paulo.

O NECESSÁRIO CAMINHO PARA A CIDADANIA

Os operários lutavam por direitos trabalhistas, sendo que a Constituição de 1891, de inspiração liberal, proibia a regulação do mercado de trabalho pelo governo, pois se acreditava ser uma violação da liberdade de exercício profissional. Não era um erro em si, mas naquele contexto de abusos de empregadores — mais um exemplo de baixo capital social — alguma regulação mostrava-se necessária para proteger os vulneráveis. O movimento ansiava também por direitos políticos, como de manifestação, organização e greve. Havia, por outro lado, grande repressão de patrões e governo, inclusive aprovando lei de expulsão de estrangeiros acusados de agitação política. Problemas trabalhistas eram questão de polícia, e as manifestações operárias eram vistas como ameaça à ordem pública.

Os anos 1920 foram de ebulição política e social — em 1922, houve a Semana de Arte Moderna, o surgimento do Partido Comunista do Brasil e do movimento tenentista —, com crítica ao federalismo oligárquico. Novos segmentos sociais emergiam da industrialização, da urbanização e da imigração, engrossando o coro. O embate com as velhas oligarquias era inevitável. Assim, no golpe de 1930, o povo não esteve tão ausente como em 1889. A Revolução de 1932, que contou com entusiasmo cívico paulista,[20] contribuiu para a convocação da eleição para a Assembleia Constituinte, que veio a eleger o próprio Getúlio Vargas. A Constituição de 1934, de inspiração liberal, introduziu o voto secreto e o feminino, e foi criada a Justiça Eleitoral, mas durou pouco. O avanço ainda que lento da cidadania esbarrou na ditadura.

Nas ditaduras do Estado Novo e dos governos militares, a fórmula básica se repetiu: ataque cerrado a direitos políticos[21] e civis, inclusive com violência e tortura, e concessão de direitos sociais, muitas vezes de forma paternalista, em meio ao esforço de legitimar os regimes. Vargas concentrou-se nos direitos trabalhistas, pois seu foco era conter o movimento operário.

---

20. Segundo a FGV CPDOC, nos meses de conflito São Paulo viveu um verdadeiro esforço de guerra, com as indústrias se mobilizando para atender à necessidade de armamentos e a população se unindo na Campanha do Ouro para o Bem de São Paulo, em que havia doação de joias para financiamento do conflito.
21. Houve aumento do número de eleitores, o que não significava o exercício do voto. Em 1930, 5,7% da população adulta votava, saltando para 16% em 1945; em 1960, eram 18%; em 1986, subiu para 47%.

144 NÓS DO BRASIL

Deixou de fora a maioria dos trabalhadores, os rurais e não sindicalizados.[22] As leis tinham influência da Carta del Lavoro, lei do fascismo italiano. A organização sindical foi promovida, mas sob supervisão estatal. O imposto compulsório e a mão forte do Estado alimentavam o peleguismo, com as organizações negligenciando os interesses dos operários.

No interregno democrático de 1946-1964, direitos políticos foram retomados. Apesar de tentativas de golpes militares, houve eleições regulares. Vários partidos foram organizados e funcionaram livremente — a exceção foi o Partido Comunista do Brasil, cassado em 1947. O direito de greve, porém, dependia de autorização da Justiça. Na ditadura, diferentemente de Vargas, os militares não fecharam o Congresso, mas o voto valia pouco, por conta de eleições indiretas e de constantes mudanças de regras para conter a oposição do MDB; e, nos direitos sociais, as concessões foram mais amplas, em várias frentes — trabalhista, saúde, educação e assistência[23] —, uma tendência que foi aprofundada na Constituição de 1988.

Conforme reduzia a repressão no governo Geisel, a sociedade civil passou a se organizar. Surgiram organizações civis e religiosas, como as comunidades eclesiais de base e as associações de profissionais, como as de professores, médicos e funcionários públicos. Outras organizações se afirmaram como pontos de resistência ao regime, como a OAB, a Associação Brasileira de Imprensa (ABI) e a Sociedade Brasileira para o Progresso da Ciência (SBPC). No embalo da grande mobilização da campanha Diretas Já, de 1984, a Nova República começou em clima de entusiasmo. A Assembleia Constituinte envolveu ampla consulta a especialistas e setores da sociedade, com ênfase nos direitos do cidadão, e trouxe avanços civilizatórios.

No entanto, a fragilidade do quadro político combinada com a crescente organização de corporações e grupos de interesse levaram a uma ampliação

---

22. Em 1940, apenas 31% da população brasileira vivia em cidades.
23. Destacam-se a criação do Sistema Nacional de Saúde, que buscava integrar o sistema; a construção de uma rede assistencial compreendendo instituições existentes e outras novas, como Funabem/Febem (Fundação Nacional/Estadual do Bem-Estar do Menor) e Inan (Instituto Nacional de Alimentação e Nutrição); a unificação e a universalização da Previdência; e reformas na educação.

de direitos sociais e proteções que se mostrou excessiva, com consequências para as contas públicas e para o funcionamento da economia. Funcionários públicos obtiveram estabilidade; os professores, aposentadoria cinco anos mais cedo; os sindicatos, a manutenção do imposto sindical e a unicidade sindical etc. Na área da saúde, o Brasil seguiu as tendências mundiais.[24] As Constituições mais jovens, do pós-guerra, inovaram ao adotar a concepção do direito à saúde, ainda que em diferentes graus. O Brasil pertence ao grupo seleto de países que garantiram o direito ao acesso público e gratuito, mas de forma mais ampla e profunda.[25]

Na área trabalhista, foram incorporadas uma série de legislações anteriores e inseridos novos direitos e obrigações.[26] Criou-se, assim, um sistema de regras trabalhistas defasadas, complexas e excessivamente detalhadas, o que produziu distorções e custos elevados, como alimentar a informalidade no mercado de trabalho, que ganhou impulso nos anos 1990, falhando, assim, em estender os direitos a todos os trabalhadores. Ao estabelecer um acúmulo de proteções em caso de demissão (FGTS, multa de 40%, aviso-prévio e seguro-desemprego), acabou incentivando a rotatividade da mão de obra, desestimulando o treinamento. Nos momentos de aquecimento do mercado de trabalho, em que facilmente o trabalhador consegue encontrar outra ocupação, vale a pena pedir demissão para receber o conjunto de benefícios. A Constituição também considerou a Previdência como direito social, algo não observado na experiência mundial. Garantiu a todos um benefício mínimo equivalente a um salário mínimo, independentemente de sua contribuição. Foram criadas contribuições sociais para seu financiamento, incidindo diretamente sobre a renda dos trabalhadores e sobre a folha de pagamentos do empregador — com regras mais generosas para o funcionalismo.[27] Na educação, a Constituição de 1988 se diferencia das anteriores pela extensão da gratuidade plena a todas as fases do ensino e pelo grande detalhamento da legislação.

---

24. Rocha (2019).
25. Heymann, Cassola, Raub e Mishra (2013) analisam os 191 países-membros da ONU entre 2007 e 2011.
26. Souza e Zylberstajn (2019).
27. Tafner (2019).

Ironicamente, a redemocratização fortaleceu o patrimonialismo, ainda que com diferentes características. A organização de grupos, com frequência, é confundida na opinião pública com participação social, quando, na verdade, muitas vezes se defendem interesses que estão em claro conflito com a coletividade — são organizações extrativistas (*rent-seekers*). Nesse sentido, o trauma da ditadura despertou o anseio de participação política e valores democráticos na sociedade, mas nem tanto valores republicanos — ou seja, a crença na necessidade de uma ação estatal transparente e efetiva, voltada ao bem comum, e não a interesses localizados. Assim, apesar da miríade de direitos sociais, o país está distante da igualdade de oportunidades, passadas mais de três décadas da promulgação da Constituição. Compõe esse quadro a baixa efetividade da ação estatal — tema do capítulo 9, sobre o funcionalismo.

Apesar de avanços e conquistas, a cidadania é insatisfatória, pois o acesso a direitos é muito desigual. Nos direitos sociais, o problema vai além da desigualdade de oportunidades, faltando serviços públicos básicos, como saneamento.[28] Nos direitos civis, o acesso dos mais pobres à Justiça é ainda limitado e, na prática, condicionado à capacidade financeira de contratar bons advogados e protelar processos. Nos direitos políticos, as regras eleitorais e o sistema político limitam a participação mais representativa da sociedade, incluindo pretos e pardos, com consequências na entrega de serviços públicos.

A evolução do Índice de Desenvolvimento Humano (IDH)[29] é um indicador dessas dificuldades. Houve de fato avanço, mas, ao final, um resultado decepcionante quando comparado a outros países (tabela 7). Vale notar que os indicadores do Chile e Brasil eram muito parecidos em 1900 — a Coreia do Sul estava um pouco atrás e os Estados Unidos, muito à frente. Ao longo do tempo, a distância entre o Brasil e os demais se amplia.

---

28. Segundo o Instituto Trata Brasil, 46% da população não tinha coleta de esgoto em 2019. Disponível em: < https://www.tratabrasil.org.br/pt/saneamento/principais-estatisticas/no-brasil/esgoto>.
29. O IDH é uma variável que resume a situação do desenvolvimento das sociedades em três dimensões básicas: expectativa de vida, escolaridade e padrão de vida.

O NECESSÁRIO CAMINHO PARA A CIDADANIA

Tabela 7: Índice de Desenvolvimento Humano (escala de 0 a 1)

	Brasil	Chile	Coreia do Sul	Estados Unidos
1900	0,08	0,11	0,03	0,29
1950	0,19	0,28	0,19	0,47
1980*	0,34/0,55	0,44/0,64	0,40/0,62	0,59/0,83
2000**	0,68	0,76	0,82	0,89
2019	0,76	0,85	0,92	0,93

Fonte: PNUD (2000/2019), Our World in Data (1980-2000) e Prados de la Escosura (1900 a 1980).
(*) 1980: Prados de la Escosura/Our World in Data.
(**) 2000: Our World in Data e PNUD coincidem.

A estabilização da inflação do Plano Real, a emergência da nova classe média e a redução da desigualdade nos anos 2000 — tema do capítulo 8 — pareciam levar o capital social a um patamar mais elevado, o de uma sociedade mais coesa e com maior confiança. No entanto, a crise econômica desde 2014, bem como os escândalos de corrupção, alimentou a polarização na sociedade, o que também foi promovido por políticos com inclinação populista. Cresceu também a desconfiança nas instituições — como Congresso, partidos, órgãos de controle, imprensa —, que, com diferentes graus de responsabilidade, não conseguiram cumprir bem seu papel e evitar o quadro extremo.

Não se pode, porém, acusar a sociedade de apatia. Diante de crises e incapacidade de governantes de apresentarem saídas, a sociedade se mobilizou, como no "Fora, Collor", nos protestos de 2013 e no "Fora, Dilma". Não está claro o efeito final da pandemia da Covid-19 sobre o capital social, por conta dos vários elementos envolvidos, como a crise econômica em si e os diferentes desempenhos de governantes e das instituições. De qualquer forma, alguns elementos continuam alimentando a polarização na sociedade, que é explorada por alguns líderes políticos, enquanto o momento pede a união, para enfrentar os problemas que afetam a todos.

Conforme o mundo fica mais complexo, aumenta o desafio, pois o Estado precisa expandir e assumir novas responsabilidades — como meio ambiente e mudança climática, segurança cibernética, o desemprego decorrente de novas tecnologias, a saúde pública na pandemia —, envolvendo novas coalizões. O avanço da cidadania demanda Estado e sociedade fortes.[30] O Estado precisa ser capaz de prover serviços públicos essenciais para uma vida digna dos cidadãos, promover a igualdade de oportunidades, controlar a violência e garantir o cumprimento das leis. A sociedade, por sua vez, precisa estar vigilante e mobilizada para garantir sua liberdade e para controlar e conter excessos do Estado. Uma sociedade fraca favorece o Estado Leviatã, com excessivos poderes sobre os indivíduos. Quando o Estado é demandado em demasia a agir por conta do reduzido capital social, aumenta o risco de abusos, além de ser dispendioso.

Em que pese a importância da participação e da mobilização política da sociedade, elas são apenas um lado da moeda. É frequente a associação do exercício da cidadania à vigilância e à reação da sociedade diante de ameaças à violação de direitos. No entanto, muito pouco se fala dos deveres dos cidadãos de respeitar as leis e de agir de forma a não prejudicar terceiros e violar o bem comum. Esses valores caracterizam sociedades mais maduras, com capital social, e são ainda pouco presentes no Brasil e, diferentemente do que se observa, precisam ser abraçados pelas classes mais favorecidas, que relutam a renunciar a privilégios. O país está longe do exercício pleno da cidadania, com solidariedade, cooperação e sentimento de coletividade.

O caminho para se ter sociedade e Estado fortes é conhecido. Envolve a reforma do Estado para promover a igualdade no acesso a direitos e a educação de massas de qualidade — proporcionar o desenvolvimento dos jovens é fator essencial para construir cidadãos conscientes de seus direitos e deveres. Esses temas deveriam estar no âmago do debate público. Afinal, a mobilização social não acontece na ausência de ideias. O caminho da cidadania, com Estado e sociedade fortes, é lento. Foi assim até para os Estados Unidos, que iniciaram reformas do Estado a partir de 1880, com

---

30. Acemoglu e Robinson (2019).

O NECESSÁRIO CAMINHO PARA A CIDADANIA

lideranças políticas que compreenderam as demandas dos novos agentes da classe média. Para países em desenvolvimento, o desafio é maior, por conta do contexto político mais complexo. Com a democracia pouco madura (eleitoral), partidos políticos demandam moeda de troca por seu apoio; o clientelismo é maior.[31]

O acesso coletivo à cidadania não é uma tarefa apenas de governantes com autoridade moral e capacidade política — acreditar nisso equivale a esperar o "salvador da pátria". Ela requer a contribuição da sociedade civil, não só cobrando, mas cumprindo seus deveres e não bloqueando reformas benéficas à coletividade. Não se pode cobrar dos políticos mais do que eles podem entregar.

---

31. Fukuyama (2018).

8. Que falta faz uma classe média

Foi a mobilização social ampla refletindo a ascensão da classe média que levou à disseminação da democracia formal em todo o mundo nas últimas quatro décadas.

Francis Fukuyama

(Há) grupos que, por convicção íntima, se consideram superiores aos demais, incapazes de se submeter às leis, e mais: crentes de que podem não apenas subvertê-las, como também criá-las à imagem e semelhança de seus interesses.

Carlos Melo

Uma classe média representativa, numerosa e com participação relevante na renda do país tem importante papel no desenvolvimento.[1] O motivo não seria exatamente o tamanho do mercado consumidor propiciado,[2] mas sua contribuição para a acumulação de capital humano e a cobrança

---

1. Fukuyama (2018) cita exemplos como os Estados Unidos e o Reino Unido, onde a classe média formou a base para a coalizão progressista em favor da reforma do Estado.
2. O tamanho de mercado consumidor não é condição suficiente para estimular o investimento produtivo e os ganhos de produtividade, pois estes dependem de outras variáveis, como políticas públicas adequadas para um ambiente de negócios saudável e qualidade de mão de obra.

por qualidade da ação estatal na provisão de serviços públicos.[3] O tema é antigo — remete a Max Weber —, mas não está suficientemente consolidado na literatura econômica. Uma grande dificuldade das pesquisas empíricas é delimitar estatisticamente o que é a classe média, um conceito multidimensional cuja definição é controversa.

O ideal seria conseguir identificar um segmento homogêneo em termos do grau de estabilidade da renda, padrão de consumo, costumes, valores e nível de escolaridade — algo mais próximo, portanto, do conceito de classe média da sociologia — para se analisar a relação entre a estrutura social e o grau de desenvolvimento de um país. Não se trata de identificar potencial de mercado consumidor, em que a delimitação por nível de renda bastaria. No entanto, diante da escassez de dados, utiliza-se o intervalo de renda de um "grupo do meio", correndo-se o risco de capturar perfis muito heterogêneos do ponto de vista sociológico, caso o intervalo de renda utilizado seja muito amplo, ou de subestimar o tamanho da classe média, caso contrário.

Feitas essas ponderações, há resultados importantes das pesquisas. A classe média valoriza o investimento em educação, o que é propiciado pelo fluxo de renda mais estável.[4] Além disso, por estar em ocupações que requerem experiência e talentos, ela se associa a valores, como ética do trabalho, defesa de direitos de propriedade e acumulação de riqueza. Quando representativa, a classe média contribui, assim, para moldar as crenças da sociedade. O grupo influi ainda na agenda governamental, mesmo na presença de elites oligárquicas nos países, havendo associação entre esse segmento da sociedade e melhores políticas públicas, instituições pró-crescimento, infraestrutura e serviços públicos de maior qualidade. E, como consequência disso, maior crescimento de longo prazo.[5]

As pesquisas mostram que países com maior PIB per capita dispõem de uma maior classe média. Mas, afinal, são países ricos que propiciam uma classe média mais numerosa ou é esta que leva ao maior crescimento

---

3. Acemoglu, Johnson e Robinson (2005).
4. Chun, Hasan, Rahman e Ulubaşoğlu (2017).
5. Easterly (2001).

QUE FALTA FAZ UMA CLASSE MÉDIA

econômico? Provavelmente, a direção de causalidade é dupla. Surgem, cada vez mais, pesquisas com esse diagnóstico. Um relatório de economistas do Banco Mundial[6] mostra que quando a classe média cresce as políticas sociais na saúde e na educação tornam-se mais ativas, a participação democrática progride e a corrupção no governo se reduz. Além disso, é maior a preferência por políticas econômicas orientadas ao livre mercado, como menores tarifas ao comércio e liberalização do mercado de crédito. Nessa linha, elevam-se as chances de um país sair da armadilha da renda média, ainda que com efeito decrescente conforme o grupo se expande[7] — ou seja, se a classe média já é representativa, aumentos adicionais não farão muita diferença.

A homogeneidade da classe média é ingrediente essencial para esses resultados. Quando fragmentada, dificultam-se a coesão social e a ação coletiva. Há estudos associando o grau de homogeneidade étnica ao crescimento econômico, exceto em situações extremas de classe média muito ampla ou, ao contrário, praticamente inexistente, quando o efeito é muito menor.[8] Na experiência norte-americana, regiões com maior diversidade étnica tendem a investir menos em serviços públicos. Esses resultados vão ao encontro da ideia de que sociedades dominadas por elites investem menos em capital humano e infraestrutura para grupos sociais e raciais fora de seu círculo. Nessas condições, aumenta a responsabilidade de governantes em buscar promover a igualdade de oportunidades e a própria igualdade racial, apesar do desinteresse de grupos dominantes.

A formação da classe média esteve historicamente associada à industrialização, que permitiu a aceleração do crescimento econômico. Em países onde a antiga ordem agrária estava associada à concentração na propriedade de terras e à utilização de mão de obra escrava, o surgimento da classe média foi tardio.[9] No Brasil Colônia, a mão de obra foi majoritariamente escrava, diferentemente da experiência norte-americana. Mesmo com o elevado número de escravos, em 1825, 80% da população

---

6. Loayza, Rigolini e Llorente (2012).
7. Ozturk (2016).
8. Easterly (2001).
9. Fukuyama (2018).

154　　NÓS DO BRASIL

nos Estados Unidos e no Canadá era branca, enquanto chegava a menos de 20% a 25% na América Latina.[10] No Brasil, a população branca era de 38% em 1872. O modelo econômico concentrador de renda desde a Colônia limitou historicamente a formação da classe média.

Até meados do século XIX, grupos urbanos — profissionais liberais, militares, funcionários públicos e comerciantes — representavam pouco mais de 7% da população em idade ativa no Rio de Janeiro e em São Paulo. Somente a partir de 1930 a classe média pôde se expandir, ganhando impulso com o intenso processo de industrialização e urbanização entre 1930 e 1980. Apenas em meados dos anos 1960 a população urbana superou a rural. O padrão de consumo crescia com a aquisição de bens de consumo duráveis. No entanto, as crises dos anos 1980-90 prejudicaram a distribuição de renda e, provavelmente, a expansão da classe média. Houve uma inflexão a partir da estabilização do Plano Real e ganhos mais substantivos vieram nos anos 2000, surgindo a chamada "nova classe média", enquanto se reduzia a pobreza. Diversos fatores ensejaram esse quadro de mobilidade social, entre os quais o controle da inflação, a política de valorização do salário mínimo e as reformas que contribuíram para a geração de empregos com carteira. Não se pode desprezar a influência do ciclo benigno de preços de commodities na dinâmica econômica entre 2002 e 2010, mas este não seria por si só garantia de sucesso na mobilidade social, sendo os acertos na condução das políticas públicas o ingrediente principal.

Entre 1980 e 1990, a classe média representava algo como 30% da população.[11] Desde então, o grupo se expandiu bastante: de 35,8% da população brasileira em 2001 para 61,4% em 2014, segundo Clément et al. (2020). Setores populares ampliaram o poder de compra e o acesso ao crédito, o que permitiu a melhora no padrão de vida e a aquisição de bens, como automóveis — apesar do avanço, nada que se compare aos 90% de participação da classe média dos Estados Unidos já em 1990. Para chegar a essa estimativa de tamanho

---

10. Engerman e Sokoloff (2002).
11. A cifra de 30% é uma aproximação. Segundo Kharas (2010), a classe média representava 29% da população em 1980, e, segundo o Centro de Políticas Sociais da FGV, a classe C tinha participação de 32,5%.

QUE FALTA FAZ UMA CLASSE MÉDIA

de classe média, os autores utilizam um intervalo amplo de renda[12] e, como consequência, obtêm um grupo bastante heterogêneo, que engloba também indivíduos em situação bastante vulnerável e pessoas da classe média-alta com hábitos mais próximos aos de ricos. Há muita disparidade no grau de escolaridade do chefe de família, na utilização ou não de serviços públicos, na estabilidade da fonte de renda e na taxa de fertilidade.

A classe média-alta é a mais relevante para o avanço do capital humano, por conta da maior estabilidade de emprego e renda. Do ponto de vista de renda e padrão de consumo, seria o segmento que melhor se compara à classe média inglesa do século XIX.[13] Mas as semelhanças não vão muito além. São pessoas com educação superior e que podem pensar e planejar o futuro, seu e de seus filhos; têm menos filhos e investem mais em educação. As crianças podem crescer em um ambiente que lhes permite desenvolver seus talentos. É um grupo pouco representativo no Brasil — pelo estudo citado acima, representa 17% da classe média ou 10% da população.[14] Além disso, não contribui efetivamente para o avanço da qualidade das políticas públicas, pois pouco depende de serviços públicos, como educação e saúde. Por esse aspecto, comporta-se mais como a classe alta, distinguindo-se do conceito de classe média da sociologia.

A classe média-baixa representa 39% do grupo ou 24% da população. É constituída por indivíduos com baixa qualificação: aposentados, trabalhadores na agricultura de subsistência e informais. A possessão de bens de consumo durável é bastante baixa, e a situação de vulnerabilidade, grande. Estão distantes da ideia de classe média, em termos de capital humano e cobrança por serviços de qualidade. O grupo restante, do meio, captura 44% da classe média, sendo aquele que melhor representa a chamada "nova classe média". Esse segmento engloba indivíduos com ocupações manuais mais qualificadas e não manuais mais básicas. São usuários de serviços públicos, sofrem com a instabilidade da renda e têm acesso ainda limitado a bens de consumo duráveis.

---

12. Os 61,4% citados como sendo de classe média referem-se ao grupo com renda entre US$ 10 diários e o percentil 95. A preços de 2014, seriam entre R$ 522 e R$ 3.875 per capita mensais. Do restante, 33,6% são pobres e 5% são ricos.

13. Banerjee e Duflo (2008).

14. Outro aspecto é que o grupo abrange funcionários públicos de posições intermediárias.

156 NÓS DO BRASIL

Com todos esses aspectos considerados, a conclusão é de que não há, de fato, uma classe média representativa no Brasil. Aquilo que usualmente se denomina classe média não compõe um grupo que se encaixa bem no conceito da sociologia, ou seja, indivíduos com grande acesso a bens de consumo duráveis, que usam serviços públicos e que contribuem, efetivamente, para a acumulação de capital humano e para a reivindicação de serviços públicos de qualidade, sobretudo na educação. Apesar disso, há algumas semelhanças importantes entre esses diferentes segmentos da classe média, com destaque para o valor atribuído à estabilidade da renda. Esse fator pode ter contribuído para a construção de uma sociedade mais exigente nas últimas décadas — ponto discutido adiante.

A classe média, geralmente, prefere a estabilidade da renda ao empreendedorismo. Em economias em desenvolvimento, este último, quando ocorre, é mais por necessidade. São os pequenos negócios para complementar a renda ou para lidar com a falta de vagas de trabalho, muitas vezes operando na informalidade. Outra importante característica é a valorização do consumo e o anseio por melhorar o padrão de vida. Esses fatores somados implicam o temor de retrocessos no status quo.

No Brasil, pesquisas mostram que o surgimento da nova classe média foi acompanhado de mudança de valores do grupo em um curto espaço de duas gerações. O avanço da renda da geração anterior fez com que a atual nutrisse expectativas mais elevadas. Há o anseio por prosperidade, preocupação com o futuro e temor de perder a posição social.[15] Esse segmento aderiu ainda a valores tradicionais de classe média, como a valorização da educação, considerada o meio para inserção no mercado de trabalho, sendo incentivada pela família, que vê o investimento no jovem como um plano de aposentadoria. A maioria dos jovens da classe média estudou mais que os seus pais e acredita que um diploma universitário pode ajudá-los a melhorar de vida.[16] É importante acrescentar a essa equação o crescimento dos evangélicos.[17]

---

15. Souza e Lamounier (2010).
16. Instituto Data Popular, citado em Saraiva et al. (2015) e em várias matérias na imprensa.
17. Agradeço a Maurício Moura por comentar sobre a importância dos evangélicos na composição da sociedade.

QUE FALTA FAZ UMA CLASSE MÉDIA   157

Segundo pesquisa Datafolha de dezembro de 2019, eles representam 31% da população — a cifra é maior na nova classe média. Nas projeções do IBGE, a participação de evangélicos na população se igualará à de católicos por volta de 2030. Quase 60% são pretos e pardos, 69% têm renda de até três salários mínimos e apenas 15% têm ensino superior. O grupo mostra-se alinhado a valores típicos de classe média: anseia por prosperidade, valoriza a educação e rejeita o paternalismo. Além disso, o ambiente das igrejas promove a cultura do empreendedorismo e da disciplina do trabalho, incentiva o investimento em formação profissional e fortalece as redes de ajuda mútua.[18] Assim, os evangélicos contribuem para formar uma nova classe média mais exigente e que reage às desigualdades raciais e sociais.

Por esses desdobramentos, a classe média, de forma geral, apresenta hoje maior inclinação para reagir diante de crises econômicas. Afinal, inflação controlada e emprego são fatores cruciais para preservar a renda do trabalho. Não por coincidência, os protestos desde 2013 contaram com importante presença de grupos populares.[19] Não que isso seja indicação de coesão social entre os segmentos da classe média. Pesquisadores apontam atitude tendenciosa de grupos mais privilegiados em relação aos populares.[20] Há ainda muito preconceito contra o trabalho braçal, rotulado de atividade inferior, o que reforça as clivagens sociais. Curiosamente, na Constituição de 1988, um dos incisos estabelece "a proibição de distinção entre o trabalho manual, técnico e intelectual ou entre os profissionais respectivos"; uma inclusão que sugere a preocupação dos constituintes com o tema.

Na falta de uma classe média coesa e representativa, aumenta a importância de se contar com uma elite com mentalidade progressista e republicana, a favor de que todos tenham igualdade de oportunidades e uma

---

18. Spyer (2020).
19. Segundo o Datafolha, no protesto de 13 de junho de 2013, em São Paulo, 76% dos participantes eram estudantes de diferentes regiões da cidade, com predomínio de grupos populares. Conforme os protestos cresceram, ganharam adeptos da classe média-alta. Na manifestação de 20 de junho, 76% trabalhavam, sendo que a distribuição por faixa de renda foi relativamente dispersa: 15% para menos de dois salários mínimos; 30% para dois a cinco; 26% para cinco a dez; e 23% acima de dez (6% não responderam).
20. Estanque (2015).

vida digna, e que contenha risco de populismo e retrocesso democrático. Se pequena, a classe média pode se aliar a forças antidemocráticas ao temer intenções das massas mais pobres[21] — um quadro que remete à realidade do país antes do golpe de 1964. Sem contar que elites mais responsáveis perante os cidadãos contribuem para fomentar a cultura cívica.

Antes de prosseguir, é necessário discutir o conceito de elite, cuja teorização formal pela chamada Escola Italiana é do final do século XIX e início do século XX — não tendo relação com a ideia de superioridade em relação aos demais ou de grupos poderosos unidos por laços familiares. Trata-se de um conceito fragmentado dentro das disciplinas de sociologia, ciência política e economia, mas que, em linhas gerais, converge na ideia de que a elite é um grupo que desfruta de status privilegiado e exercita controle ou influência decisiva sobre a organização social. Desnecessário discutir a dificuldade prática de identificá-la. A pesquisa acadêmica do passado utilizava critérios de renda e poder político, porém cada vez mais se busca incorporar grupos distintos em cada segmento da sociedade, como empresários e dirigentes do setor privado, intelectuais, cientistas e membros de cúpulas religiosas e de organizações da sociedade civil.

O caminho mais direto de as elites impactarem a economia é por meio da influência na definição dos objetivos das políticas públicas e, assim, na alocação de recursos. Mais precisamente, pela forma como equilibram, de um lado, a defesa de seus interesses (extrativistas ou *rent seekers*) — inclusive favorecendo grupos ineficientes e bloqueando reformas estruturais de forma a perpetuar o status quo — e, de outro, objetivos de igualdade e bem-estar social. Além disso, influenciam o desenho do sistema político com o objetivo de reduzir a concorrência na política e preservar sua condição.[22] A forma como o poder é distribuído e se mantém ao longo do tempo tem consequências no desenho das instituições.[23]

---

21. Fukuyama (2018).
22. DiCaprio, apud Amsden, DiCaprio e Robinson (2012).
23. Acemoglu e Robinson (2012).

QUE FALTA FAZ UMA CLASSE MÉDIA

As crenças da elite — sua ideologia, a forma como enxerga os mais pobres, o grau de inclinação ao empreendedorismo e quanto se preocupa com o futuro, incluindo questões ambientais — importam, portanto, para o desenvolvimento dos países. O ideal é que estejam mais alinhadas aos objetivos da sociedade como um todo. Isso ocorre quando as elites percebem que suas proteções individuais — como nos serviços particulares de saúde, educação e segurança — são insuficientes para a solução de problemas que as afetam, demandando, assim, do poder público a provisão de direitos sociais[24] — um exemplo foi a pressão de lideranças privadas para a tempestiva vacinação em massa pelo governo federal. No caso brasileiro, marcado por amplo patrimonialismo, essa convergência de objetivos passa também pelo reconhecimento de que muitas políticas públicas que beneficiam a elite acabam sendo deletérias para o crescimento e o bem-estar de todos.

Não há muitas pesquisas sobre o perfil da elite no Brasil, mas cito aqui duas delas. Fernando Henrique Cardoso, em livro publicado em 1964, concluiu em sua pesquisa que empresários não se viam como classe destinada a liderar algum tipo de mudança social, prevalecendo a preocupação de sobreviver no cenário adverso de capitalismo incipiente e instituições ainda frágeis. Eram pragmáticos, alimentando o patrimonialismo pela busca de benesses. Não havia projeto de país na elite industrial ou o papel transformador a ela atribuído. Apesar de importantes avanços e modernização da economia desde então, o pensamento não parece ter mudado significativamente, prevalecendo o pragmatismo de curto prazo e a busca de proteções governamentais.

Outra pesquisa é a de Elisa Reis,[25] conduzida entre 1992 e 1996, englobando amplo espectro de representantes da elite. A conclusão é de que os grupos veem a pobreza como um problema que os afeta, mas que não julgam ser sua responsabilidade remediá-la. Acreditam que cabe ao Estado prover as condições necessárias para que o setor privado gere riquezas, o que naturalmente criaria oportunidades para os mais pobres, em que pese a necessidade

---

24. Abram de Swaan em "In Care of the State: Health Care, Education and Welfare in Europe and the USA in the Modern Era" (1998), apud Amsden, DiCaprio e Robinson (2012).
25. Apud Amsden, DiCaprio e Robinson (2012).

160

NÓS DO BRASIL

de políticas sociais até que isso se concretize — uma visão diferente daquela típica das elites europeias, que demonstram maior preocupação com o bem comum.[26] Além disso, a julgar pelo resultado da pesquisa, as elites não fazem a devida reflexão sobre o quanto a qualidade da ação estatal é prejudicada pelo patrimonialismo que, muitas vezes, as beneficia.

A maneira como se formou a sociedade brasileira ao longo do tempo não ajuda.[27] A elite nasceu na oligarquia rural extrativista, que não tinha perfil empreendedor, quando comparada, por exemplo, à do Sul dos Estados Unidos no século XIX — ambas proprietárias de latifúndios e escravagistas. Os sulistas norte-americanos tinham uma elite com mentalidade mais empresarial, mais ligada a valores burgueses. Era mais bem preparada e valorizava os cuidados com saúde e educação. Do lado negativo, não concedia facilmente alforria, pois isso feria a lógica do negócio, mas preparava a mão de obra escrava para lidar com equipamentos e técnicas de plantio mais modernas do que aquelas aqui observadas. Não hesitava em utilizar escravos, inclusive desempenhando tarefas altamente técnicas ou até funções de direção. Como resultado, a industrialização ocorreu mais cedo.

A elite agrária no Brasil era pouco preparada e suas atitudes estavam muito longe dos valores de uma burguesia. Estava mais presa ao status e ao exibicionismo do que a atividades empresariais ou ao investimento. Em que pesem os esforços para experimentar novos tipos de sementes de café, poucos fazendeiros liam jornais especializados, e muitos deles eram analfabetos. As poucas publicações brasileiras não davam atenção aos avanços no campo. Não existia o costume de realizar exposições rurais com o objetivo de disseminar e estimular a adoção de melhores métodos agrícolas. O resultado foi o atraso técnico na produção. Embora alguns fazendeiros tenham investido em estradas de ferro, a maioria recusava-se a contribuir até mesmo para a construção de estradas comunitárias, indiferentes ao benefício individual e coletivo decorrentes de um melhor sistema de transportes. Outro exemplo é que não se opunham às impre-

---

26. Fukuyama (2018).
27. Graham (1981).

QUE FALTA FAZ UMA CLASSE MÉDIA   161

cisões nos registros de terras para determinar claramente as fronteiras de suas propriedades, uma vez que assim fortaleciam a sua autoridade e poder. Ademais, a propriedade da terra era mais concentrada.

As oligarquias locais dominaram a política nacional na Primeira República — era a época dos coronéis. Vargas abalou aquele equilíbrio promovendo a concentração de poder no Executivo federal, mas alimentou a elite industrial, apesar do discurso populista. Na volta da democracia, entre 1946 e 1964, os proprietários rurais restabeleceram sua influência no nível federal, influindo na distribuição de recursos e suplantando os partidos políticos. Em boa parte da história do Brasil, as forças locais foram dominadas por oligarquias familiares tradicionais. Os municípios com maior concentração política também eram menos desenvolvidos e mais dependentes da produção agrícola.[28] A propósito, todos esses são fatores que inibem a formação da classe média.

Na ditadura, os militares viam as elites locais como obstáculo a um Estado nacional forte e buscaram alterar esse quadro promovendo a competição política no nível local, a fim de suplantá-las. Claudio Ferraz, Frederico Finan e Monica Martinez-Bravo (2020) apontam que, para isso, os militares criaram o sistema de sublegenda, em que múltiplos candidatos poderiam concorrer pela Arena. Além disso, conduziram políticas direcionadas para modernizar o setor agrícola, como subsídios, gerando uma nova classe de produtores mais eficientes, o que desafiava a elite rural tradicional. Apesar de serem políticas de escala nacional, a implementação se voltou a municípios com poder político concentrado em poucas famílias.

No entanto, após o choque do petróleo, conforme aumentavam os problemas econômicos e o protagonismo da oposição, os militares precisaram mudar sua estratégia política, por meio da extensão de patrocínios estatais, e as elites tradicionais retornaram aos gabinetes oficiais. Além disso, a ação pesada do Estado para sustentar o crescimento econômico não só revigorava as redes de clientelismo político, como beneficiava as classes industriais e

---

28. Ferraz, Finan e Martinez-Bravo (2020). Os autores analisam os estados do Ceará, de Minas Gerais e da Paraíba entre 1947 e 2000.

outros segmentos da economia. Em que pesem as (poucas) vozes dissonantes no empresariado, foi emblemático o discurso do presidente da Fiesp, Theobaldo de Nigris, em 1977, em apoio ao regime, enquanto justificava a utilização dos instrumentos de segurança do Estado para manter a ordem.[29] O então presidente da Federação do Comércio de São Paulo, José Papa Junior, seguia a mesma linha, sob aplausos do empresariado.

Em que pese o fato de a elite tradicional continuar embutida na vida política, a democracia ampliou o número de grupos capazes de influir no desenho do arcabouço institucional e nas políticas públicas. Novos grupos organizados e corporações ganharam espaço na arena política. Esses grupos não defendem pautas coletivas, mas sim seus interesses corporativistas, sendo que o sistema político hiperfragmentado contribui para sua sobrevivência. Enquanto isso, o Brasil perde talentos em razão do difícil quadro econômico e social, empobrecendo a qualidade da elite. A "fuga de cérebros" prejudica a inovação e está associada a menores gastos em pesquisa e desenvolvimento, desencadeando um círculo vicioso particularmente prejudicial a nações em desenvolvimento. O país que contou, no passado, com a imigração de estrangeiros bem qualificados, com importantes contribuições em várias áreas,[30] agora perde talentos.

Finalizando, o surgimento da classe média no Brasil foi tardio. O grupo cresceu, mas não é suficientemente representativo e coeso, sendo em alguma medida segmentado em corporações, inclusive representadas no congresso, como professores e policiais. Há baixa demanda social para a construção de instituições pró-crescimento, o que reverbera na política, esfera em que acabam prevalecendo os interesses de grupos organizados. Soma-se a isso o déficit de espírito republicano, do bem comum, da elite. Não se pode menosprezar, porém, o aprendizado das elites, hoje menos omissas, e o fato de a sociedade ser mais participativa, reagindo diante de ameaças de retrocessos. É um quadro de lento amadurecimento, mas não de paralisia e apatia.

---

29. Rezende (2013).
30. O livro de Raul Juste Lores, *São Paulo nas alturas* (2017), é um ótimo guia para as contribuições na arquitetura nos anos 1950.

9. Como resgatar o compromisso do servidor público com o cidadão?

Quando o servidor público entender quem paga seu salário, a relação com a sociedade será outra.
José Pastore, em aula ministrada na FEA-USP, em 1986

O foco da política pública tem de ser o cidadão.
Marcos Lisboa

O funcionamento da administração pública é ingrediente essencial para a qualidade da ação do Estado. Os servidores públicos, além de executores de decisões políticas para o cumprimento das funções de Estado, também contribuem decisivamente para a qualidade das políticas públicas. A pesquisa empírica mostra que a qualidade da burocracia estatal está associada ao crescimento econômico dos países.[1] E a qualidade do funcionalismo vai muito além da capacitação técnica, requerendo o engajamento por meio de carreira previsível e edificante e o devido isolamento de pressões patrimonialistas e clientelistas. É necessário também coibir desvios de conduta, uma vez que o funcionalismo pode

---

1. Evans e Rauch (1999) e Besley, Burguess, Khan e Xu (2021).

agir como ator político relevante, defendendo pautas corporativistas ou fazendo uso indevido do seu poder.[2]

Há razões para acreditar que a burocracia estatal é uma instituição bastante importante para explicar o baixo crescimento brasileiro. Os motivos seriam fatores como: o sindicalismo que prejudica a meritocracia na gestão; o modelo administrativo mais preso aos meios do que aos fins, que dificulta a coordenação de órgãos públicos; o peso do clientelismo; e o complexo marco jurídico, que produz insegurança jurídica na própria atuação dos servidores.

Se no mundo pré-moderno a burocracia baseava-se em relações pessoais, na modernidade passou a ser pautada por regras universais. As reformas administrativas nos países, a partir da segunda metade do século XIX, foram inspiradas no modelo weberiano:[3] uma burocracia dotada de servidores públicos apolíticos, com preparo técnico e engajados, e preocupada com a racionalidade formal da organização e a efetividade da ação estatal. As guerras entre nações eram estímulo para a construção de burocracias organizadas, como na França e na Prússia, pois era necessário financiar o conflito. Com a democracia de massas, apareceram outros elementos para garantir a qualidade das políticas públicas, com mecanismos de freios e contrapesos. Surgem instituições de controle para o exercício da vigilância, da fiscalização e da responsabilização das decisões (*accountability*), visando a assegurar a legalidade e a legitimidade da ação de governos. Nessa linha, a Constituição de 1988 introduziu um amplo sistema de instituições de controle.[4] Sua efetividade, no entanto, decepciona, quando não preocupa, conforme discutido adiante. Já em democracias maduras, com maior participação da sociedade e com governantes e máquina estatal exercendo a autocontenção, os sistemas de controle tendem a ser menores.

---

2. Como discute DiSalvo (2010), esse não é um tema só do caso brasileiro.
3. Max Weber tratou o tema da burocracia e sua relação com a política há mais de 120 anos, pois o aparato administrativo é instrumento de exercício do poder estatal.
4. No Brasil, compõem a rede de controle, fundamentalmente, o Tribunal de Contas da União (TCU), o Ministério Público (MP), a Polícia Federal (PF) e a Controladoria-Geral da União (CGU).

COMO RESGATAR O COMPROMISSO DO SERVIDOR PÚBLICO... 165

Os graus de discricionariedade e de controle da burocracia variam entre os países, com influência de fatores históricos, principalmente os de natureza política, que se resumem basicamente na incerteza de governantes em relação à sustentação no poder.[5] Por exemplo, enquanto a França, que passou por revolução, tem burocracia mais rígida e orientada para dentro da organização estatal, os Estados Unidos adotam um modelo mais flexível e com foco no "cliente" ou nas políticas públicas. O tipo de marco jurídico dos países também influencia o funcionamento da burocracia. Uma ação governamental mais intervencionista implica estrutura mais complexa e burocratizada, como no caso do Brasil. Pesquisas indicam também diferenças no grau de penetração da lógica privada na administração pública, sendo pior a governança em países em desenvolvimento em relação a economias avançadas.[6]

A posição do Brasil no ranking de qualidade da governança do Banco Mundial é pouco satisfatória. No subitem "efetividade do governo", em 2019, atinge a nota -0,29 (em uma escala de -2,5 a +2,5), inferior à nota -0,05 na América Latina, sendo +0,23 a média do Chile, Colômbia, México e Peru. Na Pesquisa Gallup Mundial (2018), a não regulamentação do lobby também penaliza as notas do país. Por outro lado, um ponto positivo é a abertura de dados governamentais.

Estruturas institucionais mais frágeis, que falham na seleção de servidores e no desenho de incentivos para elevar a performance, comprometem a eficiência da administração pública. No Brasil, o modelo adotado tornou a atividade praticamente sem riscos — destoando até das experiências na América Latina[7]—, o que desincentiva a busca dos servidores por aprimoramento e melhor desempenho. Há estabilidade de emprego, remuneração superior à do setor privado em carreiras equivalentes e risco reduzido de oscilação de renda em comparação com a imensa maioria dos trabalhadores do setor privado. Na realidade, é comum na experiência mundial o funcionalismo ter remuneração total mais elevada em relação à contraparte

---

5. Silberman (1993).
6. Finan, Olken e Pande (2015).
7. OCDE (2020a).

privada. O problema é que, ironicamente, em países de menor renda per capita, com pior qualidade do funcionamento do Estado, esse diferencial tende a ser maior[8] — uma situação que tende a se manter com a falta de meritocracia no serviço público; isso sem contar quando servidores agem como atores políticos para preservar privilégios.

O Brasil destoa na remuneração dos servidores, com elevada diferença salarial em relação ao setor privado, considerando cargos similares: 18% no total[9] e 67% no nível federal[10] ante 14% na OCDE, mesmo após levar em consideração níveis equivalentes de formação, bem como idade e experiência dos indivíduos. Além disso, a Previdência é generosa — atualmente menos, pois reformas foram conduzidas em 1998, 2003 e 2019 para reduzir, aos poucos, as discrepâncias entre as regras do setor privado e as do público. A remuneração do funcionalismo é composta de várias parcelas, com benefícios e gratificações, incluindo restituições com despesas como moradia, educação e de representação. Há vantagens obtidas inclusive por meio de ação judicial. A legislação é complexa, com decretos, portarias e súmulas — geralmente favoráveis ao servidor. Reduz-se assim a transparência para a sociedade.

O funcionalismo não é um grupo homogêneo, um bloco monolítico. Há muitas clivagens por carreira, Poder e entes da federação,[11] gerando diferentes regras de benefícios e remuneração e, assim, injustiças que prejudicam a gestão da máquina pública. Na alta burocracia encontram-se os formuladores de políticas públicas. São cargos de confiança, com indicação técnica ou política, exercidos temporariamente, e que visam a permitir o alinhamento da burocracia às novas orientações programáticas dos eleitos. No presidencialismo de coalizão, tornaram-se também instrumento de barganha política, especialmente nos cargos em áreas mais periféricas ou menos estratégicas e que exigem menor domínio

---

8. Finan, Olken e Pande (2015).

9. CNI (2020).

10. Banco Mundial (2017). Segundo a pesquisa com dados de 2015, 83% do funcionalismo federal está no quintil mais rico da população.

11. Vale registrar: o funcionalismo público municipal, estadual e federal representava, em 2018, respectivamente 60%, 30% e 10% do total. No nível federal, os vínculos no Executivo correspondiam a 94,3%, no Legislativo, a 2,5%, e no Judiciário, a 3,3%.

COMO RESGATAR O COMPROMISSO DO SERVIDOR PÚBLICO... **167**

técnico. No Brasil, representam algo como 3% a 4% do total dos quadros no Executivo — são ministros, cargos de natureza especial e de direção e assessoramento superior (DAS) —, sendo 65% destes ocupados por servidores qualificados. As nomeações políticas não são um problema em si. A questão principal é haver compromisso e identificação com a missão do cargo. Sem isso, o fisiologismo, o loteamento de cargos e o aparelhamento da máquina contaminam toda a cadeia da gestão pública. Retira-se a legitimidade da cobrança de resultados dos escalões inferiores e alimentam-se o corporativismo e a crença de que é necessário proteger o funcionalismo dos políticos que usam a máquina em seu benefício.

Na burocracia intermediária, encontram-se aqueles gestores responsáveis pela administração em sua essência, sendo a ligação entre a formulação e a execução das políticas. A ela cabe implementar, controlar e monitorar as ações governamentais. No entanto, faltam formas adequadas de avaliações de desempenho. Apesar da preponderância de servidores públicos, as indicações políticas agravam o problema.[12] A prática de nomeações produz instabilidade e ineficiências, enquanto a elevada rotatividade gera perda de expertise organizacional. Os indicados do setor privado podem contribuir ao inovar em práticas administrativas, mas desconhecem a operação da máquina, algo decisivo para seu bom funcionamento. De quebra, pode-se ferir a legitimidade do Estado aos olhos da população.

O terceiro segmento do funcionalismo está na linha de frente no atendimento aos cidadãos, estando mais presente nos estados e, principalmente, nos municípios. Seu desempenho é impactado por problemas que se acumulam nos escalões mais altos. São atividades que muitas vezes demandam capacidade de julgamento na execução cotidiana dos serviços e das políticas públicas — o uso de poder discricionário é inevitável para adaptação a diferentes situações não previstas nos protocolos ou regras.

---

12. Havia intenção na Constituinte de circunscrever o espaço das nomeações livres apenas a cargos de natureza especial, chefes de gabinete e assessores diretos, mas a iniciativa não prosperou.

168 NÓS DO BRASIL

Sem formação e treinamento adequado, eleva-se o risco de injustiças no acesso do cidadão ao Estado, tanto prejudicando vulneráveis, como beneficiando não elegíveis.

Apesar de avanços na qualificação nas últimas décadas, a burocracia não se mostra suficientemente preparada para formular e, também, executar satisfatoriamente as ações governamentais. Há ilhas de excelência, mas não um conjunto articulado e entrosado. Do ponto de vista ideológico, com importantes exceções, prevalece a visão excessivamente intervencionista. A má focalização das políticas públicas nos mais pobres[13] pode ser reflexo desse quadro. Vários outros fatores também impactam a efetividade da administração pública. Os marcos jurídicos, ao mesmo tempo complexos e incompletos, aliados à falta de definição clara de atribuições e responsabilidades de órgãos e agências públicas, produzem o chamado "apagão da caneta". A expressão refere-se à insegurança jurídica que envolve as ações de servidores, que, ao temerem processos e punições, optam por protelar ou evitar decisões, seja no desenho de políticas públicas, seja na sua execução. Um exemplo é a dificuldade de obter autorizações e licenças para projetos de investimento em infraestrutura que envolvem muitos órgãos de governo.

A sindicalização é outra marca do funcionalismo — retomo ao tema adiante. Esse fato associado à elevada desigualdade das remunerações dentro da administração pública é combustível para o corporativismo. A desigualdade no setor público é superior à observada na iniciativa privada. A fatia dos 10% mais bem pagos no nível federal concentra as remunerações que estão mais distantes dos ganhos em posições equivalentes no setor privado. A prevalência é maior nas carreiras judiciárias, isso porque foram as mais beneficiadas desde a redemocratização.[14] Vale citar que o elevado custo da máquina[15] está mais associado às remunerações e à

---

13. Banco Mundial (2017).
14. Souza e Medeiros (2013).
15. Segundo a OCDE, a despesa total (ativos e inativos) como proporção do PIB (13,3% em 2017) é superior à de países ricos (9,2% na OCDE) e da América Latina e Caribe (8,9%), sendo o dobro do Chile, Peru e Colômbia (em torno de 6,6%), segundo a CNI.

COMO RESGATAR O COMPROMISSO DO SERVIDOR PÚBLICO... 169

Previdência generosa do que ao número de funcionários públicos. De qualquer forma, em 2015, a soma de servidores na ativa como proporção da população (5,6%) era superior à média da América Latina (4,4%)[16] — em alguma medida resultado do modelo de maior intervenção estatal.

Houve aumento do funcionalismo, sobretudo no governo Lula, porém a participação no mercado de trabalho mantém-se entre 15,1% e 19,5% do total de vínculos, desde 1986.[17] Nas esferas municipais, principalmente, e estaduais a expansão foi maior, o que em boa medida explica as dificuldades desses entes para honrar a folha. Além de erros de gestão, colaboraram para isso o crescimento do número de municípios (entre 1980 e 2017, foram criados 1.579) e a descentralização de gastos na Constituição. O elevado custo do funcionalismo, no entanto, não esgota os problemas, que são ainda maiores na qualidade da máquina pública, e alguns vícios têm raízes profundas.

Na época do Brasil Colônia, não havia uma estrutura funcional, sendo o comando descentralizado.[18] A vinda da família real implicou a instalação do modelo português, caracterizado por excessiva burocracia, formalismo e personalismo. Houve significativa ampliação da máquina pública, com novos órgãos e cargos, estes distribuídos de acordo com a conveniência do soberano. Com a Independência, era necessário formar uma burocracia nacional. Apesar da formação liberal dos bacharéis que ocuparam cargos públicos, tratava-se de uma burocracia patrimonial. Ao mesmo tempo, havia corrupção e desconfianças de lado a lado. Por exemplo, funcionários do governo destruíram o conjunto dos registros de escravos logo após a abolição, a fim de eliminar qualquer base sobre a qual os proprietários pudessem reclamar compensações[19] — certamente não foi uma forma adequada de tratar

---

16. Tomando como proporção do emprego total, as cifras em 2018 foram: 12,5% no Brasil; 11,9% na América Latina e Caribe; e 21,1% nos países da OCDE.

17. Lopez e Guedes (2020).

18. Nas reformas pombalinas em Portugal, em meados do século XVIII, houve maior intervenção em assuntos da colônia. Um legado de Pombal foi buscar criar uma alta burocracia formada em Coimbra para atuar nas colônias.

19. Graham (1990).

170   NÓS DO BRASIL

o assunto. Na Primeira República, não houve mudanças essenciais na administração pública. O elemento novo foi a autonomia concedida aos estados, mas o coronelismo alimentou ainda mais o sistema de patronagem, uma vez que o poder político dependia de compra de votos e de controle de segmentos da sociedade.

A burocracia patrimonial não era uma particularidade brasileira. Na Primeira República, porém, o país se distanciou da experiência mundial, pois, a partir da segunda metade do século XIX, começaram a surgir as primeiras reformas com inspiração weberiana.[20] A partir da década de 1920, jovens militares, intelectuais e segmentos da classe média passaram a reivindicar uma ordem pública universalista e moderna, manifestando-se contra o sistema oligárquico, personalista e clientelista. Desejavam uma burocracia profissional, insulada e dedicada à efetividade da ação estatal. Adicionalmente, credores externos demandavam governança na administração pública. A Missão Montagu, de 1924, e a Missão Niemeyer, de 1931, recomendaram a adoção de medidas para aumentar a capacidade de controle e de fiscalização das finanças públicas, incluindo o endividamento dos estados. A crise financeira de 1929 tornava inevitável alguma resposta do governo.

Getúlio Vargas era sensível ao tema. Em discurso em 1931, falou em haver uma "anarquia administrativa". Iniciou, assim, uma reforma para modernização do aparelho de Estado, implantando uma burocracia profissional institucionalizada.[21] O contexto era de construção de um Estado nacional caracterizado pela ampla e profunda intervenção estatal na economia e na sociedade: ministérios, autarquias, agências e empresas estatais, gerando milhares de empregos. Esse modelo, intensificado no Estado Novo, exigia maior eficiência da gestão pública. Além de estabelecer o sistema de mérito e a exigência de concurso público, buscaram-se a padronização ou universalismo de procedimentos, para afastar o personalismo no serviço público, e a formação de um corpo técnico insulado de disputas políticas e demandas clientelistas.

---

20. Abrucio, Pedroti e Pó (2010).
21. Nunes (2003).

COMO RESGATAR O COMPROMISSO DO SERVIDOR PÚBLICO... 171

Valendo-se do regime autoritário do Estado Novo, uma forte centralização administrativa foi estabelecida com a criação, em 1938, do Departamento Administrativo do Serviço Público (Dasp), um órgão consultivo da Presidência e peça-chave da reforma administrativa. O processo de centralização da máquina foi sem precedentes no país, abrangendo os estados. As Comissões de Eficiência, que se reportavam diretamente ao Dasp, estavam instaladas em todos os ministérios. Nas demais esferas, os "Daspinhos" desempenhavam funções de fiscalização das ações de interventores nos estados e de prefeitos, incluindo leis, decretos e o próprio orçamento. Praticamente todas as medidas legais importantes eram analisadas e reportadas à matriz federal.

Por esse aspecto, o Dasp exercia também o controle político, e não apenas o administrativo. Utilizava-se a máquina estatal para incorporar aliados regionais e perseguir opositores. A administração pública atendia a anseios do governante, naquele caso, um ditador — essa característica ficou impregnada em segmentos do setor público.[22] De quebra, alimentou-se a diferença qualitativa da burocracia federal em relação à dos entes subnacionais, um problema ainda presente em muitos estados e municípios. Em que pese a modernização da administração, um aparelho complexo e centralizado substituiu o sistema federativo com orientação liberal da Primeira República. Naquele contexto autoritário, o insulamento burocrático afastou o núcleo técnico das incipientes instituições democráticas. Reduzir os limites de arena de formulação de políticas, por vezes com hostilidade e violência, significava a exclusão da imprensa e dos partidos políticos. No período democrático subsequente, o Dasp foi esvaziado, pois considerado uma criação da ditadura, sendo extinto apenas em 1986.

No início da década de 1950, no segundo governo Vargas, foram criadas várias agências estatais. Pautavam suas atividades de acordo com a

---

22. Abrucio, Pedroti e Pó (2010). Os autores também discutem que a centralização administrativa não necessariamente seria um problema em si. O problema maior foi seu caráter autoritário. A centralização promovida por Franklin Roosevelt (1933-45) nos Estados Unidos visava à transformação política e gerencial de governos locais, contra as oligarquias, e não ao seu controle, como no varguismo.

172

NÓS DO BRASIL

orientação ideológica de seus agentes. Prevalecia o pensamento nacional--desenvolvimentista, em linha com os objetivos de intervenção estatal do governo. Alguns poucos órgãos estavam alinhados com o pensamento liberal. Isso em meio ao próprio debate da época entre Eugênio Gudin e Roberto Simonsen — tema do capítulo 11, sobre a academia. Os nacionalistas se reuniam em torno da Assessoria Econômica e o grupo de técnicos liberais participava da Comissão Mista Brasil-Estados Unidos. As agências e grupos competiam entre si para influenciar as estratégias do governo. Ao mesmo tempo, reconheciam a necessidade de apoio do Executivo, para evitar nomeações políticas nas posições de chefia ou corte de verbas, enquanto coalizões políticas eram firmadas com atores fora da arena administrativa.

Uma grande vitória da burocracia nacionalista foi a criação do Banco Nacional de Desenvolvimento Econômico (BNDE), em 1952. Logrou também a criação de empresas estatais; Petrobras e Eletrobras foram as principais conquistas. Já do lado dos liberais, uma importante contribuição foi a criação da Superintendência da Moeda e do Crédito (Sumoc) — embrião do Banco Central —, mas não sem resistência daqueles que temiam qualquer perda de poder do Banco do Brasil, exigindo de Otávio Bulhões e de Eugênio Gudin grande esforço para angariar apoio.[23] Surgia, assim, uma burocracia, na administração indireta, preparada e bem remunerada, com papel fundamental na execução dos projetos. Tinham grande autonomia e não se enquadravam no modelo de burocrata com carreira rígida, como previsto na reforma de 1938. Os resultados alcançados foram substanciais, devido a uma estrutura mais flexível. Ao mesmo tempo, havia cobrança para a entrega de resultados e concorrência entre as agências.

Consciente da necessidade de avançar na institucionalização da administração pública, no segundo governo, Vargas enviou ao Congresso um projeto amplo de reforma administrativa, mas não logrou aprová-la. A resistência política era grande. Uma característica do período democrá-

---

23. Carvalho, Oliveira e Monteiro (2010).

COMO RESGATAR O COMPROMISSO DO SERVIDOR PÚBLICO... 173

tico de 1946-64 foi a considerável autonomia da burocracia. No entanto, não foram criadas formas de controle pelo Congresso. Os partidos estavam distantes das questões de governo.

Juscelino Kubitschek, pragmático, alojava aliados na administração em troca de apoio político, mas mantendo o insulamento da tecnocracia em áreas estratégicas. Havia uma administração paralela para lidar com as iniciativas setoriais do Plano de Metas, o que, no entanto, fragmentou em demasia a estrutura governamental. João Goulart utilizou o clientelismo intensamente, a ponto de os próprios procedimentos burocráticos dependerem de alguma influência, prejudicando o universalismo de procedimentos implementado por Vargas.

Uma reforma pioneira foi realizada, por meio do Decreto-lei 200, de 1967. Roberto Campos comandou uma reforma ampla de caráter gerencial, com base nos trabalhos de Hélio Beltrão, presidente da Comissão Especial de Estudos da Reforma Administrativa. O objetivo era prover maior autonomia e agilidade à administração indireta, inclusive com contratação pela CLT. Em 1979, Beltrão volta à cena para o Ministério da Desburocratização. O Programa Nacional de Desburocratização buscava reduzir a centralização, o formalismo do processo administrativo e o excesso de regulamentações. No entanto, poucas medidas avançaram em razão de resistências internas. Na administração direta, os militares preferiam a centralização no nível federal e o controle dos entes subnacionais. Por outro lado, o regime fortaleceu algumas carreiras de Estado, com base na meritocracia e profissionalização, notadamente na área econômica, como na Receita Federal e no Banco Central. Os mesmos princípios valeram para a criação de instituições, como a Embrapa e o Ipea. Houve grande ampliação da administração indireta, sobretudo os órgãos associados à agenda econômica, prioridade do governo, aumentando o poder de ação estatal.

O direito de greve e de organização sindical manteve-se proibido, o que não impediu os movimentos grevistas. No interior das associações de servidores — supostamente de fins culturais e recreativos — se fez a construção das lutas e das organizações de classe. A partir de 1978, houve uma unificação de movimentos reivindicatórios, quase sempre acompa-

174 NÓS DO BRASIL

nhados por longas greves. Afinal, no ambiente de repressão, seu sucesso dependia da visibilidade pública. A resposta dos militares foi enquadrar a greve dos servidores públicos na Lei de Segurança Nacional, várias vezes invocada para esse fim. No entanto, o sindicalismo demonstrou grande capacidade de mobilização das várias categorias do setor público, tendo sido inclusive uma das bases da criação da CUT.[24] Conforme se impregnou na máquina estatal, enfraqueceram ou até desapareceram as cobranças por desempenho e a meritocracia em promoções e nomeações para postos mais elevados.[25] Contribuía para isso a perda de espaço da tecnoburocracia.

O complexo ambiente político do pós-ditadura dificultava o enfrentamento de problemas estruturais, em que pesem os importantes avanços institucionais na gestão das contas públicas no governo Sarney.[26] Foram criadas a Enap (Escola Nacional de Administração Pública), responsável pela formação de novos dirigentes do setor público, e o Cedam (Centro de Desenvolvimento da Administração Pública), para treinar e reciclar servidores públicos. No entanto, o governo não conseguiu instituir um sistema de carreiras que justificasse a existência desses órgãos naquele momento. A Constituição de 1988 cedeu a pressões corporativistas e estabeleceu mais de cem direitos, incluindo a aposentadoria integral e da estabilidade plena,[27] e alguns poucos dispositivos sobre o processo disciplinar e as sanções cabíveis em caso de falta grave, apurada, porém, por comissão de pares. Houve também a incorporação inadequada de gratificações e benefícios.

Estabeleceu-se o regime único de trabalho, qualquer que seja a ocupação, o que produz rigidez na administração, diferentemente das regras anteriores do regime militar, que caíram em desgraça por estarem associa-

---

24. Silva (2001).
25. Gindin (2013) analisa o sindicalismo no setor de educação.
26. Destacam-se o fim da "conta movimento", mecanismo que levava o Banco Central a financiar políticas de crédito do Banco do Brasil, e o do orçamento monetário, que fazia do Banco Central um banco de fomento. Foi também criada a Secretaria do Tesouro Nacional, havendo a separação das contas de BB, BC e TN.
27. Foi concedida estabilidade inclusive para cerca de 500 mil funcionários públicos que não haviam passado por concurso.

COMO RESGATAR O COMPROMISSO DO SERVIDOR PÚBLICO... **175**

das à ditadura. Houve um retrocesso ao se eliminar os avanços alcançados desde o Decreto-lei 200 na direção de uma administração gerencial mais moderna, com foco em resultados, em vez de controle rígido dos processos. Foi incorporado o direito de greve com restrições às atividades consideradas essenciais. Faltou, no entanto, lei específica para sua regulamentação, o que acabava estimulando frequentes e longas paralisações de categorias mais organizadas. Tudo somado, perdeu-se a cultura de cobrança de efetividade e eficiência da ação estatal.

No contexto democrático, de demanda por *accountability* do setor público, a Constituição criou órgãos de controle e deu mais autonomia e poder aos existentes. O Ministério Público, até então vinculado ao Executivo, ganhou grande independência e capacidade de ação "ex officio", em nome de interesses da sociedade, incluindo a defesa do patrimônio público e social. Os tribunais de contas tiveram suas funções ampliadas, indo além do tradicional cunho legalista para incluir funções de controle de desempenho e efetividade da gestão pública, como a possibilidade de se manifestar sobre a legalidade de licitações em caráter prévio.[28] Todos os atos relativos à gestão de pessoas devem ser apreciados pelo Tribunal de Contas da União (TCU). O órgão age de modo peculiar, pois não raro cria para si atribuições e instrumento de controle, sem base constitucional ou legal direta.[29] Posteriormente, em 2003,[30] a criação da Controladoria-Geral da União (CGU) promoveu a centralização de todas as atividades de controle interno do governo federal e as iniciativas de prevenção e combate à corrupção, antes espalhadas em diversos órgãos.

Dotados de maior autonomia e legitimados pela opinião pública, os membros dessas instituições transformaram-se em atores políticos. Participam do processo decisório de criação e implementação de normas. Logram ampliar recursos orçamentários, bem como recursos políticos

---

28. A Lei de Responsabilidade Fiscal (LRF) representou grande mudança para o TCU, adicionando práticas de gestão e auditoria.
29. Sundfeld e Rosilho (2021).
30. Antes disso, em 2001, o governo FHC criou a Corregedoria Geral da União.

NÓS DO BRASIL

e institucionais. Muitos apontam que o controle do uso e do repasse de informações obtidas pelos agentes acaba sendo utilizado como recurso estratégico, tendo em vista interesses políticos e corporativos.[31] Sua atuação resulta em voluntarismo que impacta os resultados das políticas públicas. Muitos acusam os órgãos de controle de abusos e de excessivo poder discricionário, não estando sujeitos a mecanismos externos de controle e responsabilização. A Polícia Federal e as Receitas nas três esferas de governo não ficam atrás.

Quando não preocupa, o resultado do empoderamento decepciona. Há brechas e falta de coordenação, como mostram não apenas os escândalos de corrupção, apurados tardiamente, mas a incapacidade de denunciar e conter o populismo de governantes, nas três esferas de governo, a exemplo dos excessos fiscais cometidos em desrespeito à Lei de Responsabilidade Fiscal. Há falhas também no próprio Legislativo, que deveria controlar e fiscalizar atos do Executivo — e não faltam instrumentos para isso.[32] O Congresso acaba por controlar governantes mais pela concorrência político-partidária e nem tanto por zelo com o uso dos recursos públicos.[33]

Nos anos 1990, a crise fiscal levou à contenção de concursos e salários, já que o espaço para demissão é limitado. Muitas demissões ou exonerações no governo Fernando Collor foram julgadas ilegais. No governo Itamar Franco, foram enviadas ao Congresso propostas de regulamentação dos planos de carreira e de seguridade de servidores. Nenhuma delas prosperou. Ainda no governo Collor, o Congresso aprovou um projeto de lei enviado por Sarney, criando uma série de benefícios, posteriormente atenuados na gestão FHC, quando foi conduzida a terceira reforma administrativa, agora na democracia, o que implicava mais dificuldades impostas pela

---

31. Filgueiras (2018).
32. A Constituição criou instrumentos, como a sabatina de nomeados a certos órgãos, convocações e comissões parlamentares de inquérito. O artigo 52 estabeleceu competências específicas para o Senado conter excesso de governantes.
33. Arantes, Loureiro, Couto e Teixeira (2010).

COMO RESGATAR O COMPROMISSO DO SERVIDOR PÚBLICO... 177

necessidade de negociação. Vale citar que os países do Leste Asiático foram construídos em torno de burocracias tecnocráticas, bem treinadas e com autonomia, formando a base do sucesso econômico, mas as reformas se deram em contexto autoritário. Os Estados Unidos, por sua vez, progrediram lentamente nas duas décadas seguintes à Lei Pendleton, de 1883, que visava a eliminar a patronagem e o clientelismo que marcavam a máquina pública, contudo isso dependeu de liderança forte.[34]

Sob a condução do então ministro Bresser-Pereira, foi proposta uma reforma ampla e modernizante, inspirada no modelo pós-gerencial de administração pública inaugurado em países avançados.[35] Em muitos pontos, porém, não foi possível avançar, muito em função da oposição sindicalista, com apoio do PT. A ideia da Reforma Gerencial de 1995 era desenvolver uma gestão mais flexível e voltada a resultados — o cidadão como cliente. Delega-se autoridade aos administradores públicos e, com o uso de ferramentas do setor privado, avalia-se o desempenho do funcionalismo, este em permanente requalificação.

Foi aprovada uma ampla revisão do estatuto do servidor público federal, visando a reduzir privilégios e aproximar as suas regras das aplicadas no setor privado. Em 1998, institui-se que a estabilidade estaria condicionada a avaliações de desempenho periódicas. Duas situações implicariam perda do cargo: avaliações negativas e insuficiência de recursos. Porém, a estabilidade rígida foi retomada pelo STF em 2006. O servidor é dispensado apenas por falta grave e a depender do Judiciário, que com frequência anula as decisões. O regime único foi flexibilizado, com a possibilidade de contratação pela CLT, mas a iniciativa foi suspensa em 1999 e revogada pelo STF em 2006. O PT estava na origem da ação judicial.

---

34. Fukuyama (2018).
35. Diante de disfunções da organização burocrática, alguns países buscaram alternativas para a administração pública, com a adoção de práticas características da administração privada. Esse movimento, chamado gerencialismo, teve dois grandes exemplos: os governos de Margaret Thatcher (1979-90), na Inglaterra, e os de Ronald Reagan (1981-89), nos Estados Unidos.

178   NÓS DO BRASIL

Em linha com a experiência internacional, gratificações foram sendo mais utilizadas como estímulo ao desempenho. Outras vantagens ou garantias foram suprimidas, como licença-prêmio, anuênio, quinquênio e adicional por tempo de serviço. A intenção era desvincular os benefícios de ativos e inativos, mas algumas gratificações foram cedidas aos inativos em decorrência de questionamentos da legalidade. Na política salarial, houve várias mudanças, como o estabelecimento do teto remuneratório; e a reforma da Previdência de 1998 introduziu, para os entrantes, a aposentadoria por tempo de contribuição. O Ministério da Administração Federal e Reforma do Estado (Mare) foi extinto depois de cinco anos. Propostas de mudança institucional foram abandonadas, evidenciando a falta de apoio à agenda. Havia resistência no núcleo do governo e na classe política, que temia perder a influência nos órgãos públicos, fora a postura combativa e corporativista do PT.

Houve queda no número de servidores civis do governo federal (quase 16% entre 1995 e 2002), em razão das aposentadorias e da realização de poucos concursos públicos. O perfil do servidor foi paulatinamente sendo alterado, observando-se percentual crescente daqueles com nível superior. Com tantas mudanças e a intensificação do processo de privatizações das empresas estatais, as relações entre o governo e as representações dos servidores foram tensas durante a gestão FHC — na verdade, com o crescente sindicalismo, logo no início do governo ocorreram greves de várias categorias. Como resposta, o governo enviou ao Congresso, em 2002, um projeto de lei para regular e limitar o exercício do direito de greve no serviço público, de forma a mitigar os efeitos sobre a sociedade.[36] O tema não vingou.

O governo Lula avançou com a reforma da Previdência dos servidores que ingressaram a partir de 2003. Foi uma notável inflexão relativamente às posições do PT quando era oposição. Com Dilma, instituiu-se o regime

---

36. Estabelecia, entre outros, que a assembleia grevista deveria contar com 2/3 do total de servidores da categoria e que 50% dos servidores deveriam permanecer em atividade para garantir a continuidade dos serviços.

de previdência complementar.[37] Porém, houve expansão da folha de pagamentos, loteamento da máquina do Executivo, aumento substancial da participação de gratificações na composição da remuneração — independentemente do desempenho — e sua extensão aos inativos. No primeiro mandato, o governo elaborou um projeto para limitar o direito de greve. Não prosperou.[38] Outro aspecto das administrações petistas foi fortalecer o pensamento nacional-desenvolvimentista na máquina — com algumas exceções, como o time econômico no primeiro mandato de Lula. Houve viés excessivo em instituições como o BNDES e o Ipea, inclusive na seleção de entrantes. Além disso, em linha com a agenda intervencionista, abriu-se o balcão para setores da economia, prejudicando o insulamento de algumas áreas técnicas. Muitas outras, como agências reguladoras, sofreram com enfraquecimento de autonomia.

A ineficiência do setor público vai muito além do uso político da máquina. É essencial considerar as muitas regras inadequadas que regem o serviço público, como reduzida meritocracia, estabilidade para todas as carreiras, isonomia remuneratória e progressão automática na carreira.

Na pandemia, a estabilidade do funcionalismo e as instituições de controle não evitaram as muitas falhas de gestão, em que pesem importantes exemplos de engajamento.[39] Houve graves falhas nas áreas sociais — saúde, educação, direitos humanos. A disfuncionalidade da máquina se somou à reduzida competência do governo. Ao mesmo tempo, houve episódios de postura corporativista. Em meio à pressão do funcionalismo, não avançou no Congresso a proposta de reduzir a carga horária e a remuneração de servidores em momentos de crise — um mecanismo que seria de grande valia para compensar parte da elevação de gastos. Alguns sindicatos de professores recusavam o retorno das aulas presen-

---

37. Fundação de Previdência Complementar do Servidor Público Federal (Funpresp) para os três Poderes.
38. Estabelecia a necessidade de aviso-prévio de 72 horas para a deflagração de greve, uma ampla lista de atividades consideradas essenciais, a exigência de entidades sindicais assegurarem a continuidade dos serviços durante a greve e a possibilidade de contratação temporária de servidores para substituir grevistas.
39. Costa e Lotta (2021).

ciais, deixando de lado o compromisso com os estudantes, para desespero de responsáveis que voltavam ao trabalho. Muitos médicos peritos do INSS relutavam em retomar as atividades. No início da vacinação, vários segmentos tentaram furar a fila.

A elite do funcionalismo, principalmente do sistema judiciário, tem conseguido preservar e até criar mais privilégios. Exemplos recentes são o Ministério Público Federal obter aprovação para contornar a regra do teto e garantir recursos para o auxílio-moradia e juízes poderem receber mais um terço do salário ao assumir estoque de processos que aguardam julgamento.

As lideranças do sindicalismo do serviço público precisam buscar o diálogo honesto e resgatar o espírito público. Na intransigência, nem sequer estão protegendo a quem representam, pois a sociedade demonstra, cada vez mais, incômodo com privilégios. Temas que antes eram pouco presentes no debate público têm ganhado evidências e geram indignação.

As novas tecnologias são importantes aliadas. A automação de processos reduz a necessidade de contratações, e as tecnologias digitais podem contribuir para aprimorar a administração pública, com o monitoramento da qualidade do serviço prestado. É essencial, porém, rever regras e marcos legais. O foco precisa estar nos fins, na efetividade da ação estatal, e não nos meios, no formalismo. E o objetivo deve ser o de servir à sociedade e não de proteger o servidor. É preciso cobrar resultados, mas também dar condições para que o funcionalismo cumpra bem sua missão. A sociedade anseia por maior acesso a serviços públicos de qualidade e ao mesmo tempo surgem novas demandas, como o maior cuidado com o meio ambiente, o apoio ao empreendedorismo e a inclusão digital. É necessário preparar a máquina pública para essas respostas, na formulação de políticas públicas eficazes e fiscalmente responsáveis, e na sua gestão.

10. Imprensa atropelada

A liberdade [de imprensa] impõe uma enorme carga de responsabilidade aos jornalistas [...]. A liberdade não é um conforto, mas um dever para o jornalista. Quem tem direito à imprensa livre é a sociedade.

Eugênio Bucci

O surgimento da imprensa, na Inglaterra, decorreu do capitalismo, com o aparecimento da burguesia trazendo o antagonismo entre diferentes interesses econômicos. O conflito adquiriu caráter político e, com a superação da censura prévia, foi possível o ingresso do debate público na imprensa, expondo o confronto de ideias.[1] O processo evolutivo da imprensa se confunde com o desenvolvimento da democracia. A participação da sociedade passou a demandar mediação da imprensa como parte do processo de deliberação e de tomada de decisões. A sociedade civil ocupou esse espaço para influenciar as políticas governamentais. Além disso, a atuação da imprensa funciona como freio aos excessos de governantes e à busca de privilégios e proteções de grupos organizados dentro e fora da estrutura estatal. Exerce sua tarefa de cão de guarda (*dogwatch*) por meio de investigações, pesquisas e análises, coibindo a manipulação de informações por agentes/representantes dos setores público e privado.

---

1. Habermas (2003).

182 NÓS DO BRASIL

A promoção do debate público requer prover a sociedade de informações de qualidade. Para isso, os jornais passaram a contar com a contribuição de intelectuais e de acadêmicos.[2] Essa colaboração mútua mostra-se essencial, pois constitui a base para que ambas, imprensa e academia, cumpram bem seu papel de instituição democrática intermediária: a primeira, munida de informações técnicas, em busca da verdade factual; e a segunda em busca da verdade científica, sem se isolar da sociedade.

Não há muita pesquisa empírica sobre a importância da imprensa no funcionamento da democracia, mas há algumas evidências de que ela aumenta a participação da sociedade na política.[3] Nos Estados Unidos, os jornais levaram a um maior comparecimento nas eleições presidenciais e legislativas, sendo que não há evidência clara de que sistematicamente contribuem ou prejudicam os incumbentes.[4]

A imprensa não é apenas uma provedora de informações e notícias, tampouco suas publicações são uma mercadoria qualquer. Além de liberdade de imprensa e independência em relação a interesses de governantes e de grupos organizados, há códigos éticos e de conduta que precisam ser respeitados, permitindo o espaço para o contraditório. A cobertura jornalística exige isenção ideológica e esforço para oferecer informações de qualidade e visão crítica aos leitores. Ao mesmo tempo, não se pode desprezar a necessidade de assegurar a viabilidade econômica do negócio, o que impõe dilemas éticos entre conquistar a atenção do público e garantir matérias relevantes e de qualidade. O mesmo raciocínio vale para a atração de anunciantes.

Há alguns trabalhos sobre o assunto nos Estados Unidos. Alguns pesquisadores encontram evidência de que leitores têm preferência por notícias com visão similar à sua, o que se reflete na maior demanda por um jornal mais alinhado ao seu posicionamento pessoal.[5] Esse fenômeno gera um incentivo econômico para os jornais se moldarem à inclinação

---

2. Lima (2019) e Habermas (2003).
3. Gerber, Karlan e Berger (2009).
4. Gentzkow, Shapiro e Sinkinson (2011).
5. Gentzkow e Shapiro (2010).

IMPRENSA ATROPELADA

de seus leitores.[6] Pelas estimativas dos autores, isso explica 20% do direcionamento ideológico ou político do jornal.[7] É razoável imaginar — e os autores fazem esse alerta — que esse peso é maior em países menos desenvolvidos. Autocontenção, crítica e correção de equívocos são elementos primordiais para se conciliar viabilidade financeira da imprensa e seu papel de instituição democrática.

Existe também evidência de viés ideológico nos meios de comunicação. Na análise de reportagens — não de editoriais, que naturalmente refletem a visão do órgão — em jornais, revistas e televisão, nos Estados Unidos, pesquisadores constataram viés pronunciado de esquerda, lá denominado liberal, em relação aos membros do Congresso.[8] Quanto à relação com o setor privado, há poucos estudos na área e as conclusões não são convergentes quando se considera a mídia como um todo. Por um lado, a imprensa poderia contribuir para detectar fraudes e disseminar informações sobre a má conduta de empresas, desincentivando comportamentos inadequados, mas, por outro, o jornal local teria incentivos para evitar reportagens contra potenciais anunciantes. No entanto, há importante evidência de que o fechamento de órgãos locais entre 2003 e 2015 levou a um aumento de violações e penalidades nos três anos seguintes.[9]

Os dilemas da imprensa são certamente maiores em economias emergentes. O mercado leitor é mais estreito, o que tende a limitar o número de anúncios do setor privado e a elevar a dependência de anúncios do setor público. Assim, torna-se mais sujeita à pressão de governantes e de grupos organizados. Não se resolve, porém, o problema com mais concorrência entre meios de comunicação — o que não deve ser utilizado como justificativa para a concentração da mídia. Se por um lado, a menor concentração pode reduzir o poder de manipulação de informações por agentes dos setores público e privado, por outro, a competição pode elevar

---

6. Em outro artigo, de 2006, os autores discutem que o viés da mídia pode decorrer da busca por reputação mediante reportagens que vão ao encontro das crenças dos clientes.
7. A medida de inclinação ideológica dos jornais é obtida pela comparação entre a linguagem empregada e aquela utilizada por Democratas e Republicanos no Congresso. A inclinação dos leitores é mais subjetiva, de acordo com a avaliação que fazem dos jornais.
8. Groseclose e Milyo (2005).
9. Heese, Pérez-Cavazos e Peter (2021).

184 NÓS DO BRASIL

o incentivo da imprensa para veicular somente o que agrada seu público, prejudicando a qualidade do serviço jornalístico. Além disso, com uma concorrência exacerbada, corre-se o risco de forçar a redução de custos a ponto de comprometer a qualidade da informação.[10]

Para o Observatório da Imprensa, há um déficit de senso crítico na mídia brasileira. Com certa frequência, notícias revelariam viés ideológico ou mesmo influência indevida de anunciantes ou do governo. Ao mesmo tempo, a cultura política nacional deprecia o papel democrático da imprensa. Políticos muitas vezes a acusam de excessos e de desvio de função, em vez de contribuir para o esclarecimento dos fatos. Algumas das deficiências da imprensa no Brasil têm raízes históricas. O passado autoritário do país adiou seu surgimento, e os sobressaltos decorrentes dos ciclos políticos atrapalharam seu amadurecimento, prejudicando sua devida valorização pela sociedade.

As experiências das colônias espanholas e portuguesa na América Latina são distintas.[11] Os espanhóis encontraram comunidades mais organizadas e com culturas mais sofisticadas. Assim, em seu esforço de colonização, foram levados a implantar elementos de sua cultura visando a substituir a local. No México, por exemplo, a imprensa surgiu em 1539, enquanto no Brasil foi introduzida apenas em 1808, com a vinda da família real. A instalação de tipografia era proibida na colônia, e o acesso a livros, bastante limitado. Havia bibliotecas somente nos mosteiros e colégios. A herança cultural portuguesa também pesava. Portugal era considerado um país atrasado no mundo ocidental. A polícia fiscalizava severamente as livrarias e os livreiros. Era profunda a desconfiança em relação aos estrangeiros e temia-se a influência do espírito de liberdade que reinava na França. O temor e os controles sobre o Brasil aumentaram com a abertura dos portos, em 1808. A atividade econômica latifundiária e escravagista tampouco gerava incentivos para a instalação da imprensa. Nessa linha, mesmo os holandeses, que dominaram regiões da colônia no século XVII e produziram importante desenvolvimento na área metropolitana, não o fizeram.

---

10. Gentzkow e Shapiro (2010).
11. A discussão sobre o histórico da imprensa baseia-se principalmente em Sodré (1999)

IMPRENSA ATROPELADA

A *Gazeta do Rio de Janeiro* surgiu em 1808 para atender à necessidade de comunicação real, utilizando-se das máquinas da Impressão Régia.[12] A veiculação de material não oficial era autorizada, mas, na prática, inviável, pois havia grande fiscalização e muitas proibições. Não era permitido divulgar nada contra a religião, a moral, os bons costumes, a Constituição, a pessoa real e a tranquilidade pública. Naquele mesmo ano, também começou a circular o *Correio Braziliense*, de doutrina liberal, pelas mãos de Hipólito da Costa — o patrono da imprensa. O jornal era produzido em Londres, em função das dificuldades internas impostas pela censura e pelo cerco aos redatores. Era pouco acessível e raramente despertava o interesse da classe dominante, ainda pré-capitalista. Circulou até 1822, e sob pressão da Coroa. O primeiro periódico produzido pela iniciativa privada no Brasil é de 1811, o *Idade d'Ouro do Brazil*.

A imprensa aos poucos ganhou algum espaço, em boa medida concedido. Cumpria um papel na luta doutrinária na preparação para a Independência, mas com influência restrita, até porque poucos jornais abraçaram a causa e só o fizeram quando a oposição interna ao absolutismo português ficou clara. Era uma imprensa infante. No pós-Independência, veio o retrocesso com a volta da censura. A imprensa crítica ao imperador — *O Tamoyo* e *Sentinella da Liberdade*, acusados de incendiários — deixou de circular. Foram suprimidas todas as manifestações de liberdade. A legislação previa a liberdade de imprensa, mas com "justas barreiras". Aos poucos, com o próprio enfraquecimento político do imperador, algumas liberdades foram sendo reconquistadas e surgiram novos periódicos.[13] A abdicação ao trono, em 1831, abriu uma nova etapa na imprensa, com proliferação de publicações, inclusive os pasquins.

Ainda que muito precária do ponto de vista técnico e de distribuição, a imprensa exerceu importante influência, abraçando a luta contra o regresso conservador. Houve intensa participação de notáveis acadêmicos e

---

12. Hipólito da Costa, fundador do *Correio Braziliense*, lastimava "que se consumisse tão boa qualidade de papel para imprimir tão ruim matéria", segundo Nelson Sodré (1999).
13. Um exemplo foi o *Observador Constitucional*, de linha combativa, criado pelo médico italiano Líbero Badaró, em 1829, em São Paulo.

bacharéis da escola de Direito nas funções de editor, redator e colaborador. Eles defendiam ideais liberais, mas o foco era a política, não a crítica ao patrimonialismo. A imprensa também esteve presente nos vários conflitos civis e rebeliões provinciais que marcaram a Regência.

Em 1840, ocorre o golpe de maioridade de D. Pedro II, com fortalecimento dos conservadores. Os opositores liberais foram sendo liquidados, e as rebeliões, reprimidas. Houve ataque às liberdades conquistadas pela imprensa, que deveria estar a serviço da consolidação do poder, embora com a preservação de jornais de oposição. Nelson Sodré relata que no jornal *O Ipiranga*, órgão ligado ao Partido Liberal, os redatores trabalhavam com arma de fogo ao lado de suas mesas. Mas a partir dos anos 1860 começam algumas mudanças. A Guerra do Paraguai, a suspensão do tráfico negreiro dez anos antes e a cultura do café estagnada eram combustível para agitações e luta política. Espelhando o quadro de ebulição no país e o anseio por reformas, a imprensa retomou sua atuação e abraçou pautas progressistas, enquanto cresciam as ideias republicanas, ganhando nova fisionomia ao buscar influir na opinião pública e no rumo dos acontecimentos.

Surgiram as empresas jornalísticas nos centros urbanos, com aprimoramento técnico, substituindo o jornalismo artesanal. Em 1874, o Rio de Janeiro passou a contar com a Agência Telegraphica Reuters-Havas, uma associação entre a Reuters e a Havas. Ao mesmo tempo, a legislação de 1871 definiu que crimes relativos à imprensa deixavam de ser caso de polícia para serem deferidos por juízes de direito. Uma curiosidade: a imprensa e a literatura se confundiam. Em um país com elevado analfabetismo, o público foi sendo lentamente conquistado para a literatura por meio do folhetim nos jornais, com publicações de autores estrangeiros e brasileiros, como Machado de Assis, Joaquim Manuel de Macedo, Manuel Antônio de Almeida e Raul Pompeia.

A crítica do jornalista de origem alemã Carlos von Koseritz, ainda que enviesada por ser monarquista, dá, no entanto, uma noção do reduzido grau de amadurecimento da imprensa na época. Ele a acusava de agir sem fundamento e de se basear em especulações, visando apenas a ganhar o público. Refletindo a própria elite intelectual, os debates não eram, de fato, profundos o suficiente. A Abolição foi celebrada, mas poucos percebiam o

IMPRENSA ATROPELADA

reduzido alcance de seus efeitos. O foco rapidamente mudou para a defesa da república, não discutindo a situação dos ex-escravizados. Por outro lado, Machado de Assis apontava o grande desconforto da aristocracia com os jornais que questionavam a organização desigual da sociedade, o que indica a pressão sofrida pela imprensa.

Os primeiros anos da fase republicana foram de perseguição a jornais monarquistas, mais combativos. Foram tomadas medidas para coibir a liberdade de imprensa em nome da defesa e da preservação do Estado Republicano. Max Leclerc, enviado ao país pelo jornal parisiense *Journal des Débats* para cobrir o regime recém-instaurado, fez uma leitura crítica da imprensa brasileira, o que dá uma noção de suas limitações naquele período. Ele apontou que os jornais de maior circulação deixavam espaço muito restrito à redação, devido ao domínio dos anúncios, e traziam notícias pouco relevantes. A imprensa, em conjunto, não compreenderia seu papel. Poucos se salvariam, como o *A Gazeta de Notícias*, cujo redator-chefe era Ferreira de Araújo. Para o correspondente, "talvez seja o único, em seu jornal e no seu país, a ter uma ideia justa da verdadeira missão do jornalista, mas sozinho não conseguirá levar a cabo a tarefa", segundo Nelson Sodré.

Crescia a desilusão com o poder em razão do domínio político das oligarquias, e a imprensa esteve presente nos conflitos regionais — destaca-se a cobertura da Guerra de Canudos (1896-97) por Euclides da Cunha, correspondente de *O Estado de S. Paulo*. Além disso, a imprensa refletia as insatisfações, sendo o tema político a tônica principal. Não era, porém, um questionamento profundo. A preocupação fundamental era o fato político e seus protagonistas, e não a política em si, com seus princípios e orientação.

O caminho até o golpe de 1930 foi marcado por acontecimentos graves na vida do país, com muitos distúrbios nas ruas — as manifestações operárias — e nos quartéis, além de disputas políticas violentas. As paixões políticas se refletiam na imprensa, mas com um debate superficial e muitas vezes maniqueísta. Por vezes, a própria imprensa foi manipulada e estimulou a radicalização. Na campanha eleitoral de 1921, o *Correio da Manhã*, do Rio, divulgou cartas falsas atribuídas ao candidato Artur Bernardes, então presidente do estado de Minas Gerais, insultando o Exército e o marechal

Hermes da Fonseca. A força da campanha da imprensa, capitaneada pelo *Correio*, despertou ódio.

Na turbulenta gestão de Artur Bernardes, que governou sob estado de sítio, voltou a repressão à imprensa oposicionista, com prisões e proibição de circulação daqueles jornais vistos como apoiadores de militares rebeldes. Com a imprensa empresarial amordaçada, surge a clandestina. Superado aquele período, volta o protagonismo da imprensa de oposição, apoiando o Partido Democrático, de 1926, e a Aliança Liberal, que apoiava a candidatura de Getúlio Vargas. No pós-1930, os jornais que apoiavam a situação anterior foram praticamente liquidados ou sofreram graves consequências, como a invasão de redações e a proibição de circular por um tempo. A maior parte da imprensa pregava a convocação de eleições para uma constituinte.

No Estado Novo, a imprensa foi tratada de forma totalitária, e a censura, institucionalizada. A ditadura de Vargas criou, em 1939, um órgão específico, o Departamento de Imprensa e Propaganda (DIP), para controlar a mídia e a produção cultural — além de fazer propaganda oficial. Surgiram departamentos estaduais com a mesma tarefa. Nos dias mais agudos, alocaram-se sensores nas rádios e nos jornais — o encaminhamento dos originais para impressão dependia de autorização oficial. Bibliotecas foram vasculhadas e expurgadas, e livros, queimados em ruas e praças. Houve até censura às caricaturas — introduzidas durante o segundo reinado. As prisões de Monteiro Lobato e Graciliano Ramos exemplificam o clima vivido pelo país. Em outra frente, o DIP distribuía recursos a jornais e emissoras, por meio de verbas de publicidade do Banco do Brasil e de outros órgãos. Jornais enriqueceram, e jornalistas se corromperam. Vargas subsidiou com dinheiro público os órgãos que apoiavam o governo.

Com os Estados Unidos juntando-se aos aliados e a participação da União Soviética na Segunda Guerra Mundial, houve a suspensão da propaganda anticomunista. Novos jornais começaram a circular e ressurgiu o interesse pelo estudo dos problemas nacionais. O jornal *O Estado de S. Paulo*, que sofreu intervenção no Estado Novo, foi restituído a Júlio de Mesquita Filho, que havia sido preso várias vezes e exilado.

IMPRENSA ATROPELADA

Mais uma vez, no golpe de 1945 que depôs Getúlio Vargas, o clima de liberdade foi interrompido. Durante o governo Dutra, houve perseguição a comunistas e a organizações trabalhistas. A volta de Vargas, em 1951, não contou com o apoio da imprensa de maior circulação, pelo contrário. A oposição mais ferrenha vinha de Carlos Lacerda, proprietário do *Tribuna da Imprensa*. A saída encontrada foi incentivar a criação do jornal *Última Hora*, de Samuel Wainer, amigo de Vargas, uma publicação que introduziu técnicas de comunicação de massa. Porém, foi acusado por uma Comissão Parlamentar de Inquérito de receber dinheiro para apoiar o governo.

Poucos jornais surgiram na década de 1950, e houve uma concentração do setor, refletindo também restrições técnicas (como o restrito número de canais de TV) e o elevado capital necessário para sua abertura. Apenas as principais capitais poderiam contar com grandes jornais. A imprensa atingiu a etapa empresarial de maior dimensão, mas vulnerável à situação do país, e de seu estágio de desenvolvimento. Com mercado leitor restrito em um país de reduzido capital humano, os jornais dependiam muito dos anúncios do governo — diferentemente da experiência norte-americana, mais independente, por contar com leitores e, assim, com anúncios privados.[14] Havia críticas de que parte da imprensa não era suficientemente independente.

Com o fim da Segunda Guerra Mundial, ampliavam-se os horizontes e a liberdade para as discussões em torno dos problemas nacionais. Destacava-se o debate econômico entre Roberto Simonsen e Eugênio Gudin. Entretanto, este não se dava na imprensa. Nesse interregno democrático, a imprensa ainda se pautava por um comportamento partidário, embora não sustentada por partidos. O debate político dominava a pauta, o que valeu praticamente até a volta da democracia em 1985. Nada surpreendente em um país com tanta instabilidade política e que teve no Direito a sua base intelectual e jornalística.

A tentativa de golpe em 1961 para impedir a posse do vice João Goulart, após a renúncia de Jânio Quadros, motivou feroz censura à parcela da imprensa que a defendia. Por vontade própria ou pressão, houve limpeza nas

---

14. Comentário de João Gabriel de Lima à autora.

redações, proibindo publicações de alguns colunistas de posição liberal e demitindo se necessário. Jornalistas denunciavam o clima de terror instaurado nas redações e nas oficinas. Além disso, era difícil a situação financeira dos jornais, muitos acumulando prejuízos de vulto, devido aos elevados custos de produção, sobretudo aqueles que dependiam de importação. O temor era de que, desprovida de recursos, a imprensa não resistisse ao risco de ser alienada a interesses alheios aos seus objetivos. Essa era a tese do segundo Congresso Latino-Americano de Publicidade em Buenos Aires, em 1962.

Durante o governo Goulart, a imprensa foi um dos canais de divulgação da ameaça comunista e de defesa do restabelecimento da ordem por meio de uma intervenção militar. Em 1964, com poucas exceções — como o jornal *Última Hora* —, a grande imprensa apoiou o golpe, refletindo o próprio apoio de segmentos da sociedade. Nas capas, liam-se "Fora!" e "Basta!". O governo militar não tardou a repetir o que já ocorrera no Estado Novo. A pressão sobre as redações escalou. A imprensa, amordaçada e intimidada, facilitava o aumento da violência contra opositores. A intensidade da censura variou nas diferentes etapas da ditadura. No início, valeu a imposição militar, depois, a autocensura pela intimidação.

A fraqueza institucional da imprensa a fazia depender bastante da qualidade de editores e proprietários de jornais. Cito dois exemplos da época envolvendo o jornalista Alberto Dines. Em 1961, um grupo de anarquistas portugueses e espanhóis sequestrou o transatlântico *Santa Maria* na costa brasileira para chamar a atenção do mundo para a ditadura salazarista. Assis Chateaubriand, que havia iniciado seu império em 1924, proibiu qualquer menção no *Diários Associados*. Dines deu o assunto na capa e foi demitido. Em 1973, a censura decretou que os jornais não poderiam dar manchete sobre o golpe que derrubara Salvador Allende, no Chile. Dines, editor-chefe do *Jornal do Brasil*, publicou na capa do jornal um texto sem manchete, mas todo ele com corpo grande. Três meses depois, mais uma demissão em seu currículo.[15] Assim, a censura e a violência contra a imprensa nutriram o pensamento de

---

15. Couri (2018).

esquerda nas redações. Certamente o viés ideológico é um elemento que prejudicou a qualidade do debate público, especialmente em temas técnicos, como na economia.

A liberdade de imprensa surgiu legalmente apenas na Constituição de 1988 — nos Estados Unidos, em 1791, como previsto na Constituição. O artigo 220 veda toda e qualquer censura e estabelece que a publicação de veículo impresso de comunicação independe de licença do governo. Isso não impede, entretanto, a censura promovida pelo Judiciário, ainda que seja revogada pela cúpula deste mesmo Poder. Um exemplo foi a proibição, em 2009, imposta ao jornal *O Estado de S. Paulo* de publicar reportagens sobre a operação Boi Barrica, da Polícia Federal. Só em 2018 a censura foi suspensa.[16]

A imprensa ganhou graus de liberdade com a volta da democracia e o consequente fim da censura, depois de décadas asfixiada. Fortaleceu-se a simbiose entre jornalismo e academia, inclusive com colaboração, como colunistas, de nomes técnicos que haviam ocupado postos no regime militar. Houve também expansão do mercado leitor, permitindo mais investimento nas redações.[17] No entanto, seu histórico acidentado e a democracia tardia prejudicaram seu amadurecimento. Dilemas enfrentados em países avançados são, certamente, mais agudos no Brasil. Em artigos na década de 1990, Dines apontou a "supremacia do marketing" na mídia como ameaça ao rigor e à correção no jornalismo. Esse seria um elemento igualmente presente na imprensa mundial, mas esta última com maior espírito crítico. Dines alertou para o risco de a imprensa se tornar descartável — alerta que se mantém atual.

Havia vozes — como a de Roberto DaMatta[18] — que acusavam a mídia de concentrar a crítica excessivamente no governo, sendo o tom preponderantemente negativo, em contraste com o que ocorria na sociedade.

---

16. Um exemplo mais recente é o caso da *Gazeta do Povo*, em 2016, com jornalistas vítimas de 47 ações movidas individualmente por juízes e promotores em razão de reportagens, com base em dados públicos oficiais, que apontaram remunerações excessivas de magistrados paranaenses e membros do Ministério Público. A ministra do STF Rosa Weber suspendeu todas as ações.

17. Comentário de João Gabriel de Lima à autora.

18. Entrevista ao *Observatório da Imprensa* em 5 de maio de 1997.

O antropólogo também criticou a insuficiente atenção à ética jornalística e o pendor à denúncia, com doses de arrogância, maniqueísmo e viés ideológico, quando deveria prevalecer a apuração dos fatos. A preocupação com posições partidárias ou ideológicas era compartilhada por Dines, que avaliou que a manifestação enviesada se torna tão enganosa quanto as manipulações que se pretende corrigir. Essas críticas permanecem, em alguma medida, válidas.[19]

Quanto ao jornalismo econômico, ele conquistou maior espaço com a redemocratização, conforme se atenuou o tradicional foco na política. Com a estabilização promovida pelo Plano Real, ganhou impulso, seguindo o próprio avanço da agenda de reformas estruturais. No entanto, o viés de esquerda nas redações prevaleceu por décadas, prejudicando sua cobertura — o que era também alimentado pela academia predominantemente nacional-desenvolvimentista, tema do capítulo 11. Faltava um debate suficientemente profundo dos problemas brasileiros e dos caminhos para suas soluções. Foi assim, por exemplo, nas discussões sobre a proposta de reforma da Previdência sugerida por FHC. Não raro, articulistas interditavam o debate desqualificando quem divergia, em vez de discutir a divergência em si, com dados e análises bem fundamentadas.

Até recentemente, havia muito preconceito com medidas de cunho liberal. Com ou sem razão, as queixas de governantes contra a mídia foram recorrentes.[20] Nem tanto da ex-presidente Dilma, talvez como reflexo de certa condescendência de parcela da imprensa à sua política econômica, pelo menos até ficarem mais claros os muitos equívocos. Se por um lado, alguns colunistas apontavam os problemas, por outro, as reportagens não os refletiam adequadamente, ainda que com importantes exceções. Uma vez instalada a recessão de 2015-16, aumentou a preocupação com temas da economia, buscando-se uma visão mais crítica e profunda. A importância da disciplina fiscal, por exemplo, passou a ser mais bem compreendida por repórteres. Contribuiu para isso o próprio sucesso da política econômica do governo Michel Temer

---

19. O jornalista Carlos Alberto Di Franco, com frequência, faz críticas nessa direção em seus artigos no jornal *O Estado de S. Paulo,* como o de 20 de setembro de 2021, intitulado "Jornalismo: Menos narrativas e mais fatos".

20. *Folha de S.Paulo,* 28 de setembro de 2010.

IMPRENSA ATROPELADA

em interromper a recessão em curso e combater a inflação que ameaçava sair de controle. Com o governo Bolsonaro, a imprensa volta a sofrer muitos ataques. A postura beligerante do presidente, que sistematicamente estressa as instituições democráticas, acaba atrapalhando a cobertura jornalística de economia. Como resultado, por vezes, propostas que vão na direção correta não são objeto de análise mais profunda, prevalecendo a crítica superficial.

O jornalismo econômico avançou bastante em qualidade e não se pode negar a sensível redução do viés ideológico. No entanto, mesmo que com importantes exceções, caberia maior senso crítico e preparo para lidar com temas técnicos de forma adequada. A cobertura de economia precisa ser especializada e autônoma, mesmo na mídia não impressa — não se pode confundir esforço didático para explicar temas técnicos com informação de baixa qualidade. Matérias superficiais deixam de revelar a complexidade dos temas para os leitores e os necessários contrapontos no debate público. O cuidado no trato de estatísticas é essencial para que sejam bem compreendidas e contextualizadas. O jornalismo econômico, grosso modo, se mostra também distante do debate econômico mundial. As pontes entre jornalistas e especialistas, dentro e fora da academia, precisam se estreitar.

A imprensa especializada, na realidade, é necessária para qualquer área técnica pouco acessível ao leitor comum, incluindo a cobertura do Judiciário, por exemplo. Não é tema deste livro, mas vale citar o importante debate travado dentro da própria imprensa sobre a cobertura da Operação Lava-Jato. Alguns importantes órgãos publicaram críticas da classe jurídica a excessos cometidos por procuradores e juízes, mas, de forma geral, houve certa complacência.[21] Mais recentemente, o desempenho na cobertura da área da saúde durante a pandemia da Covid-19 merece reconhecimento, especialmente diante das falhas do governo na gestão da saúde, principalmente em 2020. A imprensa alertou e informou a população, ouvindo especialistas e fazendo esforço coordenado para a divulgação de estatísticas confiáveis de infectados e de óbitos, em meio à desinformação promovida pelo governo federal.

---

21. Disponível em: <https://smabc.org.br/o-papel-da-imprensa-na-lava-jato-e-tema-de--live-com-kennedy-alencar-e-cristina-serra-na-tv-ggn/>.

NÓS DO BRASIL

Diante dos muitos desafios para o Brasil retomar o crescimento, aumenta a importância do debate público de qualidade. Cabe à imprensa cobrar a consistência das políticas públicas e das propostas dos partidos políticos, pesando custos e benefícios, além de denunciar ações estatais direcionadas para favorecer indevidamente grupos de interesse. Fora os temas já tradicionais, como os gargalos ao crescimento econômico, há muitos outros temas sensíveis — a exemplo de educação, meio ambiente e segurança pública — que afetam o desenvolvimento do país, mas esbarram em visões preconcebidas na própria sociedade, dificultando o enfrentamento dos problemas. É papel da imprensa enfrentar tabus e ajudar a desfazer esses nós.

A crítica a excessos dos governos precisa ser contundente, porém bem fundamentada, para que a mídia não acabe fazendo parte da polarização política da sociedade. É necessário eliminar a militância e a politização nas redações, que afastam o leitor à procura de análises isentas. Ao mesmo tempo, é importante reconhecer os acertos dos governos. A resposta está em fugir das narrativas e submeter as informações e as análises ao escrutínio técnico. É disso que trata o debate público. A grande imprensa precisa se afastar do vício dos ambientes de discussão nos meios digitais sensíveis a *likes*, em meio a valores abstratos, como sustentabilidade e diversidade. A busca da virtude não pode prescindir da análise mais profunda dos temas, sendo este um papel da imprensa.

As crises econômicas frequentes e o crescimento dos meios digitais reforçam o desafio da grande imprensa. Por um lado, provendo informações e análises confiáveis em meio à frequente desinformação das redes sociais e, por outro, lidando com o enxugamento do número de profissionais nas redações, em decorrência da perda de leitores e anunciantes. Como instituição democrática, há, portanto, um caminho a ser perseguido. Do lado das autoridades, é necessário que permitam que a imprensa cumpra com sua missão. Apesar dos avanços, a mentalidade autoritária ainda está inoculada na cultura política e fustiga a visão de que a mídia precisa ser controlada. Cabe ao Estado proteger a liberdade de imprensa, renunciando ao controle prévio da informação e da manifestação de opiniões; e cabe aos jornalistas usá-la em benefício da sociedade.[22]

---

22. Bucci (2018).

11. O pensamento (quase) único na academia

Opiniões são bem-vindas, mas ciência é método. Qual a qualidade dos dados utilizados, quais técnicas de estimação da causalidade foram adotadas? A ciência procura se proteger dos preconceitos usuais por meio da análise dos procedimentos em cada conclusão.

Marcos Lisboa

O debate público tem importante papel na formação da opinião pública e na tomada de decisões de governantes e legisladores. Por essa razão, pode-se considerar a academia e os centros de pesquisa como instituições democráticas intermediárias. No entanto, para cumprir bem seu papel, é essencial que o debate esteja tecnicamente amparado por estudos precisos de diagnóstico dos problemas e de alternativas de políticas públicas disponíveis, quando e se necessárias.

Por meio da política, a sociedade deve enfrentar os dilemas das escolhas sociais. Há conflitos entre objetivos de curto e médio a longo prazo, pois uma política bem-sucedida no curto prazo pode ter efeitos não desejados adiante. Por exemplo, estímulos ao consumo hoje podem gerar inflação elevada no futuro, prejudicando os mais pobres. Erros na implementação das políticas podem ter efeitos colaterais desastrosos nos anos seguintes.

196

NÓS DO BRASIL

Há também efeitos distributivos que precisam ser considerados, com ganhadores e perdedores nas políticas públicas implementadas. Por exemplo, subsídios a um segmento da economia implicam carga tributária mais elevada aos demais, no caso de não haver medidas compensatórias de corte de despesas do governo. Nesse sentido, é essencial que decisões de políticas públicas passem pelo filtro do debate econômico, sendo que o embate entre especialistas precisa se dar na divergência técnica. Visões ideológicas ou partidárias cabem à arena política.

O desastre do Brasil decorre, em parte, da baixa qualidade da pesquisa acadêmica. O debate econômico é pouco maduro, faltando-lhe profundidade e amplitude na análise de problemas brasileiros. Houve avanços, que se traduziram na aprovação de importantes reformas estruturais — como a da Previdência —, mas com muito atraso. Falta debate mais qualificado de temas sensíveis. A lista é extensa e inclui o sistema tributário, as várias renúncias (como Zona Franca de Manaus e o Simples), os benefícios mal focalizados (como universidade pública e isenções de toda ordem, de forma horizontal), as regras que regem o funcionalismo público, questões ambientais, segurança pública, marcos regulatórios etc.

O debate aqui difere bastante do observado na experiência mundial — até mesmo em outros países da América Latina, como Chile. O termo "debate" nem sequer parece apropriado, pois não há exatamente a contraposição técnica entre as partes divergentes. É como se os chamados ortodoxos e heterodoxos ou liberais e desenvolvimentistas falassem línguas diferentes, pela falta de convergência metodológica.

Antes de prosseguir, cabe um esclarecimento. Heterodoxia e nacional--desenvolvimentismo não são sinônimos, mas a heterodoxia no Brasil é essencialmente intervencionista ou nacional-desenvolvimentista. Ortodoxia e liberalismo tampouco o são. Ocorre que a pesquisa econômica consolidada prescreve o cuidado na intervenção do Estado na economia, de forma a evitar distorções nos mercados que resultem no mau uso dos recursos públicos e na captura do poder público por setores e empresas ineficientes que sobrevivem apenas graças aos favores governamentais.

A heterodoxia no Brasil, apesar de mudanças mais recentes, mostrou--se essencialmente afeita a narrativas, muitas vezes sem o devido rigor

O PENSAMENTO (QUASE) ÚNICO NA ACADEMIA 197

analítico e o cuidado com evidências empíricas sólidas, não guardando, portanto, muitas semelhanças com a heterodoxia na academia mundial. Esta consiste, essencialmente, no questionamento de visões predominantes, de forma que visões alternativas (heterodoxas) hoje, eventualmente, se tornam consolidadas (ortodoxas) posteriormente, ao sobreviverem ao escrutínio acadêmico, ou seja, ao se mostrarem mais adequadas para explicar os fatos observados — ensina Marcos Lisboa.

A heterodoxia foi hegemônica por décadas no debate público, bem como na pesquisa acadêmica — "hegemonia" e "debate" não deveriam caber na mesma frase. Poucas vezes houve debate de fato, com contraposições técnicas. Em um país com desenvolvimento democrático tardio, prevaleceram historicamente as crenças nacionalistas e intervencionistas. Os liberais e ortodoxos foram sistematicamente isolados e, na opinião pública, com frequência são associados (equivocadamente) à ditadura militar, a interesses dos mais ricos, dos capitalistas ou do mercado financeiro.

Predominam centros de pesquisa heterodoxos, pouco conectados com a academia internacional *mainstream*, que, por sua vez, se debruça na busca de evidências empíricas e no rigor do arcabouço teórico moderno, em um ambiente competitivo entre os centros e os pesquisadores. Além disso, alimenta-se aqui a endogenia acadêmica.[1] Compõe esse quadro a prevalência da universidade pública, de perfil majoritariamente heterodoxo, em que a estabilidade dos docentes enfraquece a meritocracia e, assim, a necessidade de atualização constante. São poucos os economistas na academia brasileira com pesquisa relevante e publicações em revistas internacionais de renome.

Na iniciativa privada, com competição, cada vez mais as universidades procuram atrair talentos e há cobrança por performance, para, assim, garantir a atratividade da instituição. Nos últimos anos tem havido um crescimento de

---

1. Samuel Pessôa comenta esse aspecto da endogenia acadêmica com a autora. O conceito refere-se ao recrutamento de acadêmicos formados na própria instituição, o que pode levar à queda da produtividade acadêmica. As publicações tendem a ser orientadas para revistas locais e de menor relevância.

198 NÓS DO BRASIL

centros de pesquisa acadêmica moderna em Economia, possivelmente como resultado do aumento de doutores com formação em universidades no exterior, ocupando espaços deixados pelas universidades públicas em decadência. Ainda assim, ambiente acadêmico como um todo ainda é dominado pela heterodoxia.

Este capítulo procura explorar as razões políticas e históricas para a prevalência, ou até hegemonia, dos heterodoxos-desenvolvimentistas moldando boa parte da agenda política, enquanto o pensamento ortodoxo-liberal não conseguiu se colocar de forma nítida no debate público, ganhando voz apenas em momentos de crise, quando ajustes na economia se impõem.

O nacional-desenvolvimentismo — um termo do pós-guerra — defende que o desenvolvimento de economias "atrasadas" requer necessariamente a intervenção estatal, pois os mercados não funcionariam adequadamente. Recomenda políticas de promoção do crescimento diretamente pelo Estado, como no caso das estatais; gastos públicos para elevar a demanda agregada; e estímulos indiretos por meio de regulações, tarifas externas e benefícios tributários para proteger e impulsionar setores considerados estratégicos. Com frequência são desconsiderados problemas da dinâmica econômica, de longo prazo. Negligenciam-se fatores essenciais, como a importância da disciplina fiscal, para manter a inflação sob controle, e da eficiência e eficácia de longo prazo de políticas públicas, para evitar distorções no sistema econômico, injustiças de todo tipo e desperdício de recursos públicos. Por esse aspecto, a visão é muito mais de curto e médio prazos, como se o longo prazo fosse uma soma deles.

A visão ortodoxa, por sua vez, busca apontar os limites das políticas de estímulo à demanda ou da intervenção estatal — havendo mais casos de insucesso do que de sucesso na experiência mundial. Há uma maior preocupação com a consistência das políticas no médio e longo prazos. A visão consolidada na pesquisa acadêmica é a de que o crescimento sustentado depende de bom funcionamento dos mercados; regulações adequadas e cuidadosas, quando necessárias; capital humano e ambiente de negócios saudável, principalmente com segurança jurídica. Cabe ao Estado forte prover as condições para o bom funcionamento da economia. Políticas anticíclicas e setoriais são instrumento disponível e desejado, mas

O PENSAMENTO (QUASE) ÚNICO NA ACADEMIA   199

necessitam de desenho cuidadoso, com objetivos bem definidos. O debate entre ortodoxos e heterodoxos sobre políticas públicas deveria se dar na busca de diagnósticos corretos e recomendações adequadas.

Políticas ortodoxas e heterodoxas não precisam ser excludentes entre si. Momentos excepcionais, de crises agudas, naturalmente pedem por maior intervenção estatal, como foi na pandemia. Contudo, esse fato certamente não dispensa o devido zelo com a consistência das políticas públicas para evitar dinâmicas perversas de médio e longo prazos — sem contar que a intervenção estatal tende a nutrir o patrimonialismo, de difícil reversão. Com frequência, a correção de rumos traz ainda mais sofrimento à sociedade. O exemplo mais recente é a inflação elevada de 2021, que em boa medida é consequência de excessos nas políticas de estímulo à economia.

As evidências que embasam políticas públicas denominadas liberais são pouco debatidas. Fatores históricos contribuem para explicar o preconceito e a resistência em relação a agendas dissonantes do argumento usual de apoio à intervenção estatal. O primeiro capítulo dessa trajetória remonta à formação da intelectualidade ainda no Império,[2] cujo pensamento liberal mostrava-se desconectado de pautas sociais.

Jovens da elite que estudaram em Portugal foram influenciados pelo Iluminismo tardio naquele país, no século XVIII, o que resultou em sua formação liberal. As sociedades secretas cresceram e tiveram importante papel na difusão do pensamento liberal, que para alguns historiadores influenciou o movimento de independência do Brasil. Os intelectuais viam o liberalismo como alternativa ao colonialismo. Posteriormente, na Assembleia Constituinte de 1823, nasceu a discussão sobre a criação de faculdades de Direito. O projeto vingou em 1827, com as escolas em São Paulo e Recife, que naturalmente seguiram a visão liberal. Ambas tiveram o papel de formar bacharéis em Direito para atuar em diversos ramos na administração pública e na política, em um país a ser construído. Era necessário substituir a burocracia herdada da administração joanina, e os bacharéis dominaram esse espaço. O objetivo não era apenas formar advogados e juristas.

---

2. Adorno (2019).

As oligarquias, por sua vez, buscavam menor interferência do Estado no ambiente de negócios — em muitos aspectos, a legislação era bastante liberal para os padrões da época. Por outro lado, não hesitavam em pedir proteção e ajuda nos momentos críticos. A acomodação de interesses das oligarquias, na burocracia estatal e no jogo político partidário, demandou ajustes no pensamento liberal, que cedeu ao clientelismo e ao patrimonialismo como forma de promover a coesão da elite, dividida entre monarquistas e republicanos, isso em uma sociedade marcada por lutas de emancipação e movimentos regionais, com violência e radicalismo. Daí decorre a moderação política dos bacharéis, visando à desejada promoção de valores de civilidade e ordem.

Se por um lado, o arcabouço jurídico tendeu para o modelo liberal — como o Código Comercial —, por outro, a prática judiciária era desigual e a agenda liberal na política não incluía atender as reivindicações populares. Não estava associada a ideais de democracia e igualdade, em conflito com os anseios das camadas populares que se refletiam nas frequentes revoltas na Regência e no Segundo Reinado, com contestação ao poder central. O contexto era de grande agitação, e a ideia de democracia acabou sendo associada a radicalização e baderna, alarmando os estratos sociais privilegiados.

Nesse quadro, o liberalismo passou a ser associado aos interesses da elite conservadora, visando à dominação política, em detrimento das classes populares. A tese não é robusta. De qualquer forma, os interesses políticos das camadas populares não estiveram presentes na vida acadêmica e na arena política. O ideal liberal era parcial e falho, tendo sido associado a vantagens para poucos — uma visão que prevaleceu ao longo da Primeira República, apesar de importantes avanços na economia, como o investimento em ferrovias com capital privado e o crescimento do mercado de capitais. Vale citar que, no governo Vargas, importante arcabouço institucional foi desmontado, como garantias legais a credores e medidas de padrão de governança das empresas; justamente elementos que haviam impulsionado o mercado de capitais na Primeira República.

O segundo capítulo de desprestígio dos liberais na opinião pública foi a convergência entre os interesses protecionistas da indústria, o nacionalismo de militares e o pensamento da Comissão Econômica para

O PENSAMENTO (QUASE) ÚNICO NA ACADEMIA

a América Latina e o Caribe (Cepal). Tudo isso no contexto populista do varguismo. Esse casamento acabou por marginalizar a visão liberal. A Primeira Guerra Mundial e a Grande Depressão produziram grandes transformações na economia com o início da industrialização pela substituição de importações. Esse ciclo propiciou a ascensão de representantes de classe que reivindicavam maior participação nas decisões de governo, em defesa do nacionalismo econômico. Getúlio Vargas pôs em prática o discurso nacionalista. Os liberais, ainda que presentes no governo e com importantes contribuições — como a criação da Superintendência da Moeda e do Crédito (Sumoc) em 1945 —, tinham influência circunscrita a poucas áreas mais técnicas. Concentrados na UDN, eram considerados inimigos ou entreguistas. Grupos de perfil autoritário viam no liberalismo uma estratégia para manter o poder das oligarquias.

Nesse contexto, surge o primeiro debate econômico no Brasil, em 1944-5.[3] Não provinha da academia, praticamente inexistente,[4] e ocorreu no interior dos órgãos técnicos do governo federal, sem repercutir na imprensa. No espectro liberal, Eugênio Gudin Filho, profissional com ampla carreira no setor privado e no setor público; no lado intervencionista, Roberto Simonsen, um industrial paulista.

A visão de Gudin era mais sólida tecnicamente e conectada com o debate econômico mundial, em um contexto de criação de organizações, como o Fundo Monetário Internacional (FMI), e da volta do liberalismo comercial. Defendia a liberdade econômica, cabendo ao Estado a regulação das regras do jogo e o investimento em educação, incluindo escolas técnicas em grande escala. Compreendia a importância da formação de mão de obra para o aumento da produtividade — tema pouco disseminado até os anos 1950-60, mesmo nos países desenvolvidos — e das instituições para o crescimento. Era defensor da igualdade de tratamento entre capital estrangeiro e nacional, e foi contra a criação da Petrobras e seu monopólio. Defendia o rígido controle

---

3. Lima (2019).
4. A primeira faculdade de economia propriamente dita é de 1946, e a regularização da profissão foi em 1951.

202 NÓS DO BRASIL

da inflação por meio de contenção de gastos públicos e restrição ao crédito. Roberto Simonsen, por sua vez, adotando abordagem histórica que remontava a intelectuais dos anos 1920, defendia a ação estatal visando à promoção da industrialização e à proteção da indústria nacional. Era defensor de uma planificação econômica estatal e da restrição à entrada do capital estrangeiro.

A visão intervencionista prevaleceu, com três importantes fatores pesando. Primeiro, o momento histórico no pós-guerra era de ímpeto industrializante, diante das dificuldades de exportação pela Europa. Segundo, ocorria crescente organização do setor, com fundamental apoio governamental.[5] A Federação das Indústrias do Estado de São Paulo (Fiesp) teve papel destacado nas décadas de 1940 e 1950, com influência marcante na política econômica.[6] Terceiro, a indústria encontrou na Cepal um forte aliado e a base para sua proposta de política econômica. Com a volta da democracia, faltava legitimação no plano político ao projeto de industrialização, pois a base anterior, provida por intelectuais como Oliveira Vianna e Azevedo Amaral, ficara prejudicada pelo apoio ao Estado Novo. O pensamento da Cepal, que se disseminou entre intelectuais, proveu essa legitimação, pois seus documentos ajudaram a organização a atuar sobre medidas que direta ou indiretamente afetariam a indústria.

A Cepal surgiu em 1948, como resposta da ONU à insatisfação da América Latina por não ter sido beneficiada no Plano Marshall, pela falta de importância estratégica da região para os Estados Unidos — foi uma queixa também de Roberto Simonsen. Surgiam, ao mesmo tempo, teorias de desenvolvimento no mundo, predominando a visão industrializante na América Latina e no próprio Banco Mundial. A visão era de que as recomendações de política econômica tradicionais não serviam para países da

---

5. O Centro das Indústrias do Estado de São Paulo (Ciesp) foi criado em 1928 como órgão de representação político-institucional. Em 1930, Getúlio Vargas decidiu criar uma estrutura sindical ligada ao Estado, por meio de sindicatos e associações de classe. Assim, o Ciesp tornou-se a Fiesp em 1931. Depois, vieram o Senai (1942) e Sesi (1946), contando com fonte garantida de recursos: tributos diretamente transferidos para a gestão das entidades patronais.

6. São vários os exemplos, como a expressiva concessão de crédito do Banco do Brasil; a política comercial por meio de regras para importação de bens industriais, como automóveis, peças e acessórios de veículos; e as políticas tarifária e cambial.

O PENSAMENTO (QUASE) ÚNICO NA ACADEMIA

periferia, enquanto o planejamento era visto como resposta à desorganização da economia nas décadas anteriores. Do outro lado, a Conferência de Bretton Woods, em 1944, marcava a retomada dos postulados liberais, em contraste com o predomínio de políticas protecionistas nos anos anteriores, com intenso uso de tarifas alfandegárias — o representante do Brasil foi Gudin.[7]

Para a Cepal, a especialização de países periféricos na exportação de bens primários, ante as deficiências estruturais, produzia uma tendência crônica de deterioração dos termos de troca (preços de exportação/preços de importação) e, assim, a transferência de recursos para países avançados industrializados. Como consequência, vinham o desemprego e o déficit externo. A saída seria promover a indústria para substituir as importações e protegê-la da concorrência externa, mesmo que o preço do equivalente estrangeiro fosse menor.

O pensamento cepalino, porém, foi incorporado pela Fiesp de forma pragmática e seletiva, de acordo com seus interesses.[8] Não havia posições doutrinárias sobre o funcionamento do Estado. Foi possível, por exemplo, posicionar-se contra as medidas de liberalização comercial dos Estados Unidos. Convenientemente, os primeiros trabalhos da comissão não discutiram aspectos polêmicos do protecionismo, tampouco temas associados à distribuição de renda, à educação e à baixa produtividade da indústria.

A visão cepalina marcou profundamente a heterodoxia na academia no Brasil por meio de Celso Furtado, que participou da Cepal entre 1949 e 1957, e, além disso, teve várias passagens pelo governo, tendo sido responsável pela criação da Sudene.[9] Seu pensamento trazia novos elementos

---

7. A Conferência de Bretton Woods, em 1944, levou à criação do Fundo Monetário Internacional (FMI), do Banco Mundial e do Banco Internacional para a Reconstrução e o Desenvolvimento (Bird). Entre 1951 e 1955, Gudin representou o governo brasileiro no FMI e no Bird.

8. Colistete (2006).

9. Foi diretor do Banco Nacional do Desenvolvimento Econômico (BNDE) entre 1958 e 1959, período em que publicou seu livro mais conhecido, *Formação Econômica do Brasil*; foi idealizador e primeiro superintendente da Superintendência do Desenvolvimento do Nordeste (Sudene) entre 1959 e 1964; e o primeiro ministro do Planejamento, no governo João Goulart, entre 1962 e 1963. Interessante notar a participação de Furtado nas Forças Armadas — como oficial de ligação da Força Expedicionária Brasileira (FEB). Não se pode descartar a influência da visão nacionalista dos militares em sua formação.

NÓS DO BRASIL

em relação à visão original de Raúl Prebish, principal intelectual da Cepal. Para Furtado, o subdesenvolvimento não era uma etapa na linha evolutiva das economias. Países desenvolvidos, mesmo quando ainda eram pobres, não teriam sido subdesenvolvidos. Nesse sentido, a industrialização seria condição necessária, mas não suficiente para o desenvolvimento. Defendia superar as desigualdades também por meio da tributação progressiva da renda e da reforma agrária. São temas caros à esquerda, que abraçou o pensamento de Furtado. Curiosamente, não houve atenção à educação de massas, diferentemente da visão de Gudin e do debate mundial.[10]

Samuel Pessôa (2020) aponta a pouca importância dada por Celso Furtado — economista com maior influência no pensamento econômico no Brasil por décadas — ao papel do ensino fundamental no desenvolvimento econômico.[11] O tema teria sido abordado pontualmente, de forma protocolar e genérica. Tratava o investimento em educação como elemento para a "melhoria das condições de luta da classe trabalhadora", porém não considerava suas implicações sobre o crescimento. O subdesenvolvimento decorreria mais da relação entre o país e as economias desenvolvidas, e menos das características intrínsecas da sociedade.

---

10. Jacob Mincer (1958), Theodore Schultz (1960) e Gary Becker (1964) eram referências internacionais na época sobre a importância da educação.
11. Interessante citar um trecho do discurso de Celso Furtado na posse da Academia Brasileira de Letras, em outubro de 1997, em referência ao período em que ele e Darcy Ribeiro fizeram parte do governo Goulart, como ministros do Planejamento e da Educação, respectivamente: "Quando iniciei a análise dos projetos de planos setoriais fui agradavelmente surpreendido pelo esplêndido trabalho realizado pela equipe de Darcy. A reflexão introdutória sobre o papel estratégico da educação num projeto de autêntico desenvolvimento econômico e social revela uma percepção profunda das especificidades de nossa cultura e, em particular, de traços acabrunhantes de uma herança histórica com raízes na escravidão. Mas não me escapou o irrealismo dos objetivos colimados: as metas mínimas de Darcy superavam os valores máximos com que eu trabalhava e que deveriam ser rebaixados em face dos constrangimentos financeiros que começavam a se manifestar. Tudo o que ele fazia estava impregnado do sopro utópico que emanava de sua imaginação. Minha formação de economista prevenia-me contra o uso imoderado da fantasia. Hoje me dou conta de que a diferença essencial que existia entre nós dois estava em que eu tinha percepção crítica da nossa realidade social, mas dela partia e a ela me adaptava, ao passo que Darcy a rejeitava e alimentava a esperança de transformá-la radicalmente."

O PENSAMENTO (QUASE) ÚNICO NA ACADEMIA 205

O debate entre nacionalistas e liberais foi intenso na década de 1950. Para fazer contraponto aos liberais, Celso Furtado criou O Clube dos Economistas, que lançou a revista *Econômica Brasileira*, em 1955. A Fundação Getúlio Vargas (FGV), também no Rio de Janeiro, sob o comando de Gudin e Otávio Bulhões, era o principal *think tank* da ortodoxia, publicando, desde 1947, a *Revista Brasileira de Economia* (*RBE*) e a *Conjuntura Econômica*. O debate econômico ainda não estava na imprensa.

O nacional-desenvolvimentismo prevaleceu politicamente e distanciou o Brasil de muitas experiências, inclusive algumas da América Latina. Os anos 1950 consagraram a expansão fiscal e o intervencionismo estatal, em conflito com o pensamento liberal pós-Bretton Woods, sendo o FMI repudiado por Juscelino Kubitschek. Colhemos a inflação alta. Importante, porém, notar que não havia divergência entre os grupos sobre o investimento estatal em infraestrutura, sendo recomendação da Comissão Mista Brasil–Estados Unidos, de 1951.

Interessante citar as percepções de Douglass North, que esteve no Brasil em 1961.[12] Elas servem de indicação do distanciamento do país em relação ao pensamento mundial na época. O economista estranhou o enorme intervencionismo estatal, inclusive no urbanismo, e questionou como os brasileiros aceitavam tantos controles, regulações e restrições e por que o pensamento liberal de Gudin enfrentava tanta resistência. Em seu relatório, North, em contraposição a Furtado, desaconselhou a promoção da industrialização como política adequada para o Nordeste, por conta da carência de mão de obra qualificada, de insumos naturais e de mercado consumidor. A região não teria vocação industrial. Melhor seria um programa voltado a explorar o talento da região, por meio da implantação de centros de pesquisa de agricultura tropical, pesca, recursos geológicos e hídricos do Vale do Parnaíba. A julgar pelo fraco desempenho da região, foi uma oportunidade perdida.

---

12. Boianovsky e Monasterio (2017), sobre a missão organizada pelo Departamento de Estado dos Estados Unidos juntamente com o Ibre/FGV para avaliar os planos da Sudene para o desenvolvimento do Nordeste, tendo em vista o acordo de cooperação financeira e técnica entre a instituição e o governo Kennedy.

206 NÓS DO BRASIL

Como os governos militares demonstraram, o nacional-desenvolvimentismo não é exclusivo da esquerda, mas foi nesse espectro político que ele conquistou hegemonia. O pensamento de esquerda tem raízes mais consolidadas no debate público. Do ponto de vista intelectual, a primeira referência de organização foi o Instituto Brasileiro de Economia, Sociologia e Política (Ibesp), criado em 1953, por intelectuais paulistas e cariocas com a finalidade de estudar os problemas brasileiros. Sua publicação *Cadernos do Nosso Tempo* teve grande repercussão, sendo considerada o berço da ideologia nacional-desenvolvimentista. Em 1955, os integrantes do Ibesp buscaram maior influência nas decisões governamentais e criaram o Instituto Superior de Estudos Brasileiros (Iseb), no Rio, um órgão do Ministério da Educação e Cultura. Foi um importante núcleo do nacional-desenvolvimentista, acolhendo diferentes linhas de pensamento. Em um processo de radicalização pela aproximação com os comunistas, geraram-se dissidências, com foi o caso de Roberto Campos e Hélio Jaguaribe, considerados entreguistas.

Buscando contraponto ao Iseb, um grupo ligado à Universidade de São Paulo (USP), do qual participava FHC, passou a ler Marx no original. O objetivo era intelectual, de busca de rigor analítico. Mas não foi só isso; havia a oposição à visão ortodoxa, presente na própria USP. Segundo Roberto Schwartz, que fazia parte do grupo Seminário Marx, "o estudo de Marx tinha extensões filosóficas, que nutriam a nossa insatisfação com a vulgata comunista, além de fazerem contrapeso aos manuais americanos de metodologia empírica [...]. A tensão entre estes extremos foi a força do grupo". Curiosa a visão de que a academia norte-americana representava um extremo. O fato é que, com maior ou menor rigor analítico, os vários grupos de esquerda nacional-desenvolvimentista se baseavam em análises históricas. Eram apenas narrativas e conjecturas, sem a necessária fundamentação de pesquisa econômica e evidências empíricas.

Desde o pós-guerra, houve uma inflexão da pesquisa econômica na academia internacional, com novos métodos de pesquisa e, também, na Teoria Econômica, que até então se dava pela contraposição de princípios abstratos. A busca por esses avanços passou a pautar os centros de

O PENSAMENTO (QUASE) ÚNICO NA ACADEMIA

pesquisa de referência no Brasil. Foi o caso da Faculdade de Economia e Administração da USP[13] e da FGV no Rio de Janeiro, criadas em 1946 e 1944, respectivamente. Eram alguns poucos os economistas que acompanhavam a produção acadêmica no exterior. É o caso de Antonio Delfim Netto, da USP, que teve como mentores Alice Canabrava, historiadora com grande preocupação na coleta e análise de dados, e Luiz de Freitas Bueno, um econometrista. A produção acadêmica por eles liderada se distinguia da pesquisa que predominava até então.[14] Em 1959, Delfim mostrou que a política de valorização do preço do café foi prejudicial à economia, pois estimulou a produção em outros países e gerou apreciação cambial, o que penalizou a indústria. Ele também alertou sobre as consequências da promoção da industrialização sobre as contas externas. Delfim foi seguido posteriormente por nomes como Affonso Celso Pastore, seu aluno. Sua pesquisa sobre preços agrícolas refutou a tese da Cepal de que a produção agrícola, atrasada, não reagia a preços — o que era uma das hipóteses da teoria estruturalista da inflação. Esteve também na vanguarda da pesquisa em economia monetária nos anos 1990.[15]

Mario Henrique Simonsen, da FGV, destacou-se por sua pesquisa na década de 1960 sobre o comportamento dos salários em termos reais (desconta a inflação) e a recomendação de política salarial em um contexto de combate à inflação, para evitar maior desemprego e pressão de custos.[16] Posteriormente, no livro *Inflação: Gradualismo × tratamento de choque*, de 1970, apresenta pela primeira vez na literatura econômica brasileira a ideia de que a inflação passada afeta a inflação corrente (posteriormente denominada de inércia inflacionária).[17] Outro importante nome foi o de Carlos Geraldo Langoni, também da FGV, com o desenvolvimento de

---

13. Na fundação, chamava-se Faculdade de Ciências Econômicas e Administrativas. O nome atual é Faculdade de Economia, Administração, Contabilidade e Atuária.
14. Lisboa (2020).
15. Pessôa e Lisboa (2020).
16. Recomendava não fazer a recomposição de salários pela inflação passada, mas sim pela inflação esperada e incidindo sobre o salário real médio no período, e não o pico, no início do período.
17. Barbosa (1997).

técnicas inovadoras para a análise da distribuição de renda[18] e o estudo pioneiro sobre a relação entre educação e renda no Brasil — a elevada taxa de retorno da educação básica era um alerta para os erros dos governos em priorizar o ensino superior.[19]

O terceiro capítulo do enfraquecimento do pensamento liberal-ortodoxo foi resultado do regime militar. A ditadura instalou o terror nas universidades. Perseguiu, prendeu e exilou intelectuais de esquerda, que se opunham ao regime. O debate público foi sufocado. Em meio a ressentimentos e revolta, cresceu o viés de esquerda nos centros de pesquisa, tornando-se hegemônico. Isso acabou se traduzindo em maior preconceito em relação à visão ortodoxa, na academia e na imprensa, especialmente pelo fato de economistas ortodoxos terem trabalhado nos governos militares — é o caso dos nomes citados anteriormente. O ambiente nas universidades foi, grosso modo, de repúdio à visão ortodoxa, que passou a ser associada à ditadura.

O resultado foi o prejuízo ao amadurecimento da pesquisa econômica e do debate público, pois, além da necessária pluralidade, os ortodoxos eram mais rigorosos e aparelhados tecnicamente. Por décadas, prevaleceu o preconceito contra o receituário liberal, bem como o isolamento da academia em relação à pesquisa internacional. Ignorar essa linha criteriosa de pesquisa foi um grande erro do ponto de vista acadêmico. A ironia é que, apesar da contribuição daqueles economistas, não foi o pensamento liberal que prevaleceu no governo militar. O governo Castello Branco promoveu o ajuste ortodoxo para combater a inflação e conduziu reformas liberais, mas o modelo econômico foi rapidamente substituído pelo nacional-desenvolvimentismo. Como reação ao Choque do Petróleo de 1973, o regime dobrou a aposta. Em meio à grave crise, o ajuste econômico ortodoxo foi iniciado, contudo, apenas no governo Figueiredo.

A experiência do regime militar no Brasil diferiu muito da observada no Chile, curiosamente a casa da Cepal. Augusto Pinochet (1973-90)

---

18. Esse foi um ponto de debate econômico, pois Langoni refutou empiricamente a afirmação de Celso Furtado e de Albert Fishlow de que a piora da distribuição de renda decorria de política deliberada do governo.
19. Lisboa, Barros e Scheinkman (2021).

O PENSAMENTO (QUASE) ÚNICO NA ACADEMIA 209

teve grande poder para implementar reformas de mercado — no Brasil, e também na Argentina, a visão predominante nas Forças Armadas era nacionalista. O que começou como imposição do ditador rapidamente ganhou apoiadores.[20] Os chamados *Chicago Boys* tiveram papel central no Chile. O termo remete aos estudantes da América Latina que obtiveram título de doutor em Economia na Universidade de Chicago. O programa fazia parte de um contexto maior de interesse dos Estados Unidos, desde os anos 1950, para reduzir a influência do pensamento cepalino nas políticas públicas na região — no contexto de Guerra Fria. A Universidade de Chicago foi particularmente influente, com convênios para receber alunos, moldando a academia no Chile — porém muito menos no Brasil, onde a defesa da intervenção estatal era mais disseminada e a visão liberal era vista com desconfiança.

Na redemocratização, a gestão Collor promoveu uma abertura comercial e privatizações — algo pouco lembrado —, mas não contribuiu para reforçar o pensamento liberal no debate público, pelo contrário. Pesaram o trauma do "confisco da poupança" e os escândalos de corrupção — aqui mais um capítulo do descrédito dos liberais. FHC e Lula em seu primeiro mandato, por convicção ou pragmatismo, avançaram com políticas de cunho liberal, entretanto sob bombardeio. O termo "neoliberal" tinha conotação negativa, sendo afastado do discurso político.

Enfim, foi um longo caminho a alimentar na sociedade o sentimento antiliberal: liberais foram vistos como elitistas no Império e na Primeira República; entreguistas pelo varguismo; instrumentos de dominação burguesa pelos comunistas; filhos da ditadura logo após a volta da democracia; e insensíveis ao drama social pela esquerda moderna. Até na ditadura foram por vezes tachados de covardes pelos militares desenvolvimentistas. Assim, foram se cristalizando na opinião pública crenças não só mais favoráveis à intervenção estatal, como contrárias a políticas de cunho liberal/ortodoxo. Além disso, a visão antiliberal é também alimentada pelo fato de que o intervencionismo estatal produz rapidamente o aquecimento da economia

---

20. Undurraga (2015).

e benefícios a grupos contemplados, e, quando suas consequências adversas de médio e longo prazos se materializam, entram as políticas ortodoxas de ajuste para evitar um quadro ainda mais grave. Na falta de um debate público de qualidade, que aponte as consequências perversas dos equívocos e excessos da ação estatal, a opinião pública acaba atribuindo à ortodoxia a culpa pela crise, enquanto alimenta o saudosismo do Brasil grande.

Entre 2006 e 2014, os governos petistas retomaram a agenda de intervencionismo estatal. Diante do desastre do experimento, refletido na grave e prolongada recessão de meados de 2014 a meados de 2016 e na inflação que ameaçava sair de controle, o preconceito com agendas liberais foi atenuado. Os escândalos de corrupção associados à ação estatal também contribuíram para isso. O impopular governo Temer compreendeu o momento e avançou com reformas estruturantes. Jair Bolsonaro, por sua vez, adotou o discurso liberal na campanha, mas desperdiçou a oportunidade para aprovar agendas mais polêmicas — como privatizações, abertura da economia e reforma tributária. Como agravante, seu discurso associado ao anticientificismo e a valores antidemocráticos, com ataques às universidades públicas, envenena o debate público e eleva o risco de desmoralização do liberalismo. Grupos que se autointitulam liberais, por sua vez, também pecam pela superficialidade e maniqueísmo das análises, mostrando-se distantes da pesquisa econômica mundial.

O que distingue a evolução do debate econômico no Brasil da experiência mundial é que, em essência, ainda não se superou efetivamente a visão de que a industrialização promovida pelo Estado é a chave para o crescimento. O Brasil distanciou-se muito da visão do mundo pós-guerra. É verdade que, atualmente, o debate é mais plural, mas por muitas décadas prevaleceu o pensamento único, e os avanços ainda são tímidos. A intelectualidade nas universidades é ainda majoritariamente heterodoxa. Tampouco há grande antagonismo político-partidário em relação às políticas públicas. Os partidos são em sua maioria amorfos, e PT e PSDB nasceram da mesma matriz de esquerda.

O ponto é que pouco se discute tecnicamente o desenho de políticas públicas, pesando prós e contras das opções disponíveis, em meio à falta de respaldo da academia. A adoção de agenda ortodoxa ou liberal mostra-se

O PENSAMENTO (QUASE) ÚNICO NA ACADEMIA

cíclica, muito mais por necessidade de ajustes após excessos do que por grande convicção. Na falta de debate econômico mais profundo e plural, sobram partidarização e desqualificação daquele que diverge. Como agravante, a polarização política da sociedade contamina o debate público, gerando julgamentos morais, quando na realidade este deveria estar voltado à análise de melhores formas de promover o desenvolvimento — em quais áreas é necessária a ação estatal e como fazê-la.

Na pandemia da Covid-19, ficou evidente que há muito a avançar na discussão das políticas públicas. O debate público, entretanto, praticamente se resumiu a ortodoxos — agora chamados de fiscalistas — pregando a importância da disciplina fiscal para a estabilidade macroeconômica e a heterodoxos recomendando a volta do nacional-desenvolvimentismo. Um debate pobre, do passado.

Finalizando, cabem reflexões sobre os avanços essenciais para melhorar a qualidade do debate público. Cito aqui algumas.

Primeiro, é necessário garantir, efetivamente, a meritocracia nos órgãos de pesquisa e nas universidades públicas, que tanto oneram os cofres do governo. Requer aprimorar a avaliação dos pesquisadores, por exemplo, classificando suas publicações de acordo com a relevância das revistas acadêmicas, e contar com bancas estrangeiras para avaliar os programas de pós-graduação.[21] É necessário haver concorrência entre centros de pesquisa, por recursos e por talentos, e construir pontes com instituições estrangeiras — algo visto no passado.

Segundo, os governos deveriam documentar os resultados das políticas públicas, desenvolver indicadores e abrir dados para a pesquisa acadêmica para sua avaliação. As universidades, públicas e privadas, e centros de pesquisas precisam cumprir melhor seu papel.

Terceiro, a imprensa e a academia precisam estar próximas. A ponte da academia com a sociedade, e com a política, deve ser feita pela imprensa, com credibilidade. A academia isolada não cumpre seu papel de instituição intermediária, tampouco a imprensa. Há muito debate nos meios digitais,

---

21. Monasterio (2021).

mas sem zelo ético, pois são marcados por radicalismos e ideologias que distorcem as informações e as análises — o que aumenta o papel da mídia especializada em pautar as discussões.

Seria injusto não reconhecer mudanças nessas três frentes, ainda que lentas. Há um acúmulo importante de conhecimento e pesquisa acadêmica, notadamente nas faculdades privadas, que cada vez mais contribuem para um debate público mais qualificado sobre os problemas brasileiros e as recomendações de políticas públicas. No setor público, cresce o reconhecimento de que a ação estatal precisa ter seus efeitos avaliados para, assim, ajustar ou mesmo eliminar políticas ineficientes. E, como já afirmado anteriormente, é inegável o avanço do debate público na imprensa. O ponto mais frágil nesse retrato, e que demanda maior esforço, é a qualidade da produção acadêmica nas universidades públicas. Não se trata apenas de direcionamento de recursos, mas de criar incentivos corretos e cobrar resultados.

Reflexões finais:
Condenados ao atraso?

Aqueles que não lembram o passado estão condenados a repeti-lo.
(tradução livre)
George Santayana
(frase de 1905, corriqueira, mas que merece ser repetida)

Este pode ser o "efeito colateral" mais desejável da pandemia: acelerar a própria crise para despertar os mecanismos de sua superação.
Carlos Melo

A construção de uma nação é um processo intrincado e trabalhoso. Sem entrar na complexa discussão sobre o abstrato conceito de nação, utilizo a ideia de uma sociedade com um grau de identidade e coesão que permite a existência do poder estatal e sua estabilidade no longo prazo. Por esse critério, o Brasil é uma nação muito jovem, pois só conseguiu se firmar como tal na década de 1930; até então, era um país marcado por revoltas regionais contra o poder central, inclusive de cunho separatista.

O que faz uma nação se tornar rica? Embora não haja uma fórmula pronta ou um modelo simples e parcimonioso que explique satisfatoriamente a renda per capita ou grau de desenvolvimento de uma nação, as avançadas são aquelas que, grosso modo, lograram priorizar políticas universais, principalmente o acesso à educação básica de qualidade. Não é uma tarefa fácil. O Brasil, por sua vez, exibe uma trajetória de crescimento muito lenta e acidentada. Uma nação com pouca quilometragem, mas que carrega o peso da herança colonial e de contingências históricas.

214 NÓS DO BRASIL

Mas quais são os nós que atrapalham o desenvolvimento do país? Buscou-se analisar neste livro como as instituições foram construídas e de que maneira evoluíram. O critério de escolha das instituições a serem contempladas foi sua relevância para explicar o PIB per capita dos países, ou simplesmente sua correlação, segundo as melhores evidências da pesquisa acadêmica. Por esforço didático, as análises foram compartimentalizadas, apesar de os temas de cada capítulo terem muitas intersecções. O critério de divisão decorreu da avaliação de que cada um dos temas isoladamente contribui para compor um quebra-cabeça dos fatores que impactam o crescimento do país. Por exemplo, ainda que a classe média pouco representativa decorra em boa medida do reduzido investimento em capital humano, ela por si só reforça o quadro de baixo crescimento, pela menor ação coletiva visando a serviços públicos de qualidade.

O passado importa. Essa ideia esteve presente em cada capítulo. A herança histórica reduziu o conjunto de instituições pró-crescimento disponíveis ao país. Uma nação erguida sobre bases extrativistas tem mais dificuldades para construir instituições inclusivas e implementar medidas que promovam o desenvolvimento. O Brasil se edificou como país sobre as bases do passado colonial marcado pela longa escravidão, patrimonialismo, elevada concentração de poder econômico e político, violência, autoritarismo e desigualdade de oportunidades. Desse contexto emergiu uma elite com crenças distantes de valores liberais, democráticos e republicanos, o que se traduz em reduzida preocupação com a educação de massas e diminutivo empreendedorismo. Esse quadro nutriu dois importantes traços ou crenças da própria sociedade: a visão antimercado, com a defesa de proteções e benefícios do Estado, o que resulta em elevado intervencionismo do poder público; e o precário sentimento de pertencimento ou identidade nacional, refletido no baixo capital social, que alimenta comportamentos oportunistas a recorrer a "jeitinhos" e ao desrespeito às leis — inclusive para escapar da mão pesada do Estado e da injustiça que favorece as elites. Essas são crenças associadas ao baixo crescimento econômico dos países.

Apesar do peso da herança histórica na evolução de um país, há certamente o espaço para o arbítrio. A política importa; as decisões também

REFLEXÕES FINAIS

refletem escolhas de grupos dominantes e, em maior ou menor medida, da própria sociedade. Na história brasileira desde a Proclamação da República, muitas decisões acabaram por criar novos nós na trajetória de crescimento. Cito algumas delas (apontadas em negrito).

A repetida negligência com a educação básica de massas é o maior erro histórico, pois de todos os fatores que dificultam o crescimento sustentado de longo prazo, esse é o principal deles. Pior, ainda hoje se insiste no erro: a educação básica universal, incluindo o ensino médio, nem sequer foi atingida e padece de baixa qualidade. Perpetua-se, assim, a máxima citada por Naercio Menezes Filho de que uma criança no Brasil precisa ter sorte para ter sucesso na vida.[1] Ao longo do livro, esse tema emerge como uma variável crítica, um condicionante para a construção das demais instituições pró-crescimento. Além de permitir a acumulação do capital humano, a educação influencia a formação das crenças, a construção do capital social, o amadurecimento democrático e o surgimento da classe média. Não que exista um consenso entre economistas brasileiros sobre o papel essencial da educação básica — alguns recomendam priorizar o investimento no ensino superior e políticas direcionadas para a industrialização —, mas é isso que indicam as melhores evidências da pesquisa acadêmica mundial.

Como resposta às consequências econômicas e sociais do reduzido capital humano, muitos desenhos de políticas públicas estão impregnados pelo paternalismo, que, pior, nem sempre favorecem os mais pobres — é o caso da miríade de benefícios tributários e políticas sociais mal focalizadas. Buscam-se atalhos para driblar a ação estatal deficiente, que se mostram não só ineficazes, como muitas vezes prejudiciais. De quebra, infantiliza-se a sociedade, o que dificulta o encontro com a realidade dos problemas. Um exemplo do paternalismo é limitar a discussão do combate da pobreza e da desigualdade a políticas de transferência de renda, deixando de lado ações para melhorar a qualidade do serviço público.

---

1. Disponível em: <https://www.insper.edu.br/conhecimento/politicas-publicas/a-loteria-da-vida/>.

NÓS DO BRASIL

A sucessão de golpes de Estado — na América Latina, o Brasil só fica atrás do Haiti, da Venezuela e da Bolívia — trouxe graves consequências para o amadurecimento da democracia; sem contar que, mesmo no período democrático entre 1946 e 1964, oficiais militares conspiraram seguidamente contra presidentes eleitos. O golpe militar de 1964 foi o primeiro da América Latina naquele ciclo, no contexto de Guerra Fria, e sua longevidade também distingue a experiência brasileira. A duração do regime, bem como a violência e a repressão, não era unanimidade nas Forças Armadas, mas prevaleceu a visão da linha dura — outro equívoco histórico. As fraturas na sociedade e desconfianças marcaram a cultura política. Os ressentimentos contaminaram a imprensa e a academia, que adotaram um viés predominantemente de esquerda, prejudicando a qualidade do debate público, que precisa ser alicerçado em dados e evidências, e não em ideologias. E o movimento sindical, oprimido na ditadura, cresceu dentro do serviço público, com prejuízo para o funcionamento da máquina estatal ao alimentar o corporativismo.

A Constituição de 1988 reuniu muitos equívocos ao prever privilégios e benefícios em demasia a grupos organizados, em que pesem os avanços na incorporação dos direitos de grupos vulneráveis. Faltou preocupação em produzir um texto consistente e responsável com as gerações futuras. As emendas constitucionais caminharam ainda mais na direção de ampliar "direitos", apesar de importantes ajustes — o mais recente foi a reforma da Previdência de 2019. A Carta, que é possivelmente a mais extensa do mundo, disseminou o patrimonialismo, beneficiando indevidamente vários segmentos da sociedade. Enquanto isso, o clientelismo cresceu por conta das regras do sistema político que produziram a hiperfragmentação partidária.

Com frequência, falta aos políticos o exercício de autocontenção, cujas pautas populistas não apenas freiam o amadurecimento da sociedade, como produzem distorções na economia. No caso dos presidentes, o demasiado poder de agenda do chefe do Executivo aumenta sua responsabilidade, inclusive no sentido de respeitar a governança em estatais e órgãos de Estado. No entanto, medidas econômicas sistematicamente prejudicam as contas públicas, o equilíbrio macroeconômico e o funcionamento da economia. O "boom de commodities" da primeira década dos anos 2000, por exemplo, acabou alimentando políticas irresponsáveis, como a expansão significativa do crédito subsidiado dos bancos públicos e das renúncias tributárias. Colheu-se a longa e severa recessão entre meados de 2014 e meados de 2016, o que comprometeu o potencial de crescimento do país ao derrubar a taxa de investimento, e abalou enormemente a confiança da sociedade nas instituições. De quebra, perdeu-se a chance de reformas estruturais que se tornam mais palatáveis em um ambiente promissor — é o caso da abertura comercial e de reforma tributária que envolve a eliminação de benefícios a grupos organizados —, pois a dinâmica econômica mais favorável amplia o espaço para a barganha política.[2]

Outro exemplo de falta de comedimento foram as campanhas eleitorais que não passam no teste de qualidade da democracia — eleições justas e sem manipulações, como o abuso de poder do incumbente e a influência indevida de grupos organizados. É verdade que o Brasil não tem experiência acumulada que permita estabelecer os limites aceitáveis de uma campanha, pois foram apenas oito desde a volta da democracia. De qualquer forma, as últimas eleições foram marcadas por fatores que desequilibraram bastante a disputa e alimentaram a cisão da sociedade — difícil dissociá-las do grave quadro econômico dos últimos anos. Em 2010 e 2014, promoveu-se o estímulo artificial da economia, causando grande deterioração fiscal obscurecida por truques contábeis. Em 2018, faltou autocontenção de militares e lava-jatistas, dentro e fora de Curitiba, que beneficiaram a campanha de Bolsonaro. Além disso, faltam ética e respeito ao eleitor. Não exatamente pelos ataques pessoais, que (lamentavelmente) fazem parte das regras do jogo não só no Brasil, mas pelo discurso de ódio que alimentou de forma exponencial a polarização da sociedade.

Todas essas são nossas escolhas. Certamente são erros comuns em países não avançados, mas em muitos aspectos a experiência brasileira destoa pela

---

2. No outro extremo, uma vez instalada a crise, são desperdiçadas oportunidades de algumas reformas fiscais polêmicas, já que as crises contribuem para estimular o debate público sobre privilégios de grupos organizados — é o caso da reforma administrativa.

magnitude e amplitude das distorções — tudo parece superlativo no país —, o que resulta no grande hiato entre as taxas de crescimento do Brasil em relação ao mundo ou mesmo a países parecidos.

Os vários segmentos da elite, em seu conceito amplo, têm grande parcela de responsabilidade nessas escolhas, pela visão pouco comprometida com a coletividade. Muitos grupos pressionam por benesses e bloqueiam agendas republicanas que ferem seus interesses, e não reconhecem que fazem parte do problema. Além disso, diante das mazelas do país, elevam muros nos *apartheids* cotidianos e se omitem. Não se trata aqui de eleger vilões, até porque são esperadas posturas defensivas em um país onde empreender é tão difícil, mas sim de apontar o papel dos grupos da elite na solução dos problemas brasileiros.

Falou-se de herança e escolhas, mas a história também é feita de acidentes. Getúlio Vargas viu encolher seu capital político e suicidou-se, o que contribuiu para alimentar as crenças estatizantes e paternalistas na sociedade. Tancredo Neves faleceu antes de tomar posse e, possivelmente, levou consigo as chances de uma transição mais corajosa para a democracia e uma Constituição menos patrimonialista. O escândalo do encontro entre Michel Temer e o empresário Joesley Batista alimentado pelo procurador-geral da República[3] inviabilizou a reforma da Previdência e freou a recuperação da economia, com consequências na eleição de 2018. A facada em Bolsonaro impulsionou sua campanha eleitoral ao lhe dar grande exposição diária na televisão, poupando-o de debates e dos ataques de oponentes e despertando a empatia dos eleitores.

Por outro lado, o país teve importantes acertos e aprofundamento institucional, ainda que menos do que o necessário para o crescimento sustentado. Algumas lições podem ser tiradas a partir de etapas superadas, e o destaque fica para a queda duradoura da inflação desde o Plano Real, que levou a uma mudança de crenças da sociedade. Trata-se de um jogo repetitivo, em que a perseverança dos gestores da política econômica em

---

3. Disponível em: <https://www.conjur.com.br/2020-mar-03/janot-deturpou-delacao-joesley-derrubar-governo>.

REFLEXÕES FINAIS

cumprir a meta inflacionária nutre o apreço dos indivíduos pela inflação controlada, que passam a reagir a ameaças de retrocesso, restringindo assim o espaço para desvios dos governantes. Além disso, os acertos na política econômica — sobrevivendo à mudança de governo de FHC para o de Lula — geraram melhora sensível na distribuição de renda. O resultado foi o surgimento da nova classe média, traduzindo-se em uma sociedade mais exigente, que anseia por melhor qualidade e condições de vida e, também, por maior participação política.

Há lições também do impeachment da ex-presidente Dilma Rousseff. Independentemente de ter sido ou não justo e benéfico ao país, foi uma manifestação da profunda decepção da sociedade com a corrupção e, certamente, com a desarrumação da economia. Em que pesem os eventos que inflamaram as ruas, como o inadequado vazamento de áudios de conversas entre Dilma e Lula, e as mudanças de rumo na política que levaram Eduardo Cunha, ex-presidente da Câmara dos Deputados, a abrir o processo de impeachment, é provável que o mesmo desfecho fosse inevitável diante da pressão social. A ex-presidente recebeu um "cartão vermelho" da sociedade por provocar a mais grave crise da nossa história. O grito "Fora, Dilma" foi mais alto do que o "É golpe". É possível interpretar o impeachment como um sinal da fragilidade da política, que não conseguiu de forma menos acidentada resolver os conflitos em benefício da coletividade. Por outro lado, as manifestações populares revelaram um amadurecimento da sociedade. Outro sinal do apreço da sociedade pela estabilidade da economia foi a reação ao governo de Michel Temer, que trouxe novos ventos ao promover reformas estruturais, em vez de adotar atalhos, como aumentar a carga tributária. Assim, aquele governo conseguiu pacificar as ruas, mesmo tendo taxa de aprovação exígua. Até em momentos críticos, como na paralisação dos caminhoneiros em maio de 2018, o "Fora, Temer" não ganhou escala.

A pandemia de Covid-19 trouxe novos elementos para reflexão, principalmente porque as falhas na gestão do governo elevaram o sacrifício da sociedade, ainda que este fosse inevitável. Na saúde, deixou-se de aprovei-

220

NÓS DO BRASIL

tar o potencial decorrente da capilaridade do SUS[4] para testar e vacinar tempestivamente a população. O resultado é que adoeceram e morreram proporcionalmente mais brasileiros do que indivíduos na maioria dos países, especialmente quando se leva em conta a demografia, pois países jovens, como o Brasil, tendem a apresentar menor letalidade. O descuido nas políticas de saúde, notadamente em 2020, se traduziu em maiores problemas em outras áreas, onde se somam mais falhas de gestão — o tempo prolongado de escolas fechadas é a face mais visível. Foi precária a liderança do governo federal na definição e coordenação das políticas públicas dos entes da federação. Também faltaram convênios e conexão com a sociedade civil,[5] já que há experiências de sucesso no país.[6] Assim, agravaram-se as desigualdades — raciais, de gênero, de renda e de oportunidades[7] — e pesaram nos cofres públicos as políticas para o socorro de grupos vulneráveis, que, por sua vez, apesar de meritórias, ficaram limitadas ao curto prazo. Não houve atenção a objetivos estruturantes, como requalificar a mão de obra em um quadro de avanço mais acelerado do uso de tecnologias digitais por conta da pandemia.

Um ponto positivo foi a indignação da sociedade, como mostram as quedas nas taxas de aprovação do governo ao longo de 2020-21. A politização da pandemia, quando era necessário reunir e coordenar esforços, foi condenada por parcela representativa da sociedade. Além disso, aumentou a valorização da qualidade da informação, incluindo as de cunho científico. Não está claro o quanto se trata de uma mudança de crenças ou de algo transitório. De qualquer forma, esse sentimento poderá contribuir para reduzir o apelo de discursos populistas e demagógicos.[8] A valorização da ciência também estimula o debate público de qualidade e o desenho de políticas públicas baseadas em evidências.[9] Por todos esses fatores, a

---

4. Costa e Lotta (2021).
5. Cabral (2021).
6. OCDE (2020).
7. Machado (2021).
8. Melo (2021).
9. Kalout e Seligman (2021) sobre a necessidade de base empírica no desenho de políticas públicas.

REFLEXÕES FINAIS 221

pandemia representa uma oportunidade — mas não garantia — para a inflexão na política e no debate público, pois, ao explicitar os problemas, contribui para o amadurecimento da sociedade; já as medidas efetivas para reformar a ação do Estado dependem da existência de lideranças capazes.

O Brasil é uma democracia que ainda não consolidou valores republicanos, do bem comum. Nesse contexto, é mais laboriosa a condução de reformas e a construção de instituições inclusivas. Não é possível replicar as experiências passadas, como da Coreia do Sul, que promoveu muitas reformas antes de virar uma democracia. No Brasil, é necessário "trocar o pneu com o carro em movimento". Não se questiona o bem maior da democracia; trata-se apenas de pontuar que algumas mudanças tendem a ser mais lentas. A paralisia diante das dificuldades é um risco, mas não seria justo afirmar que esse é o quadro atual do país. Há transformações relevantes em curso, muitas vezes silenciosas, que permitem crer na capacidade do país de voltar a crescer em um futuro não distante. Listo algumas delas, essencialmente relacionadas a canais de contestação social — entendidos aqui como os mecanismos necessários para que as demandas sociais sejam contempladas na agenda política —, sem a intenção de estabelecer uma ordem de importância, até porque são elementos que se complementam.

1. **A classe média não está apática.** Qualquer que seja a inclinação ideológica ou política do cidadão, há manifestações de indignação e desejo de mudança, desde os protestos de 2013, com aspirações por melhor qualidade de vida e igualdade de oportunidades, bem como por maior participação política. Notam-se também algumas mudanças nas crenças. A profunda recessão produzida no governo Dilma aumentou o anseio por menor intervencionismo estatal, especialmente entre os jovens empreendedores. Como discutido, a pandemia também pode estar produzindo maior blindagem a discursos populistas.

2. **A lógica empresarial está em mutação.** Diante da crise fiscal e do fracasso frequente das intervenções do poder público, as

pressões do setor privado por proteção estatal parecem encolher, mudando o foco para medidas legislativas que melhorem o ambiente de negócios, como no caso do surpreendente avanço de reformas de marcos regulatórios setoriais nos últimos anos. Em que pese a existência de segmentos tradicionais com velhas demandas e que obstruem o avanço de muitas reformas, a cultura do empreendedorismo avança paulatinamente, o que implica o crescente anseio por liberdade econômica. Nota-se também o aprendizado do setor produtivo. A julgar por manifestações de muitos dirigentes de empresas e organizações setoriais, aumentam a preocupação com a baixa qualificação da mão de obra e a consciência quanto à necessidade de colaboração no enfrentamento dos problemas do país, algo reforçado pelos princípios ESG (*environmental, social, and corporate governance* [ambiental, social e governança corporativa]).

3. **Não há um apagão de ideias.** Há um razoável conhecimento acumulado em muitas áreas de pesquisa, com diagnósticos e recomendações de políticas públicas e reformas estruturais. O fato de muitas discussões não estarem tão presentes no debate público passa uma falsa impressão de que se esgotaram as possibilidades para a promoção do desenvolvimento, sendo necessário partir para o experimentalismo. Não é o caso. O caminho é implementar medidas bem-sucedidas dentro e fora do Brasil, ainda que com o devido cuidado e ajuste para as diferentes realidades do país, e eliminar outras tantas políticas públicas ineficientes.

4. **O debate público amadurece.** A crise econômica produzida pelas gestões petistas contribuiu para oxigenar o debate público, no qual até recentemente predominava o pensamento nacional--desenvolvimentista — visões mais liberais, com frequência, foram (injustamente) associadas à insensibilidade social. Apesar das limitações no avanço em temas urgentes, por serem muito

REFLEXÕES FINAIS 223

técnicos (como insegurança jurídica) ou polêmicos (gestão da área de educação), cresce a discussão sobre a necessidade de maior eficiência no desenho e na gestão da política pública. A defesa dogmática do ativismo estatal, sem ponderar custos e benefícios, perde adeptos. Enquanto isso, cresce a compreensão de que são necessários o respeito à disciplina fiscal e a redução da rigidez do orçamento público — praticamente tomado por despesas obrigatórias — para que o estado esteja capacitado a atender às demandas mutantes da sociedade.

5. **Aumenta a concorrência na política.** Há muitas administrações locais bem-sucedidas, o que cria incentivos para gestores públicos buscarem bons resultados e reconhecimento na opinião pública. Um exemplo interessante foi o governo federal passar a se empenhar para a compra de vacinas da Covid-19, após meses de letargia, como reação à iniciativa bem-sucedida do estado de São Paulo na aquisição e na produção de vacinas. Além disso, forma-se um celeiro de jovens políticos com visão mais moderna e mais conectada aos anseios da sociedade — ainda que lhes falte experiência, em alguns casos cumprem importante papel de contestação.

Esses elementos somados favorecem o saudável antagonismo programático na classe política e nos partidos. Atualmente, são tênues as diferenças entre as plataformas das principais legendas, sendo que, historicamente, prevaleceu a visão nacional-desenvolvimentista, havendo pouca atenção sobre como enfrentar efetivamente os problemas estruturais. As diferenças na prática são mais retóricas, com muitos adotando discursos populistas — não que esse não seja um diferencial importante. A democracia liberal praticamente inexiste — só ganha musculatura nas crises —, estando comprimida entre a esquerda e a direita tradicionais, ambas intervencionistas e corporativistas, em maior ou menor grau. Seu espaço, porém, poderá aumentar com a combinação desses novos ventos de concorrência na política, debate público mais maduro e sociedade mais participativa. Um aspecto a ser observado é se a redução do número de partidos representados no Congresso e a formação de federações partidárias — resultantes da cláusula de barreira — contribuirão para a definição mais clara das plataformas programáticas das legendas e o aumento da institucionalização partidária.

Difícil apontar qual será a capacidade do Brasil — uma nação ainda jovem, mas cheia de velhos hábitos — de afrouxar ou desfazer tempestivamente os principais nós que impedem o crescimento sustentado. Muitos países lograram sair da armadilha da renda média no século passado. O Brasil não só não conseguiu, como distancia-se da experiência de países parecidos e o hiato em relação ao resto do mundo se amplia. A economia praticamente estagnada não consegue sequer se recuperar do tombo inciado em 2014, enquanto a urgente redução da desigualdade social depende do crescimento sustentado do emprego e da renda dos trabalhadores, bem como da geração de riquezas que viabilize a transferência de renda aos vulneráveis e vida digna a todos. Com frequência se ouve que o Brasil, quando está no abismo, reage. Se isso fosse verdade, as crises não seriam tão profundas e tampouco as consequências da pandemia tão severas.

Certamente o grande nó é o da política, sendo que o desenho das instituições dificulta a formação de lideranças de qualidade em escala. Por isso a importância dos cinco elementos citados que favorecem a contestação social, pois são a chave para a renovação da cultura política e, assim, da ação estatal. Faltam líderes capazes, com espírito público e habilidade política, e conectados com o debate público e com as agendas globais. Na campanha presidencial de 2018, por exemplo, o chamado centro democrático falhou, não apenas ao dispersar-se em várias candidaturas, mas ao não saber ouvir os reclames da sociedade, contribuindo para a polarização no segundo turno — um resultado que não condiz com o perfil do eleitor mediano. Diversos grupos sociais, indignados com a corrupção e com as intervenções arbitrárias do poder público em diversas áreas, demandavam mudanças, mas o centro não soube compreender o momento do país e a polarização abriu espaço para o discurso populista pseudoliberal de

REFLEXÕES FINAIS 225

Bolsonaro. O populismo se apoia no sentimento de grupos que se sentem marginalizados ou preteridos da agenda política e da ação governamental.

A reversão do quadro atual precisa ser tempestiva, sob pena não apenas de mais uma década perdida, mas de se atingir pontos de não retorno pelo agravamento do frágil quadro social e da segurança pública, fatores que também afugentam o investimento. É preciso trazer perspectiva aos jovens das classes populares, estancar a emigração de talentos e de mão de obra qualificada, criar oportunidades a investidores e empreendedores e conter a saída de recursos do país. O momento é particularmente crítico por conta do fim do bônus demográfico e do atraso tecnológico que se amplia com o avanço no uso de novas tecnologias no mundo. Ao mesmo tempo surgem novas demandas sociais, como na questão ambiental e na área da saúde. As mudanças em curso ampliam as atribuições do Estado, o que requer flexibilidade orçamentária e capacidade de desenhar e implementar políticas públicas de forma eficiente.

A aceleração do crescimento depende do aumento da taxa de investimento — sensivelmente inferior à média de países vizinhos — e de ganhos de produtividade — praticamente estagnada há décadas. Atingir esses objetivos com escala satisfatória pressupõe a participação majoritária do setor privado, o que não dispensa um Estado forte, com capacidade de regulação adequada e oferta de serviços públicos de qualidade. A ação estatal precisa se concentrar em áreas em que o retorno para a sociedade é maior do que o retorno privado. Fazer menos coisas e fazer bem-feito, com foco no cidadão.

Abrir esses caminhos implica eliminar políticas atuais injustas e ineficientes, mas que beneficiam grupos organizados que reagem contra as reformas. Remoção de isenções tributárias e de privilégios de segmentos do funcionalismo, revisão de políticas sociais e abertura comercial são exemplos de iniciativas que enfrentam grande resistência. As dificuldades políticas reforçam a necessidade de cuidado na definição de prioridades e estratégias, de tal forma que os vários segmentos da sociedade e do setor produtivo contribuam incrementalmente para o ajuste, afastando a ideia de que poucos arcarão com o custo de curto prazo, até que se materializem os benefícios coletivos ao longo do tempo. Vale repetir: o grande nó é o da política.

Importante acrescentar que a efetividade das reformas tende a ser maior quando vários entraves e distorções são enfrentados em paralelo. Por exemplo, a modernização da legislação trabalhista tende a ser mais efetiva na geração de empregos se acompanhada de investimento em capital humano e redução da insegurança jurídica — a propósito, muitas reformas necessárias não dependem de aprovação do Congresso, mas apenas medidas administrativas, evitando-se, assim, o congestionamento da pauta do Legislativo.

A boa notícia é que o quadro não é de letargia. Há uma jovem nação onde, aos poucos, ampliam-se os canais que poderão favorecer uma agenda política mais sintonizada com os anseios da maioria, e não de grupos organizados, sendo o avanço do debate público e a concorrência na política ingredientes essenciais nessa dinâmica. Há uma tensão entre os vários segmentos da sociedade: de um lado, cresce paulatinamente a participação política de grupos que desejam mudanças, na direção de maiores oportunidades e regras do jogo favoráveis à concorrência e ao empreendedorismo; de outro, forças conservadoras com grande poder de influência sobre a agenda política buscam manter o *status quo*, preservando proteções e privilégios. No entanto, a existência dessa tensão já é uma boa notícia, posto que no passado não havia o mesmo espaço de contestação. Cabe à classe política a construção de consensos para que o país possa trilhar o caminho da prosperidade e da igualdade, de forma responsável com as gerações futuras.

Esse caminho foi iniciado, ainda que timidamente à luz do tamanho do desafio. Há espaço para otimismo, cauteloso. E como acidentes de percurso ocorrem, não custa desejar: boa sorte, Brasil.

Agradecimentos

Agradeço a Carlos Ary Sundfeld, João Gabriel de Lima, Laura Karpuska, Lourdes Sola, Marcelo Gazzano, Maurício Moura, Ricardo Lobato e, principalmente, Samuel Pessôa, pela leitura e pelas valiosas contribuições. É um privilégio tê-los como leitores críticos. Meu agradecimento especial a Marcos Lisboa, leitor exigente com quem muito aprendo. Como de praxe, a autora se responsabiliza por eventuais equívocos.

Referências bibliográficas

Livros

ABRUCIO, Fernando Luiz; PEDROTI, Paula; PÓ, Marcos Vinicius. "A formação da burocracia brasileira: A trajetória e o significado das reformas administrativas." In: LOUREIRO, Maria Rita; ABRUCIO, Fernando Luiz; PACHECO, Regina Silva (Orgs.). *Burocracia e política no Brasil*: desafios para a ordem democrática no século XXI. Rio de Janeiro: Editora FGV, 2010.

ACEMOGLU, Daron; JOHNSON, Simon; ROBINSON, James. "Institutions as a Fundamental Cause of Long-Run Growth." In: AGHION, Philippe; DURLAUF, Stephen N. (Orgs.). *Handbook of Economic Growth*: Volume 1A. Amsterdã, Boston: Elsevier, North-Holland, 2005.

ACEMOGLU, Daron; ROBINSON, James A. *The Narrow Corridor*: States, Societies, and the Fate of Liberty. Nova York: Penguin, 2019.

————. *Why Nations Fail*: The Origins of Power, Prosperity, and Poverty. Londres: Profile, 2013.

ADORNO, Sérgio. *Os aprendizes do poder*: o bacharelismo liberal na política brasileira. São Paulo: Edusp, 2019.

ALONSO, Angela. *Flores, votos e balas: O movimento abolicionista brasileiro (1868-1888)*. São Paulo: Companhia das Letras, 2015.

ALSTON, Lee J.; MELO, Marcus André; MUELLER, Bernardo; PEREIRA, Carlos. *Brazil in Transition*: Beliefs, Leadership, and Institutional Change. Princeton: Princeton University Press, 2016.

AMSDEN, Alice H.; DICAPRIO, Alisa; ROBINSON, James A. (Orgs.). *The Role of Elites in Economic Development*. Oxford: Oxford University Press, 2012.

ARANTES, Rogério Bastos; COUTO, Cláudio. "1988-2018: Trinta anos de constitucionalização permanente." In: MENEZES FILHO, Naercio; SOUZA,

André Portela (Orgs.). *A carta:* para entender a Constituição brasileira. São Paulo: Todavia, 2019.

ARANTES, Rogério Bastos; LOUREIRO, Maria Rita; COUTO, Cláudio; TEIXEIRA, Marco Antonio Carvalho. "Controles democráticos sobre a administração pública no Brasil: Legislativo, tribunais de contas, Judiciário e Ministério Público." In: LOUREIRO, Maria Rita; ABRUCIO, Fernando Luiz; PACHECO, Regina Silva (Orgs.). *Burocracia e política no Brasil:* desafios para a ordem democrática no século XXI. Rio de Janeiro: Editora FGV, 2010.

AVELAR, Idelber. *Eles em nós:* retórica e antagonismo político no Brasil do século XXI. Rio de Janeiro: Record, 2021.

AZEVEDO, Paulo Furquim de. "Regulação de mercados em crise: O que aprendemos?" In: MACHADO, Laura Muller (Org.). *Legado de uma pandemia:* 26 vozes conversam sobre os aprendizados para política pública. Rio de Janeiro: Autografia, 2021.

BECKER, Gary S. *Human Capital:* A Theoretical and Empirical Analysis, with Special Reference to Education. Nova York: National Bureau of Economic Research, 1964.

BUARQUE, Cristovam; ALMEIDA, Francisco; NAVARRO, Zander (Orgs.). *Brasil, brasileiros:* por que somos assim? Brasília, DF: Verbena; FAP, 2017.

BUCCI, Eugênio. "O dever da liberdade." In: VARONI, Pedro; OLIVEIRA, Lucy (Orgs.). *Observatório da Imprensa:* uma antologia da crítica de mídia no Brasil de 1996 a 2018. São Paulo: Casa da Árvore, 2018.

CABRAL, Sandro. "Governança colaborativa e as lições aprendidas." In: MACHADO, Laura Muller (Org.). *Legado de uma pandemia:* 26 vozes conversam sobre os aprendizados para política pública. Rio de Janeiro: Autografia, 2021.

CARDOSO, Fernando Henrique. *Empresário industrial e desenvolvimento econômico no Brasil.* Rio de Janeiro: Civilização Brasileira, 2020.

CARVALHO, Carlos Eduardo; OLIVEIRA, Giuliano Contento de; MONTEIRO, Marcelo Balloti. *O Banco Central do Brasil:* institucionalidade, relações com o Estado e com a sociedade civil, autonomia e controle democrático. Brasília, DF: Ipea, 2010. (Textos para Discussão 1.518.)

REFERÊNCIAS BIBLIOGRÁFICAS

CARVALHO, José Murilo de. *Cidadania no Brasil*: o longo caminho. 24ª. ed. Rio de Janeiro: Civilização Brasileira, 2018.

———. *Forças Armadas e política no Brasil*. Rio de Janeiro: Zahar, 2005.

CASTRO, Celso Corrêa Pinto de (Org.). *General Villas Bôas*: conversa com o comandante. Rio de Janeiro: Editora FGV, 2021.

CASTRO, Celso; IZECKSOHN, Vitor; KRAAY, Hendrik (Orgs.). *Nova história militar brasileira*. Rio de Janeiro: Editora FGV, 2004.

COOTER, Robert; ULEN, Thomas. *Law and Economics*. 6. ed. Berkeley: Berkeley Law Books, 2016.

COSTA, Marcelo Marchesini da; LOTTA, Gabriela. "A gestão pública vigilante." In: MACHADO, Laura Muller (Org.). *Legado de uma pandemia*: 26 vozes conversam sobre os aprendizados para política pública. Rio de Janeiro: Autografia, 2021.

COURI, Norma. "Ai, que terra boa pra se farrear." In: VARONI, Pedro; OLIVEIRA, Lucy (Orgs.). *Observatório da Imprensa*: uma antologia da crítica de mídia no Brasil de 1996 a 2018. São Paulo: Casa da Árvore, 2018.

EASTERLY, William. *The Elusive Quest for Growth*: Economists' Adventures and Misadventures in the Tropics. Cambridge, Mass.; Londres: MIT, 2001.

ENGERMAN, Stanley L.; MARISCAL, Elisa V.; SOKOLOFF, Kenneth L. "The Evolution of Schooling in the Americas, 1800-1925." In: ELTIS, David; LEWIS, Frank D.; SOKOLOFF, Kenneth L (Orgs.). *Human Capital and Institutions*: A Long-Run View. Cambridge: Cambridge University Press, 2009.

ENGERMAN, Stanley L.; SOKOLOFF, Kenneth L. "Factor Endowments, Institutions, and Differential Paths of Growth Among New World Economies: A View from Economic Historians of the United States." In: HABER, Stephen H. (Org.). *How Latin America Fell Behind*: Essays on the Economic Histories of Brazil and Mexico, 1800 to 1914. Stanford: Stanford University Press, 1997.

FALCÃO, Joaquim; ABRAMOVAY, Pedro; LEAL, Fernando; HARTMANN, Ivar A. *II Relatório Supremo em Números*: o Supremo e a Federação. Rio de Janeiro: FGV Direito Rio, 2013.

FILGUEIRAS, Fernando. "Burocracias do controle, controle da burocracia e accountability no Brasil." In: PIRES, Roberto; LOTTA, Gabriela; OLIVEIRA, Vanessa Elias de (Orgs.). *Burocracia e políticas públicas no Brasil*: interseções analíticas. Brasília, DF: Ipea; Enap, 2018.

FUKUYAMA, Francis. *Ordem e decadência política*: da Revolução Industrial à globalização da democracia. Trad. de Nivaldo Montingelli Jr. Rio de Janeiro: Rocco, 2018.

GALVÃO, Andréia. "A reconfiguração do movimento sindical nos governos Lula." In: BOITO JUNIOR, Armando; GALVÃO, Andréia (Orgs.). *Política e classes sociais no Brasil dos anos 2000*. São Paulo: Alameda, 2012.

GILL, Indermit; KHARAS, Homi. *An East Asian Renaissance*: Ideas for Economic Growth. Washington, DC: Banco Mundial, 2007.

GOLDFAJN, Ilan; DANTAS, Fernando (Orgs.). *A economia com rigor*: homenagem a Affonso Celso Pastore. São Paulo: Portfolio-Penguin, 2020.

GOMES, Laurentino. *Escravidão, volume 1*: do primeiro leilão de cativos em Portugal até a morte de Zumbi dos Palmares. Rio de Janeiro: Globo, 2019.

GRAHAM, Richard (Org.). *The Idea of Race in Latin America, 1870-1940*. Austin: University of Texas Press, 1990.

HABER, Stephen. *Crony Capitalism and Economic Growth in Latin America*: Theory and Evidence. Stanford, CA: Hoover Institution Press, 2002.

HABERMAS, Jürgen. *Mudança estrutural da esfera pública*: investigações quanto a uma categoria da sociedade burguesa. 2. ed. Trad. de Flávio R. Kothe. Rio de Janeiro: Tempo Brasileiro, 2003.

HAGOPIAN, Frances. *Traditional Politics and Regime Change in Brazil*. Cambridge: Cambridge University Press, 1996.

HENRICH, Joseph. *The WEIRDest People in the World*: How the West Became Psychologically Peculiar and Particularly Prosperous. Nova York: Farrar, Straus & Giroux, 2020.

HUNTINGTON, Samuel P. *A terceira onda*: a democratização no final do século XX. São Paulo: Ática, 1994.

KALOUT, Hussein; SELIGMAN, Milton. "O novo velho papel da ciência na formulação de políticas públicas." In: MACHADO, Laura Muller (Org.). *Legado de uma pandemia*: 26 vozes conversam sobre os aprendizados para política pública. Rio de Janeiro: Autografia, 2021.

KAUFMANN, Rodrigo de Oliveira. *Memória jurisprudencial*: ministro Ribeiro da Costa. Brasília, DF: Supremo Tribunal Federal, 2012.

REFERÊNCIAS BIBLIOGRÁFICAS

LAZZARINI, Sérgio Giovanetti; MUSACCHIO, Aldo. "O Leviatã nos negócios no Brasil: Práticas passadas, mudanças futuras." In: SELIGMAN, Milton; MELLO, Fernando (Orgs.). *Lobby desvendado*: democracia, políticas públicas e corrupção no Brasil contemporâneo. Rio de Janeiro: Record, 2018.

LIMA, Rafael Bellem de; VASCONCELOS, Natália Pires de. "O sistema de justiça brasileiro: Atores, atuação e consequências do arranjo constitucional." In: MENEZES FILHO, Naercio; SOUZA, André Portela (Orgs.). *A carta*: Para entender a Constituição brasileira. São Paulo: Todavia, 2019.

LINDERT, Peter H. *Growing Public: Social Spending and Economic Growth since the Eighteenth Century, Volume 1*: The Story. 2. ed. Cambridge: Cambridge University Press, 2010.

LISBOA, Marcos. "A estranha economia da USP, uma historiadora fora do lugar, um estatístico que admirava Marshall e Antonio Delfim Netto." In: GOLD-FAJN, Ilan; DANTAS, Fernando (Orgs.). *A economia com rigor*: homenagem a Affonso Celso Pastore. São Paulo: Portfolio-Penguin, 2020.

LISBOA, Marcos; LATIF, Zeina. "Crescimento e democracia no Brasil." In: SCHWARTZMAN, Simon (Org.). *A via democrática*: como o desenvolvimento econômico e social ocorre no Brasil. Rio de Janeiro: Campus-Elsevier, 2014.

LORA, Eduardo; CASTELLANI, Francesca (Orgs.). *Entrepreneurship in Latin America*: A Step Up the Social Ladder? Washington, DC: Banco Interamericano de Desenvolvimento; Banco Mundial, 2014.

LORES, Raul Juste. *São Paulo nas alturas*: a revolução modernista da arquitetura e do mercado imobiliário nos anos 1950 e 1960. São Paulo: Três Estrelas, 2017.

LOUREIRO, Maria Rita; ABRUCIO, Fernando Luiz; PACHECO, Regina Silva (Orgs.). *Burocracia e política no Brasil: Desafios para a ordem democrática no século XXI*. Rio de Janeiro: Editora FGV, 2010.

MACHADO, Laura Muller (Org.). *Legado de uma pandemia*: 26 vozes conversam sobre os aprendizados para política pública. Rio de Janeiro: Autografia, 2021.

MARISCAL, Elisa; SOKOLOFF, Kenneth L. "Schooling, Suffrage, and the Persistence of Inequality in the Americas, 1800-1945." In: HABER, Stephen (Org.). *Political Institutions and Economic Growth in Latin America*: Essays in Policy, History and Political Economy. Stanford, CA: Hoover Institution Press, 2000.

MARSHALL, T.H. *Cidadania, classe social e status*. Trad. de Meton Porto Gadelha. Rio de Janeiro: Zahar, 1967.

MELO, Carlos. "O curso da política será alterado?" In: MACHADO, Laura Muller (Org.). *Legado de uma pandemia*: 26 vozes conversam sobre os aprendizados para política pública. Rio de Janeiro: Autografia, 2021.

NEGRETTO, Gabriel L. *Making Constitutions*: Presidents, Parties, and Institutional Choice in Latin America. Cambridge: Cambridge University Press, 2013.

NOBRE, Marcos. *Imobilismo em movimento*: da redemocratização ao governo Dilma. São Paulo: Companhia das Letras, 2013.

NORTH, Douglass C. *Institutions, Institutional Change and Economic Performance*. Cambridge: Cambridge University Press, 1990.

NUNES, Edson. *A gramática política do Brasil*: clientelismo e insulamento burocrático. 3. ed. Rio de Janeiro: Zahar; Brasília: Enap, 2003.

OLIVEIRA, Eliézer Rizzo de. *Democracia e defesa nacional*: a criação do Ministério da Defesa na Presidência de FHC. Barueri: Manole, 2005.

OLSON, Mancur. *A lógica da ação coletiva*: os benefícios públicos e uma teoria dos grupos sociais. Trad. de Fabio Fernandez. São Paulo: Edusp, 2015.

OSTROM, Elinor. *Governing the Commons*: The Evolution of Institutions for Collective Action. Cambridge: Cambridge University Press, 1990.

PAULA, Ana Paula Paes de. *Por uma nova gestão pública*: limites e potencialidades da experiência contemporânea. Rio de Janeiro: Editora FGV, 2005.

PESSÔA, Samuel; LISBOA, Marcos. "Debate permanente com base na evidência empírica." In: GOLDFAJN, Ilan; DANTAS, Fernando (Orgs.). *A economia com rigor*: homenagem a Affonso Celso Pastore. São Paulo: Portfolio-Penguin, 2020.

PIRES, Roberto; LOTTA, Gabriela; OLIVEIRA, Vanessa Elias de (Orgs). *Burocracia e políticas públicas no Brasil*: interseções analíticas. Brasília, DF: Ipea; Enap, 2018.

PRZEWORSKI, Adam; ALVAREZ, Michael E.; CHEIBUB, Jose Antonio; LIMONGI, Fernando. *Democracy and Development*: Political Institutions and Well-Being in the World, 1950-1990. Cambridge: Cambridge University Press, 2000.

PUTNAM, Robert D.; LEONARDI, Robert; NANETTI, Raffaella Y. *Making Democracy Work*: Civic Traditions in Modern Italy. Princeton: Princeton University Press, 1994.

REFERÊNCIAS BIBLIOGRÁFICAS 235

RAJAN, Raghuram. *Linhas de falha*: como rachaduras ocultas ainda ameaçam a economia mundial. São Paulo: BEĨ, 2012.

RECONDO, Felipe. *Tanques e togas*: O STF na ditadura militar. São Paulo: Companhia das Letras, 2018 (Coleção Arquivos da Repressão no Brasil).

REZENDE, Maria José de. *A ditadura militar no Brasil*: repressão e pretensão de legitimidade 1964-1984. Londrina: Eduel, 2013.

ROCHA, Rudi. "A saúde na Constituição de 1988: Trinta anos de SUS e os desafios pela frente." In: MENEZES FILHO, Naercio; SOUZA, André Portela (Orgs.). *A carta*: para entender a Constituição brasileira. São Paulo: Todavia, 2019.

SCHULZ, John. *O Exército na política*: origens da intervenção militar, 1850- -1894. São Paulo: Edusp, 1994.

SCHWARCZ, Lilia M. *Sobre o autoritarismo brasileiro*. São Paulo: Companhia das Letras, 2019.

SCHWARCZ, Lilia M.; STARLING, Heloisa M. *Brasil*: uma biografia. São Paulo: Companhia das Letras, 2015.

SCHWARTZMAN, Simon. *Educação média profissional no Brasil*: situação e caminhos. São Paulo: Fundação Santillana; Moderna, 2016.

SCHWARTZMAN, Simon; BOMENY, Helena Maria Bousquet; COSTA, Vanda Maria Ribeiro. *Tempos de Capanema*. 2. ed. São Paulo: Editora FGV; Paz e Terra, 2000.

SELIGMAN, Milton; MELLO, Fernando (Orgs.). *Lobby desvendado*: democracia, políticas públicas e corrupção no Brasil contemporâneo. Rio de Janeiro: Record, 2018.

SILBERMAN, Bernard S. *Cages of Reason. The Rise of the Rational State in France, Japan, The United States and Great Britain*. Chicago: The University of Chicago Press, 1993.

SIMONSEN, Roberto; GUDIN, Eugenio. *A controvérsia do planejamento na economia brasileira*. 3. ed. Brasília, DF: Ipea, 2010.

SODRÉ, Nelson Werneck. *História da imprensa no Brasil*. 4. ed. Rio de Janeiro: Mauad, 1999.

SOUZA, Amaury de; LAMOUNIER, Bolívar. *A classe média brasileira*: ambições, valores e projetos de sociedade. Rio de Janeiro: Elsevier; Brasília, DF: CNI, 2010.

SOUZA, André Portela; ZYLBERSTAJN, Hélio. "Regulação do mercado de trabalho: Dualidades cristalizadas." In: MENEZES FILHO, Naercio; SOUZA, André Portela (Orgs.). *A carta*: para entender a Constituição brasileira. São Paulo: Todavia, 2019.

SPYER, Juliano. *Povo de Deus*: quem são os evangélicos e por que eles importam. São Paulo: Geração Editorial, 2020.

SUMMERHILL, William R. *Trilhos do desenvolvimento*: as ferrovias no crescimento da economia brasileira 1854-1913. São Paulo: Alfaiatar, 2018.

TAFNER, Paulo. "A Constituição Federal de 1988 e a Previdência Social." In: MENEZES FILHO, Naercio; SOUZA, André Portela (Orgs.). *A carta*: para entender a Constituição brasileira. São Paulo: Todavia, 2019.

VARONI, Pedro; OLIVEIRA, Lucy (Orgs.). *Observatório da Imprensa: Uma antologia da crítica de mídia no Brasil de 1996 a 2018*. São Paulo: Casa da Árvore, 2018.

VARSHNEY, Ashutosh (Org.). *India and the Politics of Developing Countries*: Essays in Memory of Myron Weiner. Nova Déli: SAGE, 2004.

VEIGA, Pedro da Motta; RIOS, Sandra Polónia. "Inserção em cadeias globais de valor e políticas públicas: O caso do Brasil." In: OLIVEIRA, Ivan Tiago Machado; CARNEIRO, Flávio Lyrio; SILVA FILHO, Edison Benedito da (Orgs.). *Cadeias globais de valor, políticas públicas e desenvolvimento*. Brasília, DF: Ipea, 2017.

WEBER, Max. *Ensaios de sociologia*. 5. ed. Trad. de Waltensir Dutra. Rio de Janeiro: LTC, 1982.

ZINGALES, Luigi. *Um capitalismo para o povo*: reencontrando a chave da prosperidade americana. Trad. de Augusto Pacheco Calil. São Paulo: BEÏ, 2015.

ZYLBERSTAJN, Hélio; PASTORE, José. "Social Mobility: The Role of Education in Determining Status." In: BIRDSALL, Nancy; SABOTT, Richard H. (Orgs.). *Opportunity Foregone*: Education in Brazil. Washington, DC: John Hopkins University Press; Banco Interamericano de Desenvolvimento, 1996.

REFERÊNCIAS BIBLIOGRÁFICAS

Jornais e revistas

ABRANCHES, Sérgio. "Presidencialismo de coalizão: O dilema institucional brasileiro." *Revista de Ciências Sociais*, Rio de Janeiro, v. 31, n. 1, pp. 5-34, 1988.

ACEMOGLU, Daron. "Why Not a Political Coase Theorem? Social conflict, Commitment, and Politics." *Journal of Comparative Economics*, v. 31, n. 4, pp. 620-52, dez. 2003.

ACEMOGLU, Daron; JOHNSON, Simon; ROBINSON, James A. "The Colonial Origins of Comparative Development: An Empirical Investigation." *American Economic Review*, v. 91, n. 5, pp. 1.369-401, dez. 2001.

ACEMOGLU, Daron; NAIDU, Suresh; RESTREPO, Pascual; ROBINSON, James A. "Democracy Does Cause Growth." *Journal of Political Economy*, v. 127, n. 1, pp. 47-100, fev. 2019.

AGHION, Philippe; ALGAN, Yann; CAHUC, Pierre; SHLEIFER, Andrei. "Regulation and Distrust." *The Quarterly Journal of Economics*, v. 125, n. 3, pp. 1.015-49, ago. 2010.

AIDT, Toke S.; ETEROVIC, Dalibor S. "Political Competition, Electoral Participation and Public Finance in 20th Century Latin America." *European Journal of Political Economy*, v. 27, n. 1, pp. 181-200, mar. 2011.

AVIS, Eric; FERRAZ, Claudio; FINAN, Frederico; VARJÃO, Carlos. "Money and Politics: The Effects of Campaign Spending Limits on Political Competition and Incumbency Advantage." *National Bureau of Economic Research*, Working Paper 23.508, jun. 2017.

BALTHAZAR, Ricardo; FERRAZ, Lucas; FRAGA, Érica; FRANCO, Bernardo Mello; MAISONNAVE, Fabiano; MENDONÇA, Ricardo; AZEVEDO, Rayanne; PULS, Maurício; SOARES, Marcelo. "Tudo sobre a ditadura militar: A abertura." *Folha de S.Paulo*, São Paulo, 23 mar. 2014.

BANERJEE, Abhijit V.; DUFLO, Esther. "What is Middle Class about the Middle Classes around the World?" *Journal of Economic Perspectives*, v. 22, n. 2, pp. 3-28, mar.-jun. 2008.

BARBOSA, Fernando de Holanda. "A contribuição acadêmica de Mário Henrique Simonsen." *Revista de Econometria*, Rio de Janeiro, v. 17, n. 1, pp. 115-30, mai. 1997.

BARROS, Gustavo. "O desenvolvimento do setor siderúrgico brasileiro entre 1900 e 1940: Crescimento e substituição de importações." *Estudos Econômicos*, São Paulo, v. 45, n. 1, pp. 153-83, jan.-mar. 2015.

BARROS, Ricardo Paes de; MENDONÇA, Rosane. "Investimentos em educação e desenvolvimento econômico." *Ipea*, Texto para Discussão 525, nov. 1997.

BERNHARD, Michael; BIZARRO, Fernando; COPPEDGE, Michael; GERRING, John; HICKEN, Allen; KNUTSEN, Carl Henrik; LINDBERG, Staffan I.; SKAANING, Svend-Erik. "Party Strength and Economic Growth". V-Dem Institute, Working Paper Series 2015:10, set. 2015.

BERNHARD, Michael; HICKEN, Allen; REENOCK, Christopher; LINDBERG, Staffan I. "Institutional Subsystems and the Survival of Democracy: Do Political and Civil Society Matter?". V-Dem Institute, Working Paper Series 2015:4, abr. 2015.

BESLEY, Timothy. "State Capacity, Reciprocity, and the Social Contract." *Econometrica*, v. 88, n. 4, pp. 1.307-35, jul. 2020.

BESLEY, Timothy; BURGESS, Robin; KHAN, Adnan; XU, Guo. "Bureaucracy and Development." *National Bureau of Economic Research*, Working Paper Series 29.613, ago. 2021.

BOBBA, Matteo; COVIELLO, Decio. "Weak Instruments and Weak Identification in Estimating the Effects of Education on Democracy." Banco Interamericano de Desenvolvimento, Working Paper 569, mai. 2006.

BOIANOVSKY, Mauro; MONASTERIO, Leonardo. "O encontro entre Douglass North e Celso Furtado em 1961: Visões alternativas sobre a economia nordestina." *Ipea*, Texto para Discussão 2.341, 2017.

BOIX, Carles; STOKES, Susan C. "Endogenous Democratization." *World Politics*, v. 55, n. 4, pp. 517-49, jul. 2003.

BRESSER-PEREIRA, Luiz Carlos. "Burocracia pública e classes dirigentes no Brasil." *Revista de Sociologia e Política*, Curitiba, n. 28, pp. 9-30, jun. 2007.

BUE, Maria C. Lo; SEN, Kunal; LINDBERG, Staffan I. "Clientelism, Public Goods Provision, and Governance." V-Dem Institute, Working Paper Series 2021:125, jul. 2021.

CARVALHO FILHO, Irineu de; COLISTETE, Renato P. "Education Performance: Was It All Determined 100 Years Ago? Evidence from São Paulo, Brazil." *MPRA Paper* 24.494, ago. 2010.

REFERÊNCIAS BIBLIOGRÁFICAS

CARVALHO, José Murilo de. "Cidadania: Tipos e percursos." *Estudos Históricos*, v. 9, n. 18, pp. 337-59, dez. 1996.

CASCIO, Elizabeth; WASHINGTON, Ebonya. "Valuing the Vote: The Redistribution of Voting Rights and State Funds Following the Voting Rights Act of 1965." *National Bureau of Economic Research*, Working Paper 17.776, jul. 2013.

CHUN, Natalie; HASAN, Rana; RAHMAN, Muhammad Habibur; ULUBAŞOĞLU, Mehmet Ali. "The Role of Middle Class in Economic Development: What do Cross-Country Data Show?" *Review of Development Economics*, v. 21, n. 2, pp. 404-24, 29 mai. 2016.

CLÉMENT, Matthieu; FAURÉ, Yves-André; BERROU, Jean-Philippe; COMBARNOUS, François; DARBON, Dominique; ROUGIER, Éric. "Anatomía de la clase media brasileña: identificación, comportamientos y expectativas." *Revista de la Cepal*, n. 30, pp. 137-57, abr. 2020.

COELHO, Edmundo Campos. "A instituição militar no Brasil: Um ensaio bibliográfico." *BIB*, Rio de Janeiro, n. 19, pp. 5-19, 1º sem. 1985.

COLISTETE, Renato Perim. "As forças das ideias: A Cepal e os industriais paulistas na primeira metade da década de 1950." *História Econômica & História de Empresas*, São Paulo, v. 9, n. 2, pp. 123-53, jul.-dez. 2006.

_____. "Contando o atraso educacional: Despesas e matrículas na educação primária de São Paulo (1880-1920)." *Dados: Revista de Ciências Sociais*, Rio de Janeiro, v. 62, n. 2, set. 2019.

COMPARATO, Fábio Konder. "O poder judiciário no Brasil." *Caderno IHU Ideias*, v. 13, n. 222, pp. 3-28, 2015.

COSTANZI, Rogério Nagamine; FERNANDES, Alexandre Zioli. "Evolução das concessões judiciais de benefícios no INSS." *Boletim Informações Fipe*, n. 484, pp. 19-26, jan. 2021.

COSTA, Lucas Sales da. "Sindicalismo e direitos sociais no regime militar (1964-1985)." *Revista Jus Navigandi*, Teresina, ano 25, n. 6.255, 16 ago. 2020.

CRUZ JÚNIOR, Ademar Seabra da. "Constituinte e democratização no Brasil: O impacto das mudanças do sistema internacional." *Lua Nova: Revista de Cultura e Política*, São Paulo, n. 88, pp. 217-56, 2013.

DA ROS, Luciano. "O custo da Justiça no Brasil: Uma análise comparativa exploratória." *The Observatory of Social and Political Elites of Brazil*, v. 2, n. 9, pp. 1-15, jul. 2015.

DISALVO, Daniel. "The Trouble with Public Sector Unions". *National Affairs*, n. 49, jan. 2011.

DJANKOV, Simeon; GLAESER, Edward; LA PORTA, Rafael; LOPEZ-DE-SI-LANES, Florencio; SHLEIFER, Andrei. "The New Comparative Economics." *Journal of Comparative Economics*, v. 31, n. 4, pp. 595-619, dez. 2003.

DJANKOV, Simeon; LA PORTA, Rafael; LOPEZ-DE-SILANES, Florencio; SHLEIFER, Andrei. "Courts." *The Quarterly Journal of Economics*, v. 118, n. 2, pp. 453-517, mai. 2003.

DONER, Richard F.; SCHNEIDER, Ben Ross. "The Middle-Income Trap: More Politics than Economics." *World Politics*, v. 68, n. 4, pp. 608-44, out. 2016.

DOPPELHOFER, Gernot; MILLER, Ronald I.; SALA-I-MARTIN, Xavier. "Determinants of Long-Term Growth: A Bayesian Averaging of Classical Estimates (BACE) Approach." *National Bureau of Economic Research*, Working Paper 7.750, jun. 2000.

DURHAM, Eunice Ribeiro. "A política educacional do governo Fernando Henrique Cardoso: Uma visão comparada." *Novos Estudos Cebrap*, São Paulo, v. 29, n. 3, pp. 153-79, nov. 2010.

EASTERLY, William. "The Middle Class Consensus and Economic Development." *Journal of Economic Growth*, v. 6. n. 4, pp. 317-35, dez. 2001.

EASTERLY, William; RITZEN, Jozef; WOOLCOCK, Michael. "Social Cohesion, Institutions, and Growth." *Economics and Politics*, v. 18, n. 2, pp. 103-20, jul. 2006.

ENGERMAN, Stanley L.; SOKOLOFF, Kenneth L. "Factor Endowments, Inequality, and Paths of Development Among New World Economics." *National Bureau of Economic Research*, Working Paper 9.259, out. 2002.

_____. "Institutions, Factor Endowments, and Paths of Development in the New World." *Journal of Economic Perspectives*, v. 14, n. 3, pp. 217-32, 2000.

ESTANQUE, Elísio. "Middle-Class Rebellions? Precarious Employment and Social Movements in Portugal and Brazil (2011-2013)." *RCCS Annual Review*, n. 7, pp. 17-44, out. 2015.

REFERÊNCIAS BIBLIOGRÁFICAS

EVANS, Peter; RAUCH, James E. "Bureaucracy and Growth: A Cross-National Analysis of the Effects of 'Weberian' State Structures on Economic Growth." *American Sociological Review*, v. 64, n. 5, p. 748, out. 1999.

FERNANDES, Adriana; BORGES, André; NOSSA, Leoncio. "Rede de Bolsonaro na 'teia' do motim." *O Estado de S. Paulo*, São Paulo, 25 fev. 2017. Política, p. 8.

FERRAZ, Claudio. "Racismo, participação política e a persistência das desigualdades brasileiras." *Nexo Jornal*, 10 jun. 2020.

FERRAZ, Claudio; FINAN, Frederico; MARTINEZ-BRAVO, Monica. "Political Power, Elite Control, and Long-Run Development: Evidence from Brazil." *National Bureau of Economic Research*, Working Paper 27.456, jun. 2020.

FINAN, Frederico; OLKEN, Benjamin A.; PANDE; Rohini. "The Personnel Economics of the State". *National Bureau of Economic Research*, Working Paper 21.825, dez. 2015.

FIRPO, Sergio; PIERI, Renan; SOUZA, André Portela. "Electoral Impacts of Uncovering Public School Quality: Evidence from Brazilian Municipalities." *Economia*, v. 18, pp. 1-17, 2017.

"FOLHA fez cobertura jornalística crítica de Sarney, Collor, Itamar, FHC e Lula." *Folha de S.Paulo*, 28 set. 2010. Eleições 2010, pp. 6-7.

FRAGA, Plínio. "Na escola de guerra, Lula muda discurso para agradar militares." *Folha de S.Paulo*, São Paulo, 14 set. 2002. Folha Eleições, p. 1.

FRANCO, Carlos Alberto Di. "Jornalismo: Menos narrativas e mais fatos." *O Estado de S. Paulo*, São Paulo, 20 set. 2021. Espaço Aberto, p. 2.

FRANKEL, Jeffrey A.; ROMER, David H. "Does Trade Cause Growth?" *American Economic Review*, v. 89, n. 3, pp. 379-99, jun. 1999.

FUJIWARA, Thomas. "Voting Technology, Political Responsiveness, and Infant Health: Evidence from Brazil." *Econometrica*, v. 83, n. 2, pp. 423-64, mar. 2015.

GALOR, Oded; MOAV, Omer; VOLLRATH, Dietrich. "Inequality in Land Ownership, the Emergence of Human Capital Promoting Institutions, and the Great Divergence". The Review of Economic Studies, v. 76, n. 1, pp. 143-79, jan. 2009.

GAWRYSZEWSKI, Vilma Pinheiro; JORGE, Maria Helena Prado de Mello. "Mortalidade violenta no município de São Paulo nos últimos 40 anos." *Revista Brasileira de Epidemiologia*, São Paulo, v. 3, n. 1-3, pp. 50-69, dez. 2000.

GENTZKOW, Matthew; SHAPIRO, Jesse M. "What Drives Media Slant? Evidence from U.S. Daily Newspapers." *Econometrica: Econometric Society*, v. 78, n. 1, pp. 35-71, jan. 2010.

_____. "Competition and Truth in the Market for News." *Journal of Economic Perspectives*, v. 22, n. 2, pp. 133-54, mar.-mai. 2008.

_____. "Media Bias and Reputation." *Journal of Political Economy*, v. 114, n. 2, pp. 280-316, abr. 2006.

GENTZKOW, Matthew; SHAPIRO, Jesse M.; SINKINSON, Michael. "The Effect of Newspaper Entry and Exit on Electoral Politics." *American Economic Review*, v. 101, n. 7, pp. 2.980-3.018, dez. 2011.

GERBER, Alan S.; KARLAN, Dean; BERGAN, Daniel. "Does the Media Matter? A Field Experiment Measuring the Effect of Newspapers on Voting Behavior and Political Opinions." *American Economic Journal: Applied Economics*, v. 1, n. 2, pp. 35-52, abr. 2009.

GIELOW, Igor. "Bolsonaro não é a volta dos militares, mas há o risco de politização de quartéis." *Folha de S.Paulo*, São Paulo, 11 de nov. 2018. Poder, pp. 8-9.

GINDIN, Julián. "Sindicalismo dos trabalhadores em educação: Tendências políticas e organizacionais (1978-2011)." *Educar em Revista*, Curitiba, v. 29, n. 48, pp. 75-92, abr.-jun. 2013.

GLAESER, Edward; LA PORTA, Rafael; LOPEZ-DE-SILANES, Florencio; SHLEIFER, Andrei. "Do Institutions Cause Growth?" *Journal of Economic Growth*, v. 9, n. 3, pp. 271-303, set. 2004.

GLAESER, Edward; PONZETTO, Giacomo A. M.; SHLEIFER, Andrei. "Why Does Democracy Need Education?". *Journal of Economic Growth*, v. 12, n. 2, pp. 77-99, maio. 2007.

GLAESER, Edward L.; SHLEIFER, Andrei. "The Rise of the Regulatory State". *Journal of Economic Literature*, v. 41, n. 2, pp. 401-25, jun. 2003.

GOMES, Ana Suelen Tossige; MATOS, Andityas Soares de Moura Costa. "O estado de exceção no Brasil republicano." *Revista Direito e Práxis*, v. 8, n. 3, pp. 1.760-87, 2017.

REFERÊNCIAS BIBLIOGRÁFICAS

GOMES, Darcilene C.; SÓRIA, Sidartha. "Política de recursos humanos do governo federal: A experiência dos governos Lula e Dilma Rousseff." *Revista da ABET*, v. 13, n. 2, pp. 218-35, jul.-dez. 2014.

GRAHAM, Richard. "Slavery and Economic Development: Brazil and the United States South in the Nineteenth Century." *Comparative Studies in Society and History*, v. 23, n. 4, pp. 620-55, out. 1981.

GROSECLOSE, Tim; MILYO, Jeffrey. "A Measure of Media Bias." *The Quarterly Journal of Economics*, v. 120, n. 4, pp. 1.191-237, nov. 2005.

GUISO, Luigi; SAPIENZA, Paola; ZINGALES, Luigi. "Civic Capital as the Missing Link." *National Bureau of Economic Research*, Working Paper 15.845, mar. 2010.

HADDAD, Claudio. "Crescimento do produto real no Brasil, 1900-1947." *FGV: EPGE Ensaios Econômicos*, Rio de Janeiro, 1974.

HANUSHEK, Eric A.; WÖßMANN, Ludger. "The Role of Education Quality in Economic Growth." *Policy Research Working Paper*, Washington, DC, Banco Mundial, n. 4.122, 2007.

HEESE, Jonas; CAVAZOS, Gerardo Perez; PETER, Caspar David. "When the Local Newspaper Leaves Town: The Effects of Local Newspaper Closures on Corporate Misconduct." *Journal of Financial Economics* (*Forthcoming*), 9 ago. 2021. Disponível em: <https://papers.ssrn.com/sol3/papers.cfm?abstract_id=3889039>.

HEYMANN, Jody; CASSOLA, Adèle; RAUB, Amy; MISHRA, Lipi. "Constitutional Rights to Health, Public Health and Medical Care: The Status of Health Protections in 191 Countries." *Global Public Health*, v. 8, n. 6, pp. 639-53, jul. 2013.

HSIEH, Chang-Tai; HURST, Erik; JONES, Charles I.; KLENOW, Peter J. "The Allocation of Talent and U.S. Economic Growth." *Econometrica*, v. 87, n. 5, pp. 1.439-74, set. 2019.

HUGH-JONES, David. "Honesty, Beliefs about Honesty, and Economic Growth in 15 Countries". *Journal of Economic Behavior & Organization*, v. 127, pp. 99-114, jun. 2016.

HUNTINGTON, Samuel P. "Democracy's Third Wave." *Journal of Democracy*, v. 2, n. 2, pp. 12-34, mar.-jun. 1991.

JUNGMANN, Raul. "O Congresso e a Defesa Nacional: Que rumos tomar." *Veja*, São Paulo, 24 jul. 2020.

KHARAS, Homi. "The Emerging Middle Class in Developing Countries." *OECD Development Centre Working Papers*, n. 285, jan. 2010.

LA PORTA, Rafael; LOPEZ-DE-SILANES, Florencio; SHLEIFER, Andrei. "The Economic Consequences of Legal Origins." *Journal of Economic Literature*, v. 46, n. 2, pp. 285-332, jun. 2008.

LA PORTA, Rafael; LOPEZ-DE-SILANES, Florencio; SHLEIFER, Andrei; VI-SHNY, Robert W. "Legal Determinants of External Finance." *The Journal of Finance*, v. 52, n. 3, pp. 1.131-50, jul. 1997.

LANDAU, Elena; SCHÜLER, Fernando; CARNEIRO, Leandro Piquet; PESSÔA, Samuel. "Desafios de uma sociedade aberta." *Folha de S.Paulo*, São Paulo, 2 de ago. de 2020. Ilustríssima, pp. 12-3.

LANDIER, Augustin; THESMAR, David; THOENIG, Mathias. "Investigating Capitalism Aversion." *Economic Policy*, v. 23, n. 55, pp. 466-97, jul. 2008.

LANGONI, Carlos Geraldo. "Distribuição da renda e desenvolvimento econômico do Brasil." *Estudos Econômicos*, São Paulo, v. 2, n. 5, pp. 5-88, 1972.

LIMONGI, Fernando. "From Birth to Agony: The Political Life of Operation Car Wash" (Operação Lava-Jato). *University of Toronto Law Journal*, 21 set. 2021.

LINDERT, Peter H. "The Unequal Lag in Latin American Schooling Since 1900: Follow the Money." *Revista de Historia Económica: Journal of Iberian and Latin American Economic History*, v. 28, n. 2, pp. 375-405, set. 2010.

LIPSET, Seymour Martin. "Some Social Requisites of Democracy: Economic Development and Political Legitimacy." *American Political Science Review*, v. 53, n. 1, pp. 69-105, mar. 1959.

LISBOA, Marcos. "A oportunidade perdida em meio à revolução inesperada: A contribuição de Antonio Delfim Netto para a economia brasileira." *Estudos Econômicos*, São Paulo, v. 50, n. 2, pp. 203-22, abr.-jun. 2020.

LISBOA, Marcos; BARROS, Ricardo Paes de; SCHEINKMAN, José Alexandre. "Com técnicas inovadoras, Langoni mudou a forma de analisar a desigualdade no Brasil." *Folha de S.Paulo*, São Paulo, 1º de ago. 2021.

REFERÊNCIAS BIBLIOGRÁFICAS

LO BUE, Maria C.; SEN, Kunal; LINDBERG, Staffan I. "Clientelism, Public Goods Provision, and Governance." *United Nations University World Institute for Development Economics Research*, Working Paper 2.021/98, jun. 2021.

LOAYZA, Norman; RIGOLINI, Jamele; LLORENTE, Gonzalo. "Do Middle Classes Bring Institutional Reforms?" *Policy Research Working Paper*, Washington, DC, Banco Mundial, n. 6.015, mar. 2012.

LOPEZ, Felix; GUEDES, Erivelton. "Três décadas de evolução do funcionalismo público no Brasil (1986-2017)." *Ipea*, Texto para Discussão 2.579, 2020.

MAHLMEISTER, Rodrigo; FERREIRA, Sergio Guimarães; VELOSO, Fernando; MENEZES FILHO, Naercio; KOMATSU, Bruno Kawaoka. "Revisitando a mobilidade intergeracional de educação no Brasil." *Revista Brasileira de Economia*, São Paulo, v. 73, n. 2, abr.-jun. 2019.

MAINWARING, Scott. "Dilemmas of Multiparty Presidential Democracy: The Case of Brazil." Kellogg Institute for International Studies, Working Paper #174, mai. 1992.

_____. "Políticos, partidos e sistemas eleitorais: O Brasil numa perspectiva comparada." *Novos Estudos Cebrap*, n. 29, pp. 34-58, mar. 1991.

MALIN, Mauro. "A imprensa tem obsessão pelo governo." *Observatório da Imprensa*, 5 mai. 1997.

MARTINS, Ives Gandra da Silva. "Cabe às Forças Armadas moderar os conflitos entre os Poderes." *Consultor Jurídico*, 28 mai. 2020.

MELO, Marcus André. "Por que tantos partidos?" *Folha de S.Paulo*, 16 ago. de 2021a. Opinião, A2.

MENA, Fernanda. "Pandemia militar." *Folha de S.Paulo*. São Paulo, 11 jul. 2021. Ilustrada Ilustríssima, p. 8.

MINCER, Jacob. "Investment in Human Capital and Personal Income Distribution." *Journal of Political Economy*, v. 66, n. 4, pp. 281-302, ago. 1958.

MØLLER, Jørgen; SKAANING, Svend-Erik. "Marshall Revisited: The Sequence of Citizenship Rights in the Twenty-First Century." *Government and Opposition*, v. 45, n. 4, pp. 457-83, out. 2010.

MONASTERIO, Leonardo. "Nem neoliberalismo, nem autoritarismo." *Piauí*, São Paulo, 11 de mar. 2021.

MORAES, Joysi; DIAS, Bruno Francisco Batista; MARIANO, Sandra Regina Holanda. "Qualidade da educação nas escolas públicas no Brasil: Uma análise da relação investimento por aluno e desempenho nas avaliações nacionais." *Contextus: Revista Contemporânea de Economia e Gestão*, Fortaleza, v. 15, n. 3, pp. 34-65, 2017.

NARITOMI, Joana; SOARES, Rodrigo R.; ASSUNÇÃO, Juliano J. "Institutional Development and Colonial Heritage within Brazil." *The Journal of Economic History*, v. 72, n. 2, pp. 393-422, jun. 2012.

NUNES, Wellington; TELES, José. "A elite salarial do funcionalismo público federal: Sugestões para uma reforma administrativa mais eficiente." *Cadernos Gestão Pública e Cidadania*, São Paulo, v. 26, n. 84, pp. 1-24, 2021.

NUNN, Nathan. "Slavery, Inequality, and Economic Development in the Americas: An Examination of the Engerman-Sokoloff hypothesis." *MPRA Paper* 4.080, jun. 2007.

OZTURK, Ayse. "Examining the Economic Growth and the Middle-Income Trap from the Perspective of the Middle Class." *International Business Review*, v. 25, n. 3, pp. 726-38, jun. 2016.

PAIVA, Letícia. "Companhias aéreas são mais processadas no Brasil do que no exterior." *JOTA*, 23 abr. 2021.

PESSÔA, Samuel. "Celso Furtado, a educação e o desenvolvimento." *Conjuntura Econômica*, Rio de Janeiro, v. 74, n. 8, pp. 10-2, ago. 2020.

_____. "Presidencialismo de coalizão ou de cooptação?" *Conjuntura Econômica*, Rio de Janeiro, v. 69, n. 1, pp. 10-1, jan. 2015.

PEREIRA, Carlos; MELO, Marcus André. "The Surprising Success of Multiparty Presidentialism." *Journal of Democracy*, v. 23, n. 3, pp. 156-70, jul. de 2012.

PINTO, Almir Pazzianotto. "Constituição: Realidade e ficção." *O Estado de S. Paulo*, São Paulo, 22 nov. 2020. Espaço Aberto, p. 2.

PRZEWORSKI, Adam; LIMONGI, Fernando. "Modernization: Theories and Facts." *World Politics*, v. 49, n. 2, pp. 155-83, jan. 1997.

REBELLO, Maurício Michel. "A fragmentação partidária no Brasil: Visões e tendências." In: 36º Encontro Anual da Anpocs, Águas de Lindóia, SP, 2012.

REZENDE, Flávio da Cunha. "Por que reformas administrativas falham?" *Revista Brasileira de Ciências Sociais*, São Paulo, v. 17, n. 50, pp. 123-84, out. 2002.

ROCHA, Rudi; FERRAZ, Claudio; SOARES, Rodrigo R. "Human Capital Persistence and Development." *American Economic Journal: Applied Economics*, v. 9, n. 4, pp. 105-36, out. 2017.

REFERÊNCIAS BIBLIOGRÁFICAS

SARAIVA, Luís Fernando de Oliveira; REZENDE, Joyce Cristina de Oliveira; REIS, João Victor de Souza; INÁCIO, Márcio Dionizio; SCHUCMAN, Lia Vainer. "A 'nova classe média': Repercussões psicossociais em famílias brasileiras." *Psicologia USP*, São Paulo, v. 26, n. 1, pp. 52-61, jan.-abr. 2015.

SCHULTZ, Theodore W. "Capital Formation by Education." *Journal of Political Economy*, v. 68, n. 6, pp. 571-83, dez. 1960.

SILVA, Sidney Jard da. "Companheiros servidores: O avanço do sindicalismo do setor público na CUT." *Revista Brasileira de Ciências Sociais*, São Paulo, v. 16, n. 46, pp. 130-46, jun. 2001.

SCHWARTZMAN, Simon. "Os itinerários do novo ensino médio." *O Estado de S. Paulo*, São Paulo, 11 de jun. 2021. Espaço Aberto, p. 2.

SCHWARZ, Roberto. "Um seminário de Marx." *Folha de S.Paulo*, São Paulo, 8 out. 1995. Mais!, pp. 5-7.

SOUZA, Pedro H. G. F.; MEDEIROS, Marcelo. "Diferencial salarial público-privado e desigualdade de renda *per capita* no Brasil." *Estudos Econômicos*, São Paulo, v. 43, n. 1, pp. 5-28, jan.-mar. 2013.

SUNDFELD, Carlos Ari. "Direito administrativo no Brasil." *Revista de Derecho Administrativo*, v. 17, pp. 202-20, 2019.

SUNDFELD, Carlos Ari; ROSILHO, André. "Tribunal de Contas da União no direito e na realidade: Livro reúne pesquisas acadêmicas do Observatório do TCU." *JOTA*, São Paulo, 13 de jan. 2021.

TOSTA, Wilson. "'PEC Pazuello ajuda Forças a escapar do abraço bolsonarista'." *O Estado de S. Paulo*, São Paulo, 19 jul. 2021. Política, p. 7.

UNDURRAGA, Tomás. "Neoliberalism in Argentina and Chile: Common Antecedents, Divergent Paths." *Revista de Sociologia e Política*, Curitiba, v. 23, n. 55, pp. 11-34, set. 2015.

WEGENAST, Tim. "The Legacy of Landlords: Educational Distribution and Development in a Comparative Perspective." *Zeitschrift für vergleichende politikwissenschaft*, v. 3, pp. 81-107, mai. 2009a.

_____. "Of Latifundia and Coronéis: Agrarian Structure and Educational Inequalities in Brazil." *A Comparative Approach to Inequality and Development: Latin America and Europe*, Fundação Ramón Areces e Instituto Figuerola, Madri, 2009b.

248   NÓS DO BRASIL

WESTIN, Ricardo. "'Morte de Getúlio, em 1954, adiou o golpe em 10 anos', diz historiador." *Senado Notícias*, 22 abr. 2014.

ZAVERUCHA, Jorge. "Relações civil-militares no primeiro governo de transição brasileira: Uma democracia tutelada." *Revista Brasileira de Ciências Sociais*, São Paulo, v. 9, n. 26, out. 1994.

ZIBAS, Dagmar M. L. "A reforma do ensino médio no Ceará e suas contradições." *Cadernos de Pesquisa*, São Paulo, v. 35, n. 124, pp. 201-26, jan.-abr. 2005.

Teses e dissertações

FERREIRA, Pedro Américo de Almeida. *The Historical Origins of Development: Railways, Agrarian Elites, and Economic Growth in Brazil*. Rio de Janeiro: PUC-Rio, 2020. Tese (Doutorado em Economia).

KANG, Thomas Hyeono. *Instituições, voz política e atraso educacional no Brasil, 1930-1964*. São Paulo: Faculdade de Economia, Administração e Contabilidade da Universidade de São Paulo, 2010. Dissertação (Mestrado em Economia das Instituições e do Desenvolvimento).

_____. *The Political Economy of Education Under Military Rule in Brazil, 1964-1985*. Porto Alegre: UFRGS, 2019. Tese (Doutorado em Economia).

LIMA, João Gabriel Santana de. *O espelho da diversidade: esquerdas e direitas no debate público brasileiro: Como a imprensa pode refletir a conversa inteligente por trás da cortina da estridência*. São Paulo: USP, 2019. Dissertação (Mestrado em Estudo dos Meios e da Produção Mediática).

MADURO JUNIOR, Paulo Rogerio Rodrigues. *Taxas de matrícula e gastos em educação no Brasil*. Rio de Janeiro: EPGE-FGV, 2007. Dissertação (Mestrado em Economia).

Outras publicações

BANCO CENTRAL. "Efeito da inadimplência nas taxas de juros." Estudos especiais do Banco Central, n. 12, 2018.

REFERÊNCIAS BIBLIOGRÁFICAS

BANCO MUNDIAL. "Um ajuste justo: Análise da eficiência e equidade do gasto público no Brasil, volume 1: síntese", 21 nov. 2017. Disponível em: < https://www.worldbank.org/pt/country/brazil/publication/brazil-expenditure-review-report>.

BRASIL. Secretaria do Tesouro Nacional. Relatório de Riscos Fiscais da União (RRFU). Disponível em: <https://www.tesourotransparente.gov.br/publicacoes/relatorio-de-riscos-fiscais-da-uniao/2020/114>.

CNI. "O peso do funcionalismo público no Brasil em comparação com outros países". *Nota Econômica*, ano 6, n. 15, out. 2020.

CNJ. *Justiça em números*. Brasília, DF: Conselho Nacional de Justiça, 2021.

CRUZ, Priscila; MONTEIRO, Luciano (Orgs.). *Anuário brasileiro da educação básica*. São Paulo: Todos pela Educação; Moderna, 2020.

DATAFOLHA. "Metade dos brasileiros tem medo de sofrer violência policial." São Paulo, 3 jul. 2017.

FMI. "World Economic Outlook." Washington, DC: Fundo Monetário Internacional, abr. de 2021. MESSIAS, Lorreine Silva; LONGO, Larissa Luzia; NOVO, Carla Mendes; VASCONCELOS, Breno. "Contencioso tributário no Brasil. Relatório 2020 — Ano de referência 2019." Núcleo de Tributação do Centro de Regulamentação e Democracia, Insper, dez. 2020.

INSTITUTO SOU DA PAZ. "Policialismo: Novo fenômeno político brasileiro?" São Paulo, 2021.

OCDE. *Panorama das Administrações Públicas: América Latina e Caribe 2020*. Paris: OCDE, 2020a.

_____. *Education at Glance 2020: OCDE Indicators*. Paris: OCDE, set. 2020b.

_____. *Education at Glance 2021: OCDE Indicators*. Paris: OCDE, set. 2021.

_____. "Innovative Citizen Participation and New Democratic Institutions: Catching the Deliberative Wave". Paris: OCDE, 2020c.

PIERI, Renan. "Retratos da educação no Brasil." Insper, São Paulo, 2018.

TODOS PELA EDUCAÇÃO. *A educação no Brasil: Uma perspectiva internacional*. Trad. de Todos pela Educação, 2021. Disponível em: <https://todospelaeducacao.org.br/wordpress/wp-content/uploads/2021/06/A-Educacao-no-Brasil_uma-perspectiva-internacional.pdf>.

UNESCO. *Relatório de Monitoramento Global de Educação para Todos*, 2008. Disponível em: < https://unesdoc.unesco.org/ark:/48223/pf0000159294>.

V-DEM INSTITUTE. "Autocratization Turns Viral." V-Dem Institute, Democracy Report 2021, mar. 2021. Disponível em: <https://www.v-dem.net/files/25/DR%202021.pdf>.

"WORLD Values Survey: Round Seven: Country-Pooled Datafile." JD Systems Institute & WVSA Secretariat, 2020.

Sites

CPDOC (Centro de Pesquisa e Documentação de História Contemporânea do Brasil), FGV. Disponível em <http://cpdoc.fgv.br/>.

JOBIM, Nelson et al. "Da criação do Ministério da Defesa aos dias atuais." Canal do IDP (Instituto Brasiliense de Direito Público) no YouTube. Disponível em <https://www.youtube.com/watch?v=82znLxYytHQ>.

PENIDO, Ana; RODRIGUES, Jorge M.; MATHIAS, Suzeley Kalil. "As Forças Armadas no governo Bolsonaro." Instituto Tricontinental de Pesquisa Social, 14 de abr. de 2020. Disponível em: <https://thetricontinental.org/pt-pt/brasil/as-forcas-armadas-no-governo-bolsonaro/>.

THE CONFERENCE BOARD. Disponível em: <https://www.conference-board.org/us/>.

Conferências/Workshops

GALIO, Morgana Henicka. "História e formação dos sistemas *civil law* e *common law*: A influência do direito romano e a aproximação dos sistemas." In: História do Direito II: XXIII Congresso Nacional do Conpedi, João Pessoa, PB, 2014.

KALIL, Suzeley; PENIDO, Ana. "O Partido Militar no sistema político brasileiro." In: Simpósio Interdisciplinar sobre o Sistema Político Brasileiro & XI Jornada de Pesquisa e Extensão da Câmara dos Deputados, 5-9 jul. 2021, canal do Impa no YouTube. Disponível em <https://www.youtube.com/watch?v=4fz3XPkntB4>.

REFERÊNCIAS BIBLIOGRÁFICAS

Documentos

BRANCO, Humberto de Alencar Castello. "Discurso no auditório do Estado-Maior do Exército, durante as cerimônias comemorativas do 'Dia do Soldado'." Biblioteca da Presidência da República, 25 de ago. de 1964.

NABUCO, Joaquim. "Conferência do sr. Joaquim Nabuco a 22 de junho de 1884 no Theatro Polytheama." Rio de Janeiro: Typ. de G. Leuzinger & Filhos, 1884. Acervo Biblioteca Digital do Senado Federal.

Este livro foi composto na tipografia Minion Pro,
em corpo 11/15, e impresso em
papel off-white no Sistema Cameron da
Divisão Gráfica da Distribuidora Record.